U0517215

〔漢〕司馬遷 撰
〔宋〕裴駰 集解
〔唐〕司馬貞 索隱
〔唐〕張守節 正義

點校本
二十四史
修訂本

史記

第七册
卷六一至卷八〇

中華書局

2013 年 9 月第 1 版　2024 年 6 月第 11 次印刷

ISBN 978-7-101-09501-2

史記卷六十一

伯夷列傳第一

索隱列傳者，謂敍列人臣事跡，令可傳於後世，故曰列傳。正義其人行跡可序列，故云列傳。

夫學者載籍極博，猶考信於六蓺。詩書雖缺，【一】然虞夏之文可知也。【二】堯將遜位，讓於虞舜，舜禹之閒，岳牧咸薦，乃試之於位，典職數十年，【三】功用既興，然後授政，示天下重器，【四】王者大統，傳天下若斯之難也。而説者曰堯讓天下於許由，【五】許由不受，恥之，逃隱。及夏之時，有卞隨、務光者。此何以稱焉？【六】太史公曰：余登箕山，【七】其上蓋有許由冢云。孔子序列古之仁聖賢人，如吳太伯、伯夷之倫詳矣。余以所聞由、光【八】義至高，【九】其文辭不少概見，何哉？【一〇】

【一】索隱按：孔子系家稱古詩三千餘篇，孔子删三百五篇爲詩，今亡五篇。又書緯稱孔子求得黃帝玄孫帝魁之書，迄秦穆公，凡三千三百三十篇，乃刪以一百篇爲尚書，十八篇爲中候。今百篇之内見亡四十二篇，是詩書又有缺亡者也。

【二】索隱 按：尚書有堯典、舜典、大禹謨，備言虞夏禪讓之事，故云「虞夏之文可知也」。

【三】正義 舜禹皆典職事二十餘年，然後踐帝位。

【四】索隱 言天下者是王者之重器，故莊子云「天下大器」是也。則大器亦重器也。

【五】正義 皇甫謐高士傳云：「許由字武仲。堯聞，致天下而讓焉，乃退而遁於中嶽潁水之陽、箕山之下隱。堯又召爲九州長，由不欲聞之，洗耳於潁水濱。時有巢父牽犢欲飲之，見由洗耳，問其故。對曰：『堯欲召我爲九州長，惡聞其聲，是故洗耳。』巢父曰：『子若處高岸深谷，人道不通，誰能見子？子故浮游欲聞，求其名譽，污吾犢口。』牽犢上流飲之。許由歿，葬此山，亦名許由山。」在洛州陽城縣南十三里。

【六】索隱 按：「說者」謂諸子雜記也。然堯讓於許由，及夏時有卞隨、務光等，殷湯讓之天下，並不受而逃，事具莊周讓王篇。正義 經史唯稱伯夷、叔齊，不及許由、卞隨、務光者，不少概見，何以哉？故言「何以稱焉」，爲不稱說之也。

【七】索隱 蓋楊惲、東方朔見其文稱「余」，而加「太史公曰」也。

【八】索隱 謂太史公聞莊周所說許由、務光等。

【九】索隱 謂堯讓天下於許由，由遂逃箕山，洗耳於潁水；卞隨自投於桐水；務光負石自沈於廬水：是義至高。

【一〇】索隱按：概是梗概，謂略也。蓋以由、光義至高，而詩書之文辭遂不少梗概載見，何以如此哉？是太史公疑説者之言或非實也。正義概，古代反。

孔子曰：「伯夷、叔齊，不念舊惡，怨是用希。」「求仁得仁，又何怨乎？」余悲伯夷之意，睹軼詩可異焉。【一一】其傳曰：

伯夷、叔齊，孤竹君之二子也。【一二】父欲立叔齊，及父卒，叔齊讓伯夷。伯夷曰：「父命也。」遂逃去。叔齊亦不肯立而逃之。國人立其中子。於是伯夷、叔齊聞西伯昌善養老，盍往歸焉。【一三】及至，西伯卒，武王載木主，號爲文王，東伐紂。伯夷、叔齊叩馬而諫曰：「父死不葬，爰及干戈，可謂孝乎？以臣弒君，可謂仁乎？」左右欲兵之。太公曰：「此義人也。」扶而去之。武王已平殷亂，天下宗周，而伯夷、叔齊恥之，義不食周粟，隱於首陽山，【一四】采薇而食之。【一五】及餓且死，作歌。其辭曰：「登彼西山兮，【一六】采其薇矣。以暴易暴兮，不知其非矣。【一七】神農、虞、夏忽焉没兮，我安適歸矣？【一八】于嗟徂兮，命之衰矣！」【一九】遂餓死於首陽山。

由此觀之，怨邪非邪？【二〇】

【一一】索隱謂悲其兄弟相讓，又義不食周粟而餓死。睹音覩。軼音逸。謂見逸詩之文，即下采薇之詩是也。不編入三百篇，故云逸詩也。可異焉者，按論語云「求仁得仁，又何怨乎」。今其詩云「我安適歸矣，于嗟徂兮，命之衰矣」。是怨詞也，故云可異焉。

【二】索隱按：「其傳」蓋韓詩外傳及呂氏春秋也。其傳云孤竹君，是殷湯三月丙寅日所封。相傳至夷、齊之父，名初，字子朝。伯夷名允，字公信。叔齊名致，字公達。解者云，夷、齊，謚也；伯、仲，又其長少之字。按：地理志孤竹城在遼西令支縣。應劭云伯夷之國也。其君姓墨胎氏。　正義本前注「丙寅」作「殷湯正月三日丙寅」。括地志云：「孤竹古城在盧龍縣南十二里，殷時諸侯孤竹國也。」

【三】索隱劉氏云：「盍者，疑辭。蓋謂其年老歸就西伯也。」

【四】集解馬融曰：「首陽山在河東蒲阪華山之北，河曲之中。」　正義曹大家注幽通賦云：「夷、齊餓於首陽山，在隴西首〔一〕。」又戴延之西征記云：「洛陽東北首陽山有夷齊祠。」今在偃師縣西北。又孟子云：「夷、齊避紂，居北海之濱。」首陽山，說文云首陽山在遼西。史傳及諸書，夷、齊餓於首陽凡五所，各有案據，先後不詳。莊子云：「伯夷、叔齊西至岐陽，見周武王伐殷，曰：『吾聞古之士，遭治世不避其任，遇亂世不爲苟存。今天下闇，周德衰，其並乎周以塗吾身也，不若避之以絜吾行。』二子北至于首陽之山，遂飢餓而死。」又下詩「登彼西山」，是今清源縣首陽山，在岐陽西北，明即夷、齊餓死處也。

【五】索隱薇，蕨也。爾雅云：「蕨，鼈也。」　正義陸璣毛詩草木疏云：「薇，山菜也。莖葉皆似小豆，蔓生，其味亦如小豆藿，可作羹，亦可生食也。」

【六】索隱按：西山即首陽山也。

【七】索隱謂以武王之暴臣易殷紂之暴主，而不自知其非矣。

【八】索隱言羲、農、虞、夏敦樸禪讓之道，超忽久矣，終没矣。今逢此君臣爭奪，故我安適歸矣。

【九】索隱于嗟，嗟嘆之辭也。徂者，往也，死也。言己今日餓死，亦是運命衰薄，不遇大道之時，至幽憂而餓死。

【一〇】索隱太史公言己觀此詩之情，夷、齊之行似是有所怨邪？又疑其云非是怨邪？

或曰：「天道無親，常與善人。」若伯夷、叔齊，可謂善人者非邪？【一】積仁絜行如此而餓死！且七十子之徒，仲尼獨薦顏淵爲好學。然回也屢空，糟糠不厭，【二】而卒蚤夭。天之報施善人，其何如哉？盜蹠日殺不辜，【三】肝人之肉，【四】暴戾恣睢，【五】聚黨數千人橫行天下，竟以壽終。【六】是遵何德哉？【七】此其尤大彰明較著者也。【八】若至近世，操行不軌，專犯忌諱，而終身逸樂，【九】富厚累世不絶。或擇地而蹈之，【一〇】時然後出言，【一一】行不由徑，【一二】非公正不發憤，而遇禍災者，不可勝數也。【一三】余甚惑焉，儻所謂天道，是邪非邪？【一四】

【一】索隱又敍論云若夷、齊之行如此，可謂善人者邪，又非善人者邪，亦疑也。

【二】索隱厭者，飫也，不厭謂不飽也。糟糠，貧者之所餐也，故曰「糟糠之妻」是也。然顏生簞食瓢飲〔二〕，亦未見「糟糠」之文也。

【三】索隱「蹠」及注作「跖」，並音之石反。按：盜蹠，柳下惠之弟，亦見莊子，爲篇名。正義按：蹠者，黃帝時大盜之名。以柳下惠弟爲天下大盜，故世放古，號之盜蹠。

【四】索隱劉氏云「謂取人肉爲生肝」，非也。按：莊子云「跖方休卒太山之陽，膾人肝而餔之」。

【五】索隱暴戾謂兇暴而惡戾也。鄒誕生恣音資，睢音千餘反。劉氏恣音如字，睢音休季反。恣睢謂恣行爲睢惡之貌也。正義睢，仰白目，怒貌也。言盜蹠兇暴，惡戾，恣性，怒白目也。

【六】集解皇覽曰：「盜跖冢在河東大陽，臨河曲，直弘農華陰縣潼鄉。」按：盜跖即柳下惠弟也。索隱直音如字。直者，當也。或音值，非也。潼音同。按：潼，水名，因爲鄉，今之潼津關是，亦爲縣也。正義括地志云：「盜跖冢在陝州河北縣西二十里。河北縣本漢大陽縣也。」又今齊州平陵縣有盜跖冢，未詳也。

【七】索隱言盜蹠無道，橫行天下，竟以壽終，是其人遵行何德而致此哉？

【八】索隱按：較，明也。言伯夷有德而餓死，盜蹠暴戾而壽終，是賢不遇而惡道長，尤大著明之證也。

【九】索隱謂若魯桓、楚靈、晉獻、齊襄之比皆是。

【一〇】索隱謂不仕暗君，不飲盜泉，裹足高山之頂，竄跡滄海之濱是也。正義謂北郭騷、鮑焦等是也。

【一二】索隱按：論語「夫子時然後言」。

【一三】索隱按：論語澹臺滅明之行也。

【一三】索隱謂人臣之節，非公正之事不感激發憤。或出忠言，或致身命，而卒遇禍災者，不可勝數。謂龍逢、比干、屈平、伍胥之屬是也。

【一四】索隱太史公惑於不軌而逸樂，公正而遇災害，爲天道之非而又是邪？深惑之也。蓋天道玄遠，聰聽暫遺，或窮通數會，不由行事，所以行善未必福，行惡未必禍，故先達皆猶昧之也。正義儻音他蕩反。儻，未定之詞也。爲天道不敢的言是非，故云儻也。

子曰「道不同不相爲謀」，亦各從其志也。【一】故曰「富貴如可求，雖執鞭之士，吾亦爲之。【二】如不可求，從吾所好」。【三】「歲寒，然後知松柏之後凋」。【四】舉世混濁，清士乃見。【五】豈以其重若彼，其輕若此哉？【六】

【一】正義太史公引孔子之言證前事也。言天道人道不同，一任其運遇，亦各從其志意也。

【二】集解鄭玄曰：「富貴不可求而得之，當脩德以得之。若於道可求而得之者，雖執鞭賤職，我亦爲之。」

【三】集解孔安國曰：「所好者古人之道。」

【四】集解何晏曰："大寒之歲，衆木皆死，然後松柏少凋傷；平歲衆木亦有不死者，故須歲寒然後别之。喻凡人處治世，亦能自脩整，與君子同，在濁世然後知君子之正不苟容也。"

【五】索隱老子曰"國家昏亂，有忠臣〔三〕"，是舉代混濁，則士之清絜者乃彰見，故上文"歲寒然後知松柏之後彫"，先爲此言張本也。正義言天下泯亂，清絜之士不撓，不苟合於盜跖也。

【六】索隱按：謂伯夷讓德之重若彼，而采薇餓死之輕若此。又一解云，操行不軌，富厚累代，是其重若彼；公正發憤而遇禍災，是其輕若此也。正義重謂盜跖等也。輕謂夷、齊、由、光等也。

"君子疾没世而名不稱焉。"【一】賈子曰："【二】"貪夫徇財，【三】烈士徇名，夸者死權，【四】衆庶馮生。"【五】"同明相照，【六】同類相求。"【七】"雲從龍，風從虎，【八】聖人作而萬物覩。"【九】伯夷、叔齊雖賢，得夫子而名益彰。【一〇】顔淵雖篤學，附驥尾而行益顯。【一一】巖穴之士，趣舍有時若此，類名堙滅而不稱，悲夫！【一二】閭巷之人，欲砥行立名者，【一三】非附青雲之士，惡能施于後世哉？

【一】索隱自此已下，雖論伯夷得夫子而名彰，顔回附驥尾而行著，蓋亦欲微見己之著撰不已，亦是疾没世而名不稱焉，故引賈子"貪夫徇財，烈士徇名"是也。又引"同明相照，同類相求"，"雲從龍，風從虎"者，言物各以類相求。故太史公言己亦是操行廉直而不用於代，卒陷非罪，與伯夷相類，故寄此而發論也。正義君子疾没世後懼名堙滅而不稱，若夷、齊、顔回絜行立名，後代稱述，亦太史公欲漸見已立名著述之美也。

【二】索隱 賈子，賈誼也。誼作鵩鳥賦云然，故太史公引之而稱「賈子」也。

【三】正義 徇，才迅反。徇，求也。瓚云：「以身從物曰徇。」

【四】索隱 言貪權勢以矜夸者，至死不休，故云「死權」也。

【五】索隱 馮者，恃也，音凭。言衆庶之情，蓋恃矜其生也。鄒誕本作「每生」。每者，冒也，即貪冒之義。 正義 太史公引賈子譬作史記，若貪夫徇財，烈士徇名〔四〕，夸者死權，衆庶馮生，乃成其史記。

【六】索隱 已下並易繫辭文也。

【七】正義 天欲雨而柱礎潤，謂同德者相應。

【八】集解 王肅曰：「龍舉而景雲屬，虎嘯而谷風興。」張璠曰：「猶言龍從雲，虎從風也。」

【九】集解 馬融曰：「作，起也。」 索隱 按：又引此句者，謂聖人起而居位，則萬物之情皆得覩見，故己今日又得著書言世情之輕重也。 正義 此有識也。聖人有養生之德，萬物有長育之情，故相感應也。此以上至「同明相照」是周易乾象辭也。太史公引此等相感者，欲見述作之意，令萬物有睹也。孔子殁後五百歲而已當之，故作史記，使萬物見覩之也。太史公序傳云：「先人有言：『自周公卒五百歲而有孔子，孔子卒後至於今五百歲，有能紹明世〔五〕，正易傳，繼春秋，本詩、書、禮、樂之際？』意在斯乎！小子何敢讓焉。」作述六經云：「易著天地陰陽四時五行，故長於變。禮經紀人倫，故長於行。書記先王之事，故長於政。詩記山川谿谷禽獸草木牝牡雌雄，故長於風。樂樂所以立，故長於和。春秋辨是非，故長於治人。是故禮以節人，樂以發和，書以道事，詩以達意，易以道化，春秋以道義。撥亂世反之正，莫近於春秋。」按：述作而萬物睹見。

【一〇】正義 伯夷、叔齊雖有賢行，得夫子稱揚而名益彰著。萬物雖有生養之性，得太史公作述而世事益睹見。

【一一】索隱 按：蒼蠅附驥尾而致千里，以譬顏回因孔子而名彰也。

【一二】正義 趣音趨。舍音捨。趣，向也。捨，廢也。言隱處之士，時有附驥尾而名曉達；若堙滅不稱數者，亦可悲痛。

【一三】正義 砥音旨。礪行脩德在鄉閭者，若不託貴大之士，何得封侯爵賞而名留後代也？

【索隱述贊】天道平分，與善徒云。賢而餓死，盜且聚羣。吉凶倚伏，報施糾紛。子罕言命，得自前聞。嗟彼素士，不附青雲！

校勘記

〔一〕在隴西首　「首」下疑脱「陽縣」二字。按：漢書卷七二王吉傳顏師古注引曹大家注幽通賦云首陽山在「隴西首陽縣」，通志卷一七七隱逸一引同。

〔二〕顔生　耿本、黄本、彭本、柯本、凌本、殿本、會注本作「顔子」。

〔三〕有忠臣　「有」上原有「始」字，據耿本、黄本、彭本、柯本、凌本、殿本删。按：老子第十八章：「六親不和，有孝慈。國家昏亂，有忠臣。」本書卷九〇魏豹彭越列傳「天下昏亂，忠臣乃見」索隱：「老子曰『國家昏亂，有忠臣』。」

〔四〕若貪夫徇財烈士徇名　「財烈士徇」四字原無。張文虎札記卷五：「疑所據本『貪夫』下原脱『徇財烈士』四字。」按：黄本眉批、彭本、殿本有此四字，與正文合。今據補。

〔五〕紹明世　「明」，原作「名」，據黄本、殿本改。按：本書卷一三〇太史公自序作「明」。

史記卷六十二

管晏列傳第二

管仲夷吾者，潁上人也。【一】少時常與鮑叔牙游，鮑叔知其賢。管仲貧困，常欺鮑叔，【二】鮑叔終善遇之，不以爲言。已而鮑叔事齊公子小白，管仲事公子糾。及小白立，爲桓公，公子糾死，管仲囚焉。鮑叔遂進管仲。【三】管仲既用，任政於齊，【四】齊桓公以霸，九合諸侯，一匡天下，管仲之謀也。

【一】索隱潁，水名。地理志潁水出陽城。漢有潁陽、臨潁二縣，今亦有潁上縣。正義韋昭云：「夷吾，姬姓之後，管嚴之子敬仲也。」

【二】索隱呂氏春秋：「管仲與鮑叔同賈南陽，及分財利，而管仲嘗欺鮑叔，多自取。鮑叔知其有母而貧，不以爲貪也。」

【三】正義齊世家云：「鮑叔牙曰：『君將治齊，則高傒與叔牙足矣。君且欲霸王，非管夷吾不可。

夷吾所居國國重，不可失也。』於是桓公從之。」韋昭云：「鮑叔，齊大夫，姒姓之後，鮑叔之子叔牙也〔二〕。」

【四】正義 管子云：「相齊以九惠之教，一曰老，二曰慈，三曰孤，四曰疾，五曰獨，六曰病，七曰通，八曰賑，九曰絶也〔三〕。」

管仲曰：「吾始困時，嘗與鮑叔賈，【一】分財利多自與，鮑叔不以我爲貪，知我貧也。吾嘗爲鮑叔謀事而更窮困，鮑叔不以我爲愚，知時有利不利也。吾嘗三仕三見逐於君，鮑叔不以我爲不肖，知我不遭時也。吾嘗三戰三走，鮑叔不以我爲怯，知我有老母也。公子糾敗，召忽死之，吾幽囚受辱，鮑叔不以我爲無恥，知我不羞小節而恥功名不顯于天下也。生我者父母，知我者鮑子也。」

【一】正義 音古。

鮑叔既進管仲，以身下之。子孫世禄於齊，有封邑者十餘世，【一】常爲名大夫。天下不多管仲之賢而多鮑叔能知人也。

【一】索隱 按：系本云「莊仲山產敬仲夷吾，夷吾產武子鳴，鳴產桓子啓方，啓方產成子孺，孺產莊子盧，盧產悼子其夷，其夷產襄子武，武產景子耐涉，耐涉產微，凡十代」。系譜同。

管仲既任政相齊，〔一〕以區區之齊在海濱，〔二〕通貨積財，富國彊兵，與俗同好惡。故其稱曰：〔三〕「倉廩實而知禮節，衣食足而知榮辱，上服度則六親固。〔四〕四維不張，國乃滅亡。〔五〕下令如流水之原，令順民心。」故論卑而易行。〔六〕俗之所欲，因而予之；俗之所否，因而去之。

〔一〕正義國語云：「齊桓公使鮑叔爲相，辭曰：『臣之不若夷吾者五：寬和惠民〔三〕，不若也；治國家不失其柄，不若也；忠惠可結於百姓〔四〕，不若也；制禮義可法於四方，不若也；執枹鼓立於軍門，使百姓皆加勇，不若也。』」

〔二〕正義齊國東濱海也。

〔三〕索隱是夷吾著書所稱管子者，其書有此言，故略舉其要。

〔四〕正義上之服御物有制度，則六親堅固也。六親謂外祖父母一，父母二，姊妹三，妻兄弟之子四，從母之子五，女之子六也。王弼云「父、母、兄、弟、妻、子也」。

〔五〕集解管子曰：「四維，一曰禮，二曰義，三曰廉，四曰恥。」

〔六〕正義言爲政令卑下鮮少，而百姓易作行也。

其爲政也，善因禍而爲福，轉敗而爲功。貴輕重，〔一〕慎權衡。〔二〕桓公實怒少姬，〔三〕南襲蔡，管仲因而伐楚，責包茅不入貢於周室。桓公實北征山戎，而管仲因而令燕修召公

之政。於柯之會，【四】桓公欲背曹沫之約，【五】管仲因而信之，【六】諸侯由是歸齊。故曰：「知與之爲取，政之寶也。」【七】

【一】索隱輕重謂錢也。今管子有輕重篇。

【二】正義輕重謂恥辱也，權衡謂得失也。有恥辱甚貴重之，有得失甚戒慎之。

【三】索隱按：謂怒蕩舟之姬，歸而未絶，蔡人嫁之。

【四】正義今齊州東阿也〔五〕。

【五】索隱沫音昧，亦音末。左傳作「曹劌」。正義沫，莫葛反。

【六】正義以劫許之，歸魯侵地。

【七】索隱老子曰「將欲取之，必固與之」，是知此爲政之所寶也。

管仲富擬於公室，有三歸、反坫，【一】齊人不以爲侈。管仲卒，【二】齊國遵其政，常彊於諸侯。後百餘年而有晏子焉。

【一】正義三歸，三姓女也。婦人謂嫁曰歸。

【二】正義括地志云：「管仲冢在青州臨淄縣南二十一里牛山之阿〔六〕。説苑云『齊桓公使管仲治國，管仲對曰：「賤不能臨貴。」桓公以爲上卿，而國不治，曰：「何故？」管仲對曰：「貧不能使富。」桓公賜之齊市租，而國不治。桓公曰：「何故？」對曰：「疏不能制近。」桓公立以爲仲父，齊國大安，而遂霸天下』。孔子曰：『管仲之賢而不得此三權者，亦不能使其君南面而稱伯。』」

晏平仲嬰者，萊之夷維人也。〔一〕事齊靈公、莊公、景公，〔二〕以節儉力行重於齊。既相齊，食不重肉，妾不衣帛。其在朝，君語及之，即危言；〔三〕語不及之，即危行。〔四〕國有道，即順命；無道，即衡命。〔五〕以此三世顯名於諸侯。

〔一〕集解劉向別録曰：「萊者，今東萊地也。」索隱名嬰。平，謚；仲，字。父桓子名弱也。正義晏氏齊記云齊城三百里有夷安，即晏平仲之邑。漢爲夷安縣，屬高密國。應劭云故萊夷維邑。

〔二〕索隱按：系家及系本靈公名環，莊公名光，景公名杵臼也。

〔三〕正義謂己謙讓，非云功能。

〔四〕正義行，下孟反。謂君不知己，增脩業行，畏責及也。

〔五〕正義衡，秤也。謂國無道則制秤量之，可行即行。

越石父賢，在縲紲中。〔一〕晏子出，遭之塗，解左驂贖之，載歸。弗謝，入閨，久之。越石父請絶。晏子懼然，〔二〕攝衣冠謝曰：「嬰雖不仁，免子於戹，何子求絶之速也？」石父曰：「不然。吾聞君子詘於不知己而信於知己者。【三】方吾在縲紲中，彼不知我也。夫子既已感寤而贖我，是知己；知己而無禮，固不如在縲紲之中。」晏子於是延入爲上客。

【一】正義縲音力追反。縲，黑索也。紲，繫也。晏子春秋云：「晏子之晉，至中牟，覩弊冠反裘負薪，息於途側。晏子問曰：『何者？』對曰：『我石父也。苟免飢凍，爲人臣僕。』晏子解左驂贖之，載與俱歸。」按：與此文小異也。

【二】正義戄，牀縛反〔七〕。

【三】索隱信讀曰申，古周禮皆然也。申於知己謂以彼知我而我志獲申。

晏子爲齊相，出，其御之妻從門閒而闚其夫。其夫爲相御，擁大蓋，策駟馬，意氣揚揚，甚自得也。既而歸，其妻請去。夫問其故。妻曰：「晏子長不滿六尺，身相齊國，名顯諸侯。今者妾觀其出，志念深矣，常有以自下者。今子長八尺，乃爲人僕御，然子之意自以爲足，妾是以求去也。」其後夫自抑損。晏子怪而問之，御以實對。晏子薦以爲大夫。【一】

【一】集解皇覽曰：「晏子冢在臨菑城南淄水南桓公冢西北。」正義注皇覽云：「晏子冢在臨淄城南菑水南桓公冢西北。」括地志云：「齊桓公墓在青州臨淄縣東南二十三里鼎足上〔八〕。」又云：「齊晏嬰冢在齊子城北門外。晏子云『吾生近市，死豈易吾志』。乃葬故宅後，人名曰清節里。」按：恐皇覽誤，乃管仲冢也。

太史公曰：吾讀管氏牧民、山高、乘馬、輕重、九府，【一】及晏子春秋，【二】詳哉其言之也。既見其著書，欲觀其行事，故次其傳。至其書，世多有之，是以不論，論其軼事。【三】

【一】集解 劉向別録曰：「九府書民閒無有。山高一名形勢。」索隱 皆管氏所著書篇名也〔九〕。按：九府，蓋錢之府藏，其書論鑄錢之輕重，故云輕重九府。餘如別録之説。正義 七略云管子十八篇，在法家。

【二】索隱 按：嬰所著書名晏子春秋。今其書有七篇，故下云「其書世多有」也。正義 七略云晏子春秋七篇，在儒家。

【三】正義 軼音逸。

管仲，世所謂賢臣，然孔子小之。豈以爲周道衰微，桓公既賢，而不勉之至王，乃稱霸哉？【一】語曰「將順其美，匡救其惡，故上下能相親也」。【二】豈管仲之謂乎？

【一】正義 言管仲世所謂賢臣，孔子所以小之者，蓋以爲周道衰，桓公賢主，管仲何不勸勉輔弼至於帝王，乃自稱霸主哉？故孔子小之云。蓋爲前疑夫子小管仲爲此。

【二】正義 言管仲相齊，順百姓之美，匡救國家之惡，令君臣百姓相親者，是管之能也。

方晏子伏莊公尸哭之，成禮然後去，【一】豈所謂「見義不爲無勇」者邪？至其諫説，犯君之顔，此所謂「進思盡忠，退思補過」者哉！假令晏子而在，余雖爲之執鞭，所忻慕焉。【二】

【一】索隱按：左傳崔杼弒莊公，晏嬰入，枕莊公尸股而哭之，成禮而出，崔杼欲殺之是也。

【二】索隱太史公之羡慕仰企平仲之行，假令晏生在世，己雖與之爲僕隸，爲之執鞭，亦所忻慕。其好賢樂善如此。賢哉良史，可以示人臣之炯戒也。

【索隱述贊】夷吾成霸，平仲稱賢。粟乃實廩，豆不掩肩。轉禍爲福，危言獲全。孔賴左衽，史忻執鞭。成禮而去，人望存焉。

校勘記

〔一〕鮑叔之子叔牙也　「鮑叔」，疑當作「鮑敬叔」。按：國語齊語「桓公自莒反於齊，使鮑叔爲宰」韋昭注：「鮑叔，齊大夫，姒姓之後，鮑敬叔之子叔牙也。」

〔二〕一曰老二曰慈三曰孤四曰疾五曰獨六曰病七曰通八曰賑九曰絶　管子入國云「一曰老老，二曰慈幼，三曰恤孤，四曰養疾，五曰合獨，六曰問疾，七曰通窮，八曰振困，九曰接絶」，疑此有脱誤。

〔三〕寬和惠民　國語齊語作「寬惠柔民」，韋昭注：「寬則得衆，惠則足以使民。柔，安也。」

〔四〕忠惠　國語齊語作「忠信」。

〔五〕齊州　疑當作「濟州」。按：本書卷八高祖本紀「救東阿」、卷四三趙世家「與齊戰阿下」、卷五四曹相國世家「北救阿」、卷七五孟嘗君列傳「會齊宣王東阿南」正義皆云東阿爲濟州之縣。元和志卷一〇河南道六鄆州：「東阿縣，本漢舊縣也。晉屬濟北國。隋開皇三年屬濟州，天寶十三載濟州廢，縣屬鄆州。」

〔六〕牛山之阿　本書卷三二齊太公世家「管仲、隰朋皆卒」正義引括地志作「牛山上」。

〔七〕牀縛反　張文虎札記卷五：「懼無此音，疑作『渠縛反』。」

〔八〕臨淄縣東南二十三里鼎足上　「東」字疑衍。按：本書卷三二齊太公世家「管仲、隰朋皆卒」正義引括地志云「管仲冢在青州臨淄縣南二十一里牛山上」。又，「足」下疑脱「山」字。齊太公世家「乃葬齊桓公」正義引括地志云「齊桓公墓在臨菑縣南二十一里牛山上，亦名鼎足山，一名牛首堈」。元和志卷一〇河南道六青州臨淄縣：「齊桓公墓，在縣南二十三里鼎足山上。」

〔九〕管氏　耿本、黄本、彭本、柯本、凌本、殿本作「管仲」。

史記卷六十三

老子韓非列傳第三

索隱二人教迹全乖，不宜同傳，先賢已有成説，今則不可依循。宜令老子、尹喜、莊周同爲傳，其韓非可居商君傳末〔一〕。

老子者，【一】楚苦縣厲鄉曲仁里人也，【二】姓李氏，【三】名耳，字聃，【四】周守藏室之史也。【五】

【一】正義朱韜玉札及神仙傳云：「老子，楚國苦縣瀨鄉曲仁里人。姓李，名耳，字伯陽，一名重耳，外字聃。身長八尺八寸，黄色美眉，長耳大目，廣額疏齒，方口厚脣，額有三五達理，日角月懸，鼻有雙柱，耳有三門，足蹈二五，手把十文。周時人，李母八十一年而生。」又玄妙内篇云：「李母懷胎八十一載，逍遥李樹下，迺割左腋而生。」又云：「玄妙玉女夢流星入口而有娠，七十二年而生老子。」又上元經云：「李母晝夜見五色珠〔二〕，大如彈丸，自天下，因吞之，即有娠。」張君相云：「老子者是號，非名。老，考也。子，孳也。考教衆理，達成聖孳，乃孳生萬物，善化濟物無遺也。」

【二】集解地理志曰苦縣屬陳國。索隱按：地理志苦縣屬陳國者，誤也。苦縣本屬陳，春秋時楚滅陳，而苦又屬楚，故云楚苦縣。至高帝十一年，立淮陽國，陳縣、苦縣皆屬焉。裴氏所引不明，見苦縣在陳縣下，因云苦屬陳。今檢地理志，苦實屬淮陽郡〔三〕。苦音怙。正義按年表云淮陽國，景帝三年廢。至天漢脩史之時，楚節王純都彭城，相近。疑苦此時屬楚國，故太史公書之。括地志云：「苦縣在亳州谷陽縣界。有老子宅及廟，廟中有九井尚存，在今亳州真源縣也。」厲音賴。晉太康地記云：「苦縣城東有瀨鄉祠，老子所生地也。」

【三】索隱按：葛玄曰「李氏女所生，因母姓也」。又云「生而指李樹，因以爲姓」。

【四】索隱按：許慎云「聃，耳曼也」。故名耳，字聃。有本字伯陽，非正也。然老子號伯陽父，此傳不稱也。正義聃，耳漫無輪也。神仙傳云：「外字曰聃。」按：字，號也。疑老子耳漫無輪，故世號曰聃。

【五】索隱按：藏室史，周藏書室之史也。又張蒼傳老子爲柱下史〔四〕，蓋即藏室之柱下，因以爲官名。正義藏，在浪反。

孔子適周，將問禮於老子。【一】老子曰：「子所言者，其人與骨皆已朽矣，獨其言在耳。且君子得其時則駕，不得其時則蓬累而行。【二】吾聞之，良賈深藏若虛，君子盛德，容貌若愚。【三】去子之驕氣與多欲，態色與淫志，【四】是皆無益於子之身。吾所以告子，若是而已。」孔子去，謂弟子曰：「鳥，吾知其能飛；魚，吾知其能游；獸，吾知其能走。走者可以爲罔，游者可以爲綸，飛者可以爲矰。至於龍吾不能知，其乘風雲而上天。吾今日見老子，其猶龍邪！」

【一】索隱 大戴記亦云然。

【二】索隱 劉氏云：「蓬累猶扶持也。累音六水反。説者云頭戴物，兩手扶之而行，謂之蓬累也。」按：蓬者，蓋也；累者，隨也。以言若得明君則駕車服冕，不遭時則自覆蓋相攜隨而去耳。正義 蓬，沙磧上轉蓬也。累，轉行貌也。言君子得明主則駕車而事，不遭時則若蓬轉流移而行，可止則止也。蓬，其狀若皤蒿，細葉，蔓生於沙漠中，風吹則根斷，隨風轉移也。皤蒿，江東呼爲斜蒿云。

【三】索隱 良賈謂善貨賣之人。賈音古。深藏謂隱其寶貨，不令人見，故云「若虛」。而君子之人，身有盛德，其容貌謙退有若愚魯之人然。嵇康高士傳亦載此語，文則小異，云「良賈深藏，外形若虛；君子盛德，容貌若不足」也。

【四】正義 恣態之容色與淫欲之志皆無益於夫子，須去除也。

老子脩道德，其學以自隱無名爲務。居周久之，見周之衰，迺遂去。至關，關令尹喜

曰：「子將隱矣，彊爲我著書。」於是老子迺著書上下篇，【一】言道德之意五千餘言而去，莫知其所終。【二】

【一】索隱李尤函谷關銘云「尹喜要老子留作二篇」，而崔浩以尹喜又爲散關令是也。正義抱朴子云：「老子西遊，遇關令尹喜於散關，爲喜著道德經一卷，謂之老子。」或以爲函谷關。括地志云：「散關在岐州陳倉縣東南五十二里。函谷關在陝州桃林縣西南十二里。」彊，其兩反。爲，于僞反。

【二】集解列仙傳曰：「關令尹喜者，周大夫也。善内學星宿，服精華，隱德行仁，時人莫知。老子西游，喜先見其氣，知真人當過，候物色而迹之，果得老子。老子亦知其奇，爲著書。與老子俱之流沙之西，服巨勝實，莫知其所終。亦著書九篇，名關令子。」索隱列仙傳是劉向所記。物色而迹之，謂視其氣物有異色而尋迹之。又按：列仙傳「老子西遊，關令尹喜望見有紫氣浮關，而老子果乘青牛而過也」。

或曰：老萊子亦楚人也，【一】著書十五篇，言道家之用，與孔子同時云。

【一】正義太史公疑老子或是老萊子，故書之。列仙傳云：「老萊子，楚人。當時世亂，逃世耕於蒙山之陽，莞葭爲牆，蓬蒿爲室，杖木爲牀，蓍艾爲席，菹芰爲食，墾山播種五穀。楚王至門迎之，遂去，至於江南而止。曰：『鳥獸之解毛可績而衣，其遺粒足食也。』」

蓋老子百有六十餘歲，或言二百餘歲，【一】以其脩道而養壽也。

【一】索隱 此前古好事者據外傳，以老子生年至孔子時，故百六十歲。或言二百餘歲者，即以周太史儋爲老子，故二百餘歲也。正義「蓋」、「或」，皆疑辭也。世不旳知，故言「蓋」及「或」也。玉清云老子以周平王時見衰，於是去。孔子世家云孔子問禮於老子在周景王時，孔子蓋年三十也，去平王十二王。此傳云儋即老子也，秦獻公與烈王同時，去平王二十一王。說者不一，不可知也。故葛仙公序云「老子體于自然，生乎大始之先，起乎無因，經歷天地終始，不可稱載」。

自孔子死之後百二十九年，【一】而史記周太史儋見秦獻公曰：「始秦與周合，合五百歲而離，離七十歲而霸王者出焉〔五〕。」【二】或曰儋即老子，或曰非也，世莫知其然否。老子，隱君子也。

【一】集解 徐廣曰：「實百一十九年。」

【二】索隱 按：周秦二本紀並云「始周與秦國合而別，別五百載又合，合七十歲而霸王者出」。然與此傳離合正反，尋其意義，亦並不相違也。

老子之子名宗，宗爲魏將，封於段干。【一】宗子注，【二】注子宮，宮玄孫假，【三】假仕於漢孝文帝。而假之子解爲膠西王卬太傅，因家于齊焉。

【一】集解此云封於段干，段干應是魏邑名也。而魏世家有段干木、段干子，田完世家有段干朋，疑此三人是姓段干也。本蓋因邑爲姓，左傳所謂「邑亦如之」是也。風俗通氏姓注云姓段，名干木，恐或失之矣。天下自別有段姓，何必段干木邪！

【二】索隱音鑄。正義之樹反。

【三】索隱音古雅反。正義作「瑕」，音霞。

世之學老子者則絀儒學，【一】儒學亦絀老子。「道不同不相爲謀」，豈謂是邪？李耳無爲自化，清靜自正。【二】

【一】索隱按：絀音黜。黜，退而後之也。

【二】索隱此太史公因其行事，於當篇之末結以此言，亦是贊也。按：老子曰「我無爲而民自化，我好靜而民自正」，此是昔人所評老聃之德，故太史公於此引以記之。正義此都結老子之教也。言無所造爲而自化，清淨不撓而民自歸正也。

莊子者，蒙人也，【一】名周。周嘗爲蒙漆園吏，【二】與梁惠王、齊宣王同時。其學無所不闚，然其要本歸於老子之言。故其著書十餘萬言，大抵率寓言也。【三】作漁父、盜跖、胠篋，〔四〕以詆訿孔子之徒，〔五〕以明老子之術。畏累虛、亢桑子之屬，皆空語無事實。〔六〕然善屬書離辭，〔七〕指事類情，用剽剥儒、墨，〔八〕雖當世宿學不能自解免也。其言洸洋自恣以適己，〔九〕故自王公大人不能器之。

〔一〕集解地理志蒙縣屬梁國。索隱地理志蒙縣屬梁國。劉向別録云宋之蒙人也。正義郭緣生述征記云蒙縣，莊周之本邑也。

〔二〕正義括地志云：「漆園故城在曹州冤句縣北十七里。」此云莊周爲漆園吏，即此。按：其城古屬蒙縣。

〔三〕索隱大抵猶言大略也。其書十餘萬言，率皆立主客，使之相對語，故云「偶言」。又音寓，寓，寄也。故別録云「作人姓名，使相與語，是寄辭於其人，故莊子有寓言篇」。正義率音律。寓音遇。率猶類也。寓，寄也。

〔四〕索隱胠篋猶言開篋也。胠音祛，亦音去。篋音去劫反。正義胠音丘魚反。篋音苦頰反。胠，開也。篋，箱類也。此莊子三篇名，皆誣毁自古聖君、賢臣、孔子之徒，營求名譽，咸以喪身，非抱素任真之道也。

〔五〕索隱詆，訐也。詆音邸。訿音紫。謂詆訐毁訾孔子也。

〔六〕索隱按：莊子，「畏累虛」，篇名也，即老聃弟子畏累。鄒氏畏音於鬼反，累音壘。劉氏畏音烏罪反，累路罪反。郭象云「今東萊也」。亢音庚。亢桑子，王劭本作「庚桑」。司馬彪云「庚桑楚，人姓名也」。正義莊子云：「庚桑楚者，老子弟子，北居畏累之山。」成瑱云：「山在魯，亦云在深州。」此篇寄庚桑楚以明至人之德，衞生之經，若槁木無情，死灰無心，禍福不至，惡有人災。言莊子雜篇庚桑楚已下，皆空設言語，無有實事也。

【七】正義屬音燭。離辭猶分析其辭句也。

【八】正義剽，疋妙反。剽猶攻擊也。

【九】索隱洸洋音汪羊二音，又音晃養。亦有本作「瀁」字。正義洋音翔。己音紀。

楚威王聞莊周賢，【一】使使厚幣迎之，許以爲相。莊周笑謂楚使者曰：「千金，重利；卿相，尊位也。子獨不見郊祭之犧牛乎？養食之數歲，衣以文繡，以入大廟。當是之時，雖欲爲孤豚，豈可得乎？【二】子亟去，【三】無污我。【四】我寧游戲污瀆【五】之中自快，無爲有國者所羈，終身不仕，以快吾志焉。」【六】

【一】正義威王當周顯王三十年。

【二】索隱孤者，小也，特也。願爲小豚不可得也。正義不羣也。豚，小豬。臨宰時，願爲孤小豚不可得也。

【三】索隱音棘。亟猶急也。

【四】索隱污音烏故反。

【五】索隱音烏讀二音。污瀆，潢污之小渠瀆也。

【六】正義莊子云：「莊子釣於濮水之上，楚王使大夫往，曰：『願以境内累。』莊子持竿不顧，曰：『吾聞楚有神龜，死二千歲矣〔六〕，巾笥藏之廟堂之上。此龜寧死爲留骨而貴乎？寧生曳尾泥中乎？』大夫曰：『寧曳尾塗中。』莊子曰：『往矣，吾將曳尾於塗中。』」與此傳不同也。

申不害者，京人也，【一】故鄭之賤臣。學術以干韓昭侯，【二】昭侯用爲相。内脩政教，外應諸侯，十五年。終申子之身，國治兵彊，無侵韓者。【三】

【一】索隱申子名不害。按：别録云「京，今河南京縣是也」。正義括地志云：「京縣故城在鄭州滎陽縣東南二十里，鄭之京邑也。」

【二】索隱按：術即刑名之法術也。

【三】索隱王劭按：紀年云「韓昭侯之世，兵寇屢交」，異乎此言矣。

申子之學本於黄老而主刑名。著書二篇，號曰申子。【一】

【一】集解劉向别録曰：「今民閒所有上下二篇，中書六篇，皆合二篇，已備，過太史公所記。」索隱今人閒有上下二篇，又有中書六篇，其篇中之言，皆合上下二篇，是書已備，過於太史公所記也。【正義】阮孝緒七略云申子三卷也。

韓非者，【一】韓之諸公子也。喜刑名法術之學，【二】而其歸本於黃老。【三】非爲人口吃，【四】不能道說，而善著書。與李斯俱事荀卿，【五】斯自以爲不如非。

【一】【正義】阮孝緒七略云：「韓子二十卷。」韓世家云：「王安五年，非使秦。九年，虜王安，韓遂亡。」

【二】【集解】新序曰：「申子之書言人主當執術無刑，因循以督責臣下，其責深刻，故號曰『術』。商鞅所爲書號曰『法』。皆曰『刑名』，故號曰『刑名法術之書』。」【索隱】著書三十餘篇，號曰韓子。

【三】【索隱】按：劉氏云「黃老之法不尚繁華，清簡無爲，君臣自正。韓非之論詆駮浮淫，法制無私，而名實相稱。故曰『歸於黃老』。」斯未爲得其本旨。今按：韓子書有解老、喻老二篇，是大抵亦崇黃老之學耳。

【四】【正義】音訖。

【五】【正義】孫卿子二十二卷。名況，趙人，楚蘭陵令。避漢宣帝諱，改姓孫也。

非見韓之削弱，數以書諫韓王，【一】韓王不能用。於是韓非疾治國不務脩明其法制，執勢以御其臣下，富國彊兵而以求人任賢，反舉浮淫之蠹而加之於功實之上。以爲儒者用文亂法，而俠者以武犯禁。寬則寵名譽之人，急則用介胄之士。【二】今者所養非所用，【三】所用非所養。【四】悲廉直不容於邪枉之臣，【五】觀往者得失之變，【六】故作孤憤、五蠹、內外儲、説林、説難十餘萬言。【七】

【一】索隱 韓王安也。

【二】正義 介，甲也。胄，兜鍪也。

【三】索隱 言非疾時君以禄養其臣者，乃皆安禄養交之臣，非勇悍忠鯁及折衝禦侮之人也。

【四】索隱 又言人主今臨事任用，並非常所禄養之士，故難可盡其死力也。

【五】索隱 又悲姦邪諂諛之臣不容廉直之士。

【六】正義 韓非見王安不用忠良，今國消弱，故觀往古有國之君，則得失之變異，而作韓子二十卷。

【七】索隱 此皆非所著書篇名也。孤憤，憤孤直不容於時也。五蠹，蠹政之事有五也。內、外儲，按韓子有內儲、外儲篇：內儲言明君執術以制臣下，制之在己，故曰「內」也；外儲言明君觀聽臣下之言行，以斷其賞罰，賞罰在彼，故曰「外」也。儲畜二事，所謂明君也。説林者，廣説諸事，其多若林，故曰「説林」也。今韓子有説林上下二篇。説難者，説前人行事與己不同而詰難之，故其書有説難篇。

然韓非知説之難，爲説難書甚具，終死於秦，不能自脱。

説難曰：【一】

【一】索隱 説音税。難音奴干反。言游説之道爲難，故曰説難。其書詞甚高，故特載之。然此篇亦與韓子微異，煩省小不同〔七〕。劉伯莊亦申其意，粗釋其微文幽旨，故有劉説也。

凡説之難，非吾知之有以説之難也；【一】又非吾辯之難能明吾意之難也〔八〕；【二】又非吾敢横失能盡之難也。【三】凡説之難，在知所説之心，可以吾説當之。【四】

【一】正義 凡説難識情理，不當人主之心，恐犯逆鱗。説之難知，故言非吾知之有以説之乃爲難。

【二】正義 能分明吾意以説之，亦又未爲難也，尚非甚難。

【三】索隱 按：韓子「横失」作「横佚」。劉氏云：「吾之所言，無横無失，陳辭發策，能盡説情，此雖是難，尚非難也。」 正義 横，擴孟反。又非吾敢有横失，詞理能盡説己之情，此雖是難，尚非極難。

【四】索隱 劉氏云：「開説之難，正在於此也。」按：所説之心者，謂人君之心也。言以人臣疏末射尊重之意，貴賤隔絶，旨趣難知，自非高識，莫近幾會，故曰「説之難」也。乃須審明人主之意，必以我説合其情，故云「吾説當之」也。 正義 前者三説並未爲難，凡説之難者，正在於此。言深辨知前人意，可以吾説當之，闇與前人心會，説則行，乃是難矣。

所說出於爲名高者也，【一】而說之以厚利，則見下節而遇卑賤，必弃遠矣。【二】所說出於厚利者也，而說之以名高，則見無心而遠事情，必不收矣。【三】所說實爲厚利而顯爲名高者也，【四】而說之以名高，則陽收其身而實疏之；若說之以厚利，則陰用其言而顯弃其身。【五】此之不可不知也。

【一】索隱 按：謂所說之主，中心本出欲立高名者也。故劉氏云「稽古羲黃，祖述堯舜」是也。

【二】索隱 謂人主欲立高名，說臣乃陳厚利，是其見下節也。既不會高情，故遇卑賤必被遠斥矣。

【三】索隱 亦謂所說之君，出意本規厚利，而說臣乃陳名高之節，則是說者無心，遠於我之事情，必不見收用也。故劉氏云「若秦孝公志於彊國，而商鞅說以帝王，故怒而不用」。

【四】索隱 按：韓子「實」字作「陰」〔九〕。按：顯者，陽也。謂其君實爲厚利，而詳作欲爲名高之節也。正義 前人必欲厚利，詐慕名高，則陽收其說，實疏遠之。

【五】索隱 謂若下文云鄭武公陰欲伐胡，而關其思極論深計，雖知說當，終遭顯戮是也。正義 前人好利厚，詐慕名高，說之以厚利，則陰用說者之言而顯不收其身。說士不可不察。

夫事以密成，語以泄敗〔一〇〕。未必其身泄之也，而語及其所匿之事，【一】如是者身危。貴人有過端，而說者明言善議以推其惡者，則身危。【二】周澤未渥也而語極知，說行而有功則德亡，【三】說不行而有敗則見疑，如是者身危。【四】夫貴人得計而欲自以爲功，説者與知焉，則身危。【五】彼顯有所出事，迺自以爲也故，説者與知焉，則身危。【六】彊之以其所必不爲，【七】止之以其所不能已者，身危。【八】故曰：與之論大人，則以爲閒己；【九】與之論細人，則以爲粥權。【一〇】論其所愛，則以爲借資；【一一】論其所憎，則以爲嘗己。【一二】徑省其辭，則不知而屈之；【一三】汎濫博文，則多而久之。【一四】順事陳意，則曰怯懦而不盡；【一五】慮事廣肆，則曰草野而倨侮。【一六】此説之難，不可不知也。

【一】正義事多相類，語言或説其相類之事，前人覺悟，便成漏泄，故身危也。

【二】正義人主有過失之端緒，而引美善之議以推人主之惡，則身危。

【三】索隱按：謂人臣事上，其道未合，至周之恩未霑渥於下，而輒吐誠極言，其説有功則其德亦亡。亡，無也。韓子作「則見忘」，然「見忘」勝於「德亡」也。正義渥，霑濡也。人臣事君未滿周至之恩澤，而説事當理，事行有功，君不以爲恩德，故德亡。

【四】索隱又若説不行而有敗則見疑，如是者身危。是恩意未深，輒評時政，不爲所信，更致嫌疑，若下文所云鄰父以牆壞有盜，卻爲見疑，即其類也。正義説事不行，或行有敗壞，則必致危殆，若此者身危也。

【五】正義與音預。人主先得其計己功，説者知前發其蹤跡，身必危亡。

【六】索隱 謂人主明有所出事乃自以爲功，而說者與知，是則以爲閒，故身危也。 正義 人主明所出事，乃以有所營爲，說者預知其計，而說者身亡危。

【七】索隱 劉氏云：「若項羽必欲衣錦東歸，而說者彊述關中，違旨忤情，自招誅滅也。」 正義 彊，其兩反。 人主必不欲有爲，而說者彊令爲之。

【八】索隱 劉氏云：「若漢景帝決廢栗太子，而周亞夫强欲止之，竟不從其言，後遂下獄是也。」 正義 人主已營爲，而說者彊止之者，身危。

【九】正義 閒音紀莧反。 說彼大人之短，以爲竊己之事情，乃爲刺譏閒也。

【一〇】索隱 按：韓子〔一二〕「粥權」作「賣重」〔一三〕。 謂薦彼細微之人，言堪大用，則疑其挾詐而賣我之權也。 正義 粥音育。 劉伯莊云：「論則疑其挾詐賣己之權。」

【一一】正義 說人主愛行，人主以爲借己之資籍也。

【一二】正義 論說人主所憎惡，人主則以爲嘗試於己也。

【一三】索隱 按：謂人主意在文華，而說者但徑捷省略其辭，則以說者爲無知而見屈辱也。 正義 省，山景反。

【一四】索隱 按：謂人主志在簡要，而說者務於浮辭汎濫，博涉文華，則君上嫌其多迂誕，文而無當者也。 正義 汎濫，浮辭也。 博文，廣言句也。 言浮說廣陳，必多詞理，時乃永久，人主疲倦。

【一五】正義 懦音乃亂反。 說者陳言順人主之意，則或怯懦而不盡事情也。

【一六】正義草野猶鄙陋也。廣陳言詞，多有鄙陋，乃成倨傲侮慢。

凡説之務，在知飾所説之所敬，【一】而滅其所醜。【二】彼自知其計，則毋以其失窮之；【三】自勇其斷，則毋以其敵怒之；【四】自多其力，則毋以其難概之。【五】規異事與同計，譽異人與同行者，則以飾之無傷也。【六】有與同失者，則明飾其無失也。【七】大忠無所拂悟〔三〕，【八】辭言無所擊排，【九】迺後申其辯知焉。此所以親近不疑，【一〇】知盡之難也。【一一】得曠日彌久，【一二】而周澤既渥，【一三】深計而不疑，交爭而不罪，迺明計利害以致其功，直指是非以飾其身，以此相持，此説之成也。【一四】

【一】索隱按：所説謂所説之主也。飾其所敬者，説士當知人主之所敬，而時以言辭文飾之。

【二】索隱滅其所醜謂人主若有所避諱而醜之〔一四〕，遊説者當滅其事端而不言也。

【三】正義前人自知其失誤，説士無以失誤窮極之，乃爲訕上也。

【四】索隱按：謂人主自勇其斷，説士無以己意而攻閅之，是以卑下之謀自敵於上，以致譴怒也。正義斷音端亂反。劉伯莊云：「貴人斷甲爲是，説者以乙破之，乙之理難同，怒以下敵上也。」

【五】索隱按：概猶格也。劉氏云：「秦昭王決欲攻趙，白起苦説其難，遂己之心，拒格君上，故致杜郵之僇也。」正義概，古代反。

【六】正義 劉伯莊云：「貴人與甲同計，與乙同行者，說士陳言無傷甲乙也。」

【七】索隱 按：上文言人主規事譽人，與某人同計同行，今說者之詞不得傷於同計同行之人，仍可文飾其類也。又若人主與同失者，而說者則可以明飾其無失也。正義 人主與甲同失，說者文飾甲之無失。

【八】索隱 拂音佛。言大忠之人，志在匡君於善，君初不從，則且退止，待君之說而又幾諫，即不拂悟於君也。正義 拂悟當爲「咈忤」，古字假借耳。咈，違也。忤，逆也。

【九】索隱 謂大忠說諫之辭，本欲歸於安人興化，而無別有所擊射排擯。按：韓子作「擊摩」也。

【一〇】正義 言大忠之事，擬安民興化，事在匡弼。君初亦不擊排，乃後周澤霑濡，君臣道合，乃敢辯智說焉。此所以親近而不見疑，是知盡之難。

【一一】集解 徐廣曰：「知，一作『得』。難，一作『辭』。」索隱 謂人臣盡知事上之道難也。按：徐廣曰「知，一作『得』，難，一作『辭』」。今按韓子作「得盡之辭」也。正義 言說士知談說之難也，爲能盡此談說之道，得當人主之心，君臣相合，乃是知盡之難也。

【一二】索隱 謂君臣道合，曠日已久，是誠著於君也。

【一三】索隱 謂君之渥澤周浹於臣，魚水相須，鹽梅相和也。

【一四】正義 夫知盡之難，則君臣道合，故得曠日彌久。而周澤既渥，深計而君不疑，與君交爭而不罪，而得明計國之利害以致其功，直指是非，任爵祿於身，以此君臣相執持，此說之成也。

伊尹爲庖，【一】百里奚爲虜，【二】皆所由干其上也。故此二子者，皆聖人也，猶不能無役身而涉世如此其汙也，【三】則非能仕之所設也。【四】

【一】正義殷本紀云「乃爲有莘氏媵臣，負鼎俎，以滋味説湯，致王道」是也。

【二】正義晉世家云襲滅虞公，及大夫百里以媵秦穆姬也【五】。

【三】正義汙音烏故反。庖虜是汙。

【四】索隱按：韓子作「非能士之所恥也」。

宋有富人，天雨牆壞。其子曰「不築且有盜」，其鄰人之父亦云，暮而果大亡其財，其家甚知其子而疑鄰人之父。【一】昔者鄭武公欲伐胡，【二】迺以其子妻之。因問羣臣曰：「吾欲用兵，誰可伐者？」關其思曰：「胡可伐。」迺戮關其思，曰：「胡，兄弟之國也，子言伐之，何也？」胡君聞之，以鄭爲親己而不備鄭。鄭人襲胡，取之。此二説者，其知皆當矣，【三】然而甚者爲戮，薄者見疑。非知之難也，處知則難矣。

【一】正義其子鄰父説皆當矣，而切見疑，非處知則難乎！

【二】正義世本云：「胡，歸姓也。」括地志云：「胡城在豫州郾城縣界。」

【三】正義當，當浪反。

昔者彌子瑕見愛於衞君。衞國之法，竊駕君車者罪至刖。既而彌子之母病，人聞，往夜告之，彌子矯駕君車而出。君聞之而賢之曰：「孝哉，爲母之故而犯刖罪！」與君游果園，彌子食桃而甘，不盡而奉君。君曰：「愛我哉，忘其口而念我！」及彌子色衰而愛弛，得罪於君。君曰：「是嘗矯駕吾車，又嘗食我以其餘桃。」故彌子之行未變於初也，前見賢而後獲罪者，愛憎之至變也。故有愛於主，則知當而加親；見憎於主，則罪當而加疏。故諫説之士不可不察愛憎之主而後説之矣。

夫龍之爲蟲也，【一】可擾狎而騎也。然其喉下有逆鱗徑尺，人有嬰之，則必殺人。人主亦有逆鱗，説之者能無嬰人主之逆鱗，則幾矣。【二】

【一】正義 龍，蟲類也。故言「龍之爲蟲」。

【二】索隱 按：幾，庶也。謂庶幾於善諫説也。 正義 説者能不犯人主逆鱗，則庶幾矣。

人或傳其書至秦。秦王見孤憤、五蠹之書，曰：「嗟乎，寡人得見此人與之游，死不恨矣！」李斯曰：「此韓非之所著書也。」秦因急攻韓。韓王始不用非，及急，迺遣非使秦。秦王悅之，未信用。李斯、姚賈害之，毁之曰：「韓非，韓之諸公子也。今王欲并諸侯，非終爲韓不爲秦，此人之情也。今王不用，久留而歸之，此自遺患也，不如以過法誅之。」秦王以爲然，下吏治非。李斯使人遺非藥，使自殺。韓非欲自陳，不得見。秦王後悔之，使

人赦之，非已死矣。【一】

【一】集解戰國策曰：「秦王封姚賈千户，以爲上卿。韓非短之曰：『賈，梁監門子，盜於梁，臣於趙而逐。取世監門子梁大盜趙逐臣與同社稷之計，非所以勵羣臣也。』王召賈問之，賈答云云，迺誅韓非也。」

申子、韓子皆著書，傳於後世，學者多有。余獨悲韓子爲說難而不能自脱耳。

太史公曰：老子所貴道，虚無，因應變化於無爲，故著書辭稱微妙難識。莊子散道德，放論，要亦歸之自然。申子卑卑，【一】施之於名實。韓子引繩墨，切事情，明是非，其極慘礉【二】少恩。皆原於道德之意，而老子深遠矣。

【一】集解自勉勵之意也。索隱劉氏云：「卑卑，自勉勵之意也。」

【二】集解礉，胡革反。用法慘急而鞠礉深刻。索隱慘，七感反。礉，胡革反。按：謂用法慘急而鞠礉深刻也。

【索隱述贊】伯陽立教，清淨無爲。道尊東魯，迹竄西垂。莊蒙栩栩，申害卑卑。刑名有術，説難極知。悲彼周防，終亡李斯。

校勘記

〔一〕此條索隱原無，據耿本、黄本、彭本、索隱本、柯本、殿本補。

〔二〕晝夜　張文虎札記卷五：「疑一本作『晝』，一本作『夜』，校者旁注兩存而誤。」

〔三〕苦實屬淮陽郡　殿本「苦」下有「縣」字。

〔四〕老子爲柱下史　「老子」，疑當作「張蒼」。按：錢大昕考異卷五：「蒼傳但云秦時爲御史，主柱下方書，未嘗及老子。」

〔五〕七十歲　本書卷四周本紀、卷五秦本紀皆作「十七歲」，卷二八封禪書亦云「合十七年而霸王出焉」。

〔六〕死二千歲矣　「二千歲」，莊子秋水作「三千歲」。

〔七〕煩省小不同　「小」下原有「大」字，據耿本、黄本、彭本、柯本、凌本、殿本删。

〔八〕又非吾辯之難　梁玉繩志疑卷二七：「『難』字衍。」按：韓非子説難無「難」字。

〔九〕韓子實字作陰　「陰」，原作「隱」，據耿本、黄本、彭本、索隱本、柯本、凌本、殿本改。按：韓非子説難：「所説陰爲厚利而顯爲名高者也，而説之以名高，則陽收其身而實疏之；説之以厚利，則陰用其言顯棄其身矣。」

〔一〇〕語以泄敗　張文虎札記卷五：「中統、毛本『語』作『而』。」按：通志卷八八列傳一作「而」。

〔一一〕韓子　原作「韓非子」，據耿本、黄本、彭本、柯本、凌本、殿本删「非」字。按：史記三家注引韓非書三十有餘，皆稱韓子。

〔二〕賣重　錢大昕考異卷五：「『賣』當作『𧶠』。說文：『𧶠，衒也。』」

〔三〕大忠　王念孫雜志史記第四：「韓子說難篇『大忠』作『大意』，是也。意與言正相對，必二者皆當於君心，然後可以申其辯智也。蓋史記『意』字本作『恴』，傳寫者脫其上半，因譌而爲『忠』矣。」

〔四〕滅其所醜謂人主若有所避諱而醜之　「滅其所」三字原無，據耿本、黄本、彭本、柯本、凌本、殿本補。按：此釋正文「滅其所醜」句意。

〔五〕襲滅虞公及大夫百里　水澤利忠校補：「襲滅虞公，南化、楓、三『襲滅虜虞公』。」按：此釋「百里奚爲虜」，疑當作「襲滅虞虜虞公及大夫百里奚」。本書卷三九晉世家云「襲滅虞，虜虞公及其大夫井伯百里奚」，是其證。

史記卷六十四

司馬穰苴列傳第四

司馬穰苴者，【一】田完之苗裔也。齊景公時，晉伐阿、甄〔一〕，【二】而燕侵河上，【三】齊師敗績。景公患之。晏嬰乃薦田穰苴曰：「穰苴雖田氏庶孽，然其人文能附衆，武能威敵，願君試之。」景公召穰苴，與語兵事，大說之，以爲將軍，【四】將兵扞燕晉之師。穰苴曰：「臣素卑賤，君擢之閭伍之中，加之大夫之上，士卒未附，百姓不信，人微權輕，願得君之寵臣國之所尊以監軍，乃可。」於是景公許之，使莊賈往。穰苴既辭，與莊賈約曰：「旦日日中會於軍門。」【五】穰苴先馳至軍，立表下漏【六】待賈。賈素驕貴，以爲將己之軍而己爲監，不甚急；【七】親戚左右送之，留飲。日中而賈不至。穰苴則仆表決漏，【八】入，行軍勒兵，申明約束。約束既定，夕時，莊賈乃至。穰苴曰：「何後期爲？」賈謝曰：「不佞大夫親戚送之，故留。」穰苴曰：「將受命之日則忘其家，臨軍約束則忘其親，援枹【九】鼓之急則忘其身。今敵國深侵，邦内騷動，士卒暴露於境，君寢不安席，食不甘味，百姓之命皆懸於君，何謂相送乎！」召軍正問曰：「軍法期而後至者云何？」對曰：「當斬。」莊賈懼，使人馳報景公，請救。既往，未及反，於是遂斬莊賈以徇三軍。三軍之士皆振慄。久之，景公遣使者持節赦賈，馳入軍中。穰苴曰：「將在軍，君令有所不受。」〔一〇〕問軍正曰：「馳三軍法何〔一一〕？」正曰：「當斬。」使者大懼。穰苴曰：「君之使不可殺之。」乃斬其僕，車之左駙，馬之左驂，〔一二〕以徇三軍。〔一三〕遣使者還報，然後行士卒次舍井竈飲食，問疾醫藥，身自拊循之。悉取將軍之資糧享士卒，身與士卒平分糧食，最比〔一四〕其羸弱者。三日而後勒兵。病者皆求行，爭奮出爲之赴戰。晉師聞之，爲罷去。燕師聞之，度水而解。〔一五〕於是追擊之，遂取所亡封内故境而引兵歸。未至國，釋兵旅，解約束，誓盟而後入邑。景公與諸大夫郊迎，勞師成禮，然後反歸寢。既見穰苴，尊爲大司馬。田氏日以益尊於齊。

〔一〕索隱 按：穰苴，名，田氏之族，爲大司馬，故曰司馬穰苴。正義 穰音若羊反。苴音子徐反。田穰苴爲司馬官，主兵。

〔二〕索隱 按：阿、甄皆齊邑。晉太康地記曰「阿即東阿也」。地理志云甄城縣屬濟陰也。

〔三〕正義 河上，黄河南岸地，即滄德二州北界。

〔四〕索隱 謂命之爲將，以將軍也。將音即匠反。遂以將軍爲官名。故尸子曰「十萬之師，無將軍則亂」。六國時有其官。

【五】索隱按：旦日謂明日。日中時期會於軍門也。

【六】索隱按：立表謂立木爲表以視日景，下漏謂下漏水以知刻數也。

【七】正義己音紀。監，甲暫反。

【八】索隱仆音赴。按：仆者，卧其表也。決漏謂決去壺中漏水。以賈失期，過日中故也。

【九】索隱上音袁，下音乎。正義援，作「操」。枹音孚，謂鼓挺也。

【一〇】集解魏武帝曰：「苟便於事，不拘君命。」

【一一】集解一本「問軍正曰軍中不馳今使者馳云何」〔三〕。

【一二】索隱按：謂斬其使者之僕，及車之左駙。駙，當作「輔」，並音附，謂車循外立木，承重較之材。又斬其馬之左驂，以御者在左故也。正義輔音附。劉伯莊云：「駙者，箱外之立木，承重校者。」

【一三】正義徇，行示也。

【一四】正義比音卑耳反〔四〕。

【一五】正義度黄河水北去而解。

已而大夫鮑氏、高、國之屬害之，譖於景公。景公退穰苴，苴發疾而死。田乞、田豹之徒【一】由此怨高、國等。其後及田常殺簡公，盡滅高子、國子之族。至常曾孫和，因自立，爲齊威王，【二】用兵行威，大放穰苴之法，【三】而諸侯朝齊。

【一】索隱田乞，田僖子也。豹亦僖子之族。

【二】索隱按：此文誤也，當云田和自立，至其孫，因號爲齊威王。故系家云田和自立，號太公，其孫因齊號爲威王。

【三】正義放，方往反。

齊威王使大夫追論古者司馬兵法而附穰苴於其中〔五〕，因號曰司馬穰苴兵法。

太史公曰：余讀司馬兵法，閎廓深遠，雖三代征伐，未能竟其義，如其文也，亦少褒矣。【一】若夫穰苴，區區爲小國行師，何暇及司馬兵法之揖讓乎？世既多司馬兵法，以故不論，著穰苴之列傳焉。

【一】索隱按：謂司馬法説行兵，揖讓有三代之法，而齊區區小國，又當戰國之時，故云「亦少褒矣」。

【索隱述贊】燕侵河上，齊師敗績。嬰薦穰苴，武能威敵。斬賈以徇，三軍驚惕。我卒既彊，彼寇退壁。法行司馬，實賴宗戚。

校勘記

〔一〕甄　張文虎札記卷五：「御覽二百九十六引作『鄄』，注云鄄音絹，今濮陽郡鄄城縣。」按：通志卷八八列傳一作「鄄」。

〔二〕馳三軍法何　紹興本、耿本、黄本、彭本、殿本作「問軍正曰軍中不馳今使者馳云何」，通志卷八八列傳一同。

〔三〕此條集解原無。張文虎札記卷五：「依北宋本。又，注引一本作『軍中不馳，今使者馳云何』，與今各本同。」按：「馳三軍法何」下景祐本有「一本問軍正曰軍中不馳今使者馳云何」十六字，紹興本、耿本、黄本、彭本、柯本、凌本、殿本正文皆作「問軍正曰軍中不馳今使者馳云何」，通志卷八八列傳一同，則景祐本「一本云云」，當爲集解文，今據補。

〔四〕比音卑耳反　「卑」下原有「必」字。張文虎札記卷五：「疑『卑』『必』二字當衍其一。」按：本書卷二七天官書「太白白，比狼」正義：「比，卑耳反，下同。比，類也。」今删「必」字。

〔五〕追論古者司馬兵法　後漢書卷七〇馬融傳「又明司馬法」李賢注引史記無「兵」字，疑此衍。按：本書卷一三〇太史公自序：「自古王者而有司馬法，穰苴能申明之。作司馬穰苴列傳。」史記、漢書、後漢書屢引司馬法。

史記卷六十五

孫子吳起列傳第五

孫子武者，齊人也。【一】以兵法見於吳王闔廬。闔廬曰：「子之十三篇，【二】吾盡觀之矣，可以小試勒兵乎？」對曰：「可。」闔廬曰：「可試以婦人乎？」曰：「可。」於是許之，出宮中美女，得百八十人。孫子分爲二隊，以王之寵姬二人各爲隊長，【三】皆令持戟。令之曰：「汝知而心與左右手背乎？」婦人曰：「知之。」孫子曰：「前，則視心；左，視左手；右，視右手；後，即視背。」婦人曰：「諾。」約束既布，乃設鈇鉞，即三令五申之。於是鼓之右，婦人大笑。孫子曰：「約束不明，申令不熟，將之罪也。」復三令五申而鼓之左，婦人復大笑。孫子曰：「約束不明，申令不熟，將之罪也；既已明而不如法者，吏士之罪也。」乃欲斬左右隊長。吳王從臺上觀，見且斬愛姬，大駭。趣使使【四】下令曰：「寡人已知將軍能用兵矣。寡人非此二姬，食不甘味，願勿斬也。」孫子曰：「臣既已受命爲將，將在軍，君命有所不受。」遂斬隊長二人以徇。用其次爲隊長，於是復鼓之。婦人左右前後跪起皆中規矩繩墨，無敢出聲。於是孫子使使報王曰：「兵既整齊，王可試下觀之，唯王所欲用之，雖赴水火猶可也。」吴王曰：「將軍罷休就舍，寡人不願下觀。」孫子曰：「王徒好其言，不能用其實。」於是闔廬知孫子能用兵，卒以爲將。西破彊楚，入郢，北威齊晉，顯名諸侯，孫子與有力焉。

【一】正義魏武帝云：「孫子者，齊人。事於吴王闔閭，爲吴將，作兵法十三篇。」

【二】正義七録云孫子兵法三卷。案：十三篇爲上卷。又有中、下二卷。

【三】索隱上音徒對反。下音竹兩反。

【四】索隱趣音促，謂急也。下「使」音色吏反。

孫武既死，【一】後百餘歲有孫臏。臏生阿鄄之閒，臏亦孫武之後世子孫也。孫臏嘗與龐涓【二】俱學兵法。龐涓既事魏，得爲惠王將軍，而自以爲能不及孫臏，乃陰使召孫臏。臏至，龐涓恐其賢於己，疾之，則以法刑斷其兩足而黥之，欲隱勿見。

【一】集解越絶書曰：「吴縣巫門外大冢，孫武冢也，去縣十里。」索隱按：越絶書云是子貢所著，恐非也。其書多記吴越亡後土地，或後人所録。正義七録云越絶十六卷，或云伍子胥撰。

【二】索隱臏，頻忍反。龐，皮江反。涓，古玄反。

齊使者如梁，【一】孫臏以刑徒陰見，說齊使。齊使以爲奇，竊載與之齊。齊將田忌善而客待之。忌數與齊諸公子馳逐重射。孫子見其馬足不甚相遠，馬有上、中、下輩。於是孫子謂田忌曰：「君弟重射，【二】臣能令君勝。」田忌信然之，與王及諸公子逐射千金。【三】及臨質，【四】孫子曰：「今以君之下駟與彼上駟，取君上駟與彼中駟，取君中駟與彼下駟。」既馳三輩畢，而田忌一不勝而再勝，卒得王千金。於是忌進孫子於威王。威王問兵法，遂以爲師。

【一】正義今汴州。

【二】索隱弟，但也。重射謂好射也。

【三】正義射音石。隨逐而射賭千金。

【四】索隱按：質猶對也。將欲對射之時也。一云質謂堋，非也。

其後魏伐趙，趙急，請救於齊。齊威王欲將孫臏，臏辭謝曰：「刑餘之人不可。」於是乃以田忌爲將，而孫子爲師，居輜車中，坐爲計謀。田忌欲引兵之趙，孫子曰：「夫解雜亂紛糾者【一】不控捲，【二】救鬭者不搏撠，【三】批亢擣虛，【四】形格勢禁，則自爲解耳。【五】今梁趙相攻，輕兵銳卒必竭於外，老弱罷於內。君不若引兵疾走大梁，據其街路，衝其方虛，彼必釋趙而自救。是我一舉解趙之圍而收弊於魏也。」【六】田忌從之，魏果去邯鄲，與齊戰於桂陵，大破梁軍。

【一】索隱 按：謂事之雜亂紛糾擊挐也〔一〕。

【二】索隱 按：謂解雜亂紛糾者，當善以手解之，不可控捲而擊之。捲即拳也。劉氏云「控，綜；捲，縮」，非也。

【三】索隱 博戟二音。按：謂救鬬者當善搊解之，無以手助相搏撠，則其怒益熾矣。按：撠，以手撠刺人〔二〕。

【四】索隱 批音白結反。亢音苦浪反。按：批者，相排批也。音白滅反。亢者，敵人相亢拒也。擣者，擊也，衝也。虛者，空也。按：謂前人相亢，必須批之。彼兵若虛，則衝擣之。欲令擊梁之虛也。此當是古語〔三〕，故孫子以言之也。

【五】索隱 謂若批其相亢，擊擣彼虛，則是事形相格，而其勢自禁止〔四〕，則彼自爲解兵也。

【六】索隱 謂齊今引兵據大梁之衝，是衝其方虛之時，梁必釋趙而自救，是一舉釋趙而斃魏。

後十三歲，【一】魏與趙攻韓，韓告急於齊。齊使田忌將而往，直走大梁。魏將龐涓聞之，去韓而歸，齊軍既已過而西矣。孫子謂田忌曰：「彼三晉之兵素悍勇而輕齊，齊號爲怯，善戰者因其勢而利導之。兵法，百里而趣利者蹶上將，【二】五十里而趣利者軍半至。

使齊軍入魏地爲十萬竈，明日爲五萬竈，又明日爲三萬竈〔五〕。」龐涓行三日，大喜，曰：「我固知齊軍怯，入吾地三日，士卒亡者過半矣。」乃弃其步軍，與其輕鋭倍日并行逐之。孫子度其行，暮當至馬陵。馬陵道陜，而旁多阻隘，可伏兵，乃斫大樹白而書之曰「龐涓死于此樹之下」。於是令齊軍善射者萬弩，夾道而伏，期曰「暮見火舉而俱發」。龐涓果夜至斫木下，見白書，乃鑽火燭之。讀其書未畢，齊軍萬弩俱發，魏軍大亂相失。龐涓自知智窮兵敗，乃自剄，曰：「遂成豎子之名！」〔三〕齊因乘勝盡破其軍，虜魏太子申以歸。孫臏以此名顯天下，世傳其兵法。

【一】索隱王劭按：紀年云〔六〕「梁惠王十七年，齊田忌敗梁于桂陵，至二十七年十二月，齊田朌敗梁於馬陵」，計相去無十三歲。

【二】集解魏武帝曰：「蹶猶挫也。」索隱蹶音巨月反。劉氏云：「蹶猶斃也。」

【三】索隱豎子謂孫臏。

吴起者，衞人也，好用兵。嘗學於曾子，事魯君。齊人攻魯，魯欲將吴起，吴起取齊女爲妻，而魯疑之。吴起於是欲就名，遂殺其妻，以明不與齊也。魯卒以爲將。將而攻齊，大破之。

魯人或惡吳起曰：「起之爲人，猜忍人也。其少時，家累千金，游仕不遂，遂破其家。鄉黨笑之，吳起殺其謗己者三十餘人，而東出衞郭門。與其母訣，齧臂而盟曰：『起不爲卿相，不復入衞。』遂事曾子。居頃之，其母死，起終不歸。曾子薄之，而與起絕。起乃之魯，學兵法以事魯君。魯君疑之，起殺妻以求將。夫魯小國，而有戰勝之名，則諸侯圖魯矣。且魯衞兄弟之國也，而君用起，則是弃衞。」魯君疑之，謝吳起。

吳起於是聞魏文侯賢，欲事之。文侯問李克曰：「吳起何如人哉？」李克曰：「起貪而好色，【一】然用兵司馬穰苴不能過也。」於是魏文侯以爲將，擊秦，拔五城。

【一】索隱按：王劭云：「此李克言吳起貪。下文云『魏文侯知起廉，盡能得士心』，又公叔之僕稱起『爲人節廉』，豈前貪而後廉，何言之相反也？」今按：李克言起貪者，起本家累千金，破産求仕，非實貪也；蓋言貪者，是貪榮名耳，故母死不赴，殺妻將魯是也。或者起未委質於魏，猶有貪迹，及其見用，則盡廉能，亦何異乎陳平之爲人也。

起之爲將，與士卒最下者同衣食。臥不設席，行不騎乘，親裹贏糧，與士卒分勞苦。卒有病疽者，起爲吮之。【一】卒母聞而哭之。人曰：「子卒也，而將軍自吮其疽，何哭爲？」母曰：「非然也。往年吳公吮其父，其父戰不旋踵，遂死於敵。吳公今又吮其子，妾不知其死所矣。是以哭之。」

【一】索隱 吮，鄒氏音弋軟反，又才軟反。

文侯以吳起善用兵，廉平，盡能得士心，乃以爲西河守，以拒秦、韓。

魏文侯既卒，起事其子武侯。武侯浮西河而下，中流，顧而謂吳起曰：「美哉乎山河之固，此魏國之寶也！」起對曰：「在德不在險。昔三苗氏左洞庭，右彭蠡，德義不修，禹滅之。夏桀之居，左河濟，右泰華，伊闕在其南，羊腸在其北，【一】修政不仁，湯放之。殷紂之國，左孟門，【二】右太行，常山在其北，大河經其南，修政不德，武王殺之。由此觀之，在德不在險。若君不修德，舟中之人盡爲敵國也。」【三】武侯曰：「善。」

【一】集解 瓚曰：「今河南城爲直之。」皇甫謐曰：「壺關有羊腸阪，在太原晉陽西北九十里。」

【二】索隱 劉氏按：紂都朝歌，今孟山在其西。今言左，則東邊別有孟門也。

【三】集解 楊子法言曰：「美哉言乎！使起之用兵每若斯，則太公何以加諸！」

吳起爲西河守〔七〕，甚有聲名。魏置相，相田文。【一】吳起不悅，謂田文曰：「請與子論功，可乎？」田文曰：「可。」起曰：「將三軍，使士卒樂死，敵國不敢謀，子孰與起？」文曰：「不如子。」起曰：「治百官，親萬民，實府庫，子孰與起？」文曰：「不如子。」起曰：

「守西河而秦兵不敢東鄉，韓趙賓從，子孰與起？」文曰：「不如子。」起曰：「此三者，子皆出吾下，而位加吾上，何也？」文曰：「主少國疑，大臣未附，百姓不信，方是之時，屬之於子乎？屬之於我乎？」起默然良久，曰：「屬之子矣。」文曰：「此乃吾所以居子之上也。」吴起乃自知弗如田文。

【一】索隱按：吕氏春秋作「商文」。

田文既死，公叔爲相，【一】尚魏公主，而害吴起。公叔之僕曰：「起易去也。」公叔曰：「柰何？」其僕曰：「吴起爲人節廉而自喜名也。君因先與武侯言曰：『夫吴起賢人也，而侯之國小，又與彊秦壤界，臣竊恐起之無留心也。』武侯即曰：『柰何？』君因謂武侯曰：『試延以公主，起有留心則必受之，無留心則必辭矣。以此卜之。』君因召吴起而與歸，即令公主怒而輕君。吴起見公主之賤君也，則必辭。」於是吴起見公主之賤魏相，果辭魏武侯。武侯疑之而弗信也。吴起懼得罪，遂去，即之楚。

【一】索隱韓之公族。

楚悼王素聞起賢，至則相楚。明法審令，捐不急之官，廢公族疏遠者，以撫養戰鬬之士。要在彊兵，破馳說之言從橫者。於是南平百越，北并陳蔡，卻三晉，西伐秦。諸侯患楚之彊。故楚之貴戚盡欲害吳起。及悼王死，宗室大臣作亂而攻吳起，吳起走之王尸而伏之。擊起之徒因射刺吳起，并中悼王。〔一〕悼王既葬，太子立，〔二〕乃使令尹盡誅射吳起而并中王尸者。坐射起而夷宗死者七十餘家。

〔一〕索隱 楚系家悼王名疑也。

〔二〕索隱 肅王臧也。

太史公曰：世俗所稱師旅，皆道孫子十三篇、吳起兵法，世多有，故弗論，論其行事所施設者。語曰：「能行之者未必能言，能言之者未必能行。」孫子籌策龐涓明矣，然不能蚤救患於被刑。吳起說武侯以形勢不如德，然行之於楚，以刻暴少恩亡其軀。悲夫！

【索隱述贊】孫子兵法，一十三篇。美人既斬，良將得焉。其孫臏脚，籌策龐涓。吳起相魏，西河稱賢；慘礉事楚，死後留權。

校勘記

〔一〕謂事之雜亂紛糾擊拏也　耿本、黄本、彭本、柯本、凌本、殿本無「擊拏」二字，通鑑卷二周紀二顯王十六年「夫解雜亂紛糾者不控拳」胡三省注引索隱同。

〔二〕撠以手撠刺人　耿本、黄本、彭本、柯本、凌本、殿本作「撠謂以手持撠刺人也」。

〔三〕古語　耿本、黄本、彭本、柯本、凌本、殿本作「舊語」。

〔四〕則是事形相格而其勢自禁止　「事」，通鑑卷二周紀二顯王十六年「形格勢禁」胡三省注引索隱作「其」。

〔五〕三萬竈　張文虎札記卷五：「中統、舊刻、游、毛本『三』作『二』。」按：景祐本、紹興本、耿本作「二」，通鑑卷二周紀二顯王二十八年同。後漢書卷七〇孔融傳「智如孫臏」李賢注引史記亦作「二」。

〔六〕王劭按紀年云　「按」字原無，據耿本、黄本、彭本、柯本、凌本、殿本補。

〔七〕吴起爲西河守　此上原有「即封」二字。梁玉繩志疑卷二七：「爲西河守不可言封，且起於文侯時已守西河矣，何俟武侯封之耶？『即封』二字衍。」今據删。

史記卷六十六

伍子胥列傳第六

伍子胥者，楚人也，名員。員父曰伍奢。員兄曰伍尚。其先曰伍舉，以直諫事楚莊王，【一】有顯，故其後世有名於楚。

【一】索隱按：舉直諫，見左氏、楚系家。

楚平王有太子名曰建，使伍奢爲太傅，費無忌【一】爲少傅。無忌不忠於太子建。平王使無忌爲太子取婦於秦，秦女好，無忌馳歸報平王曰：「秦女絕美，王可自取，而更爲太子取婦。」平王遂自取秦女而絕愛幸之，生子軫。更爲太子取婦。

【一】索隱按：左傳作「費無極」。

無忌既以秦女自媚於平王，因去太子而事平王。恐一旦平王卒而太子立，殺己，乃因讒太子建。建母，蔡女也，無寵於平王。平王稍益疏建，使建守城父，【一】備邊兵。

【一】集解地理志潁川有城父縣〔一〕。索隱本陳邑，楚伐陳而有之。地理志潁川有城父縣〔二〕。

頃之，無忌又日夜言太子短於王曰：「太子以秦女之故，不能無怨望，願王少自備也。自太子居城父，將兵，外交諸侯，且欲入爲亂矣。」平王乃召其太傅伍奢考問之。伍奢知無忌讒太子於平王，因曰：「王獨柰何以讒賊小臣疏骨肉之親乎？」無忌曰：「王今不制，其事成矣。王且見禽。」於是平王怒，囚伍奢，而使城父司馬奮揚【一】往殺太子。行未至，奮揚使人先告太子：「太子急去，不然將誅。」太子建亡奔宋。

【一】索隱城父司馬之姓名也。

無忌言於平王曰：「伍奢有二子，皆賢，不誅，且爲楚憂。可以其父質而召之，不然，且爲楚患。」王使使謂伍奢曰：「能致汝二子則生，不能則死。」伍奢曰：「尚爲人仁，呼必來。員爲人剛戾忍訽，【一】能成大事，彼見來之并禽，其勢必不來。」王不聽，使人召二子曰：「來，吾生汝父；不來，今殺奢也。」伍尚欲往，員曰：「楚之召我兄弟，非欲以生我父也，恐有脱者後生患，故以父爲質，詐召二子。二子到，則父子俱死。何益父之死？往而令讎不得報耳。不如奔他國，借力以雪父之恥，俱滅，無爲也。」伍尚曰：「我知往終不能全父命。然恨父召我以求生而不往，後不能雪恥，終爲天下笑耳。」謂員：「可去矣！汝能報殺父之讎，我將歸死。」尚既就執，使者捕伍胥。伍胥貫弓【二】執矢嚮使者，使者不敢進，伍胥遂亡。聞太子建之在宋，往從之。奢聞子胥之亡也，曰：「楚國君臣且苦兵矣。」伍尚至楚，楚并殺奢與尚也。

【一】集解音火候反。索隱鄒氏云：「一作『詬』，駡也，音逅。」劉氏音火候反【三】。

【二】集解貫，烏還反。索隱劉氏音貫爲彎，又音古患反。貫謂滿張弓。

伍胥既至宋，宋有華氏之亂，【一】乃與太子建俱奔於鄭。鄭人甚善之。太子建又適晉，晉頃公曰：「太子既善鄭，鄭信太子。太子能爲我内應，而我攻其外，滅鄭必矣。滅鄭而封太子。」太子乃還鄭。事未會，會自私欲殺其從者，從者知其謀，乃告之於鄭。鄭定公與子産誅殺太子建。建有子名勝。伍胥懼，乃與勝俱奔吴。到昭關，【二】昭關欲執之。伍胥遂與勝獨身步走，幾不得脱。追者在後。至江，江上有一漁父乘船，知伍胥之急，乃渡伍胥。伍胥既渡，解其劍曰：「此劍直百金，以與父。」父曰：「楚國之法，得伍胥者賜粟五萬石，爵執珪，豈徒百金劍邪！」不受。伍胥未至吴而疾，止中道，乞食。【三】至於吴，吴王僚方用事，公子光爲將。伍胥乃因公子光以求見吴王。

【一】索隱春秋昭二十年，宋華亥、向寧、華定與君爭而出奔是也。

【二】索隱其關在江西，乃吳楚之境也。

【三】集解張勃曰：「子胥乞食處在丹陽溧陽縣。」索隱按：張勃，晉人，吳鴻臚儼之子也〔四〕，作吳錄，裴氏注引之是也。溧，音栗，水名也。

久之，楚平王以其邊邑鍾離與吳邊邑卑梁氏俱蠶，兩女子爭桑相攻，乃大怒，至於兩國舉兵相伐。吳使公子光伐楚，拔其鍾離、居巢而歸。【一】伍子胥說吳王僚曰：「楚可破也。願復遣公子光。」公子光謂吳王曰：「彼伍胥父兄爲戮於楚，而勸王伐楚者，欲以自報其讎耳。伐楚未可破也。」伍胥知公子光有內志，欲殺王而自立，未可說以外事，乃進專諸【二】於公子光，退而與太子建之子勝耕於野。

【一】索隱二邑楚縣也。按：鍾離縣在六安，古鍾離子之國，系本謂之「終犂」，嬴姓之國。居巢亦國也。桀奔南巢，其國蓋遠。尚書序「巢伯來朝」，蓋因居之於淮南楚地也。

【二】索隱左傳謂之「專設諸」。

五年而楚平王卒。初，平王所奪太子建秦女生子軫，及平王卒，軫竟立爲後，是爲昭王。吳王僚因楚喪，使二公子將兵往襲楚。楚發兵絕吳兵之後，不得歸。吳國內空，而公子光乃令專諸襲刺吳王僚而自立，是爲吳王闔廬。闔廬既立，得志，乃召伍員以爲行人，而與謀國事。

楚誅其大臣郤宛、伯州犂，伯州犂之孫伯嚭亡奔吳，【一】吳亦以嚭爲大夫。前王僚所遣二公子將兵【二】伐楚者，道絕不得歸。後聞闔廬弒王僚自立，遂以其兵降楚，楚封之於舒。闔廬立三年，乃興師與伍胥、伯嚭伐楚，拔舒，遂禽故吳反二將軍。因欲至郢，將軍孫武曰：「民勞，未可，且待之。」乃歸。

【一】集解徐廣曰：「伯州犂者，晉伯宗之子也。伯州犂之子曰郤宛，郤宛之子曰伯嚭。宛亦姓伯，又別氏郤。楚世家云殺郤宛，宛之宗姓伯氏子曰嚭。吳世家云『楚誅伯州犂，其孫伯嚭奔吳』也。」索隱按：州犂，伯宗子也。郄宛，州犂子。伯嚭，郄宛子。嚭音喜。伯氏別姓郄。

【二】索隱公子燭庸及蓋餘也。

四年，吳伐楚，取六與灊。【一】五年，伐越，敗之。六年，楚昭王使公子囊瓦【二】將兵伐吳。吳使伍員迎擊，大破楚軍於豫章，【三】取楚之居巢。

【一】集解六，古國，皋陶之後所封。灊縣有天柱山。索隱六，古國也，皋陶之後所封。灊縣有天柱山。

【二】集解案：左傳楚公子貞字子囊，其孫名瓦，字子常。此言公子，又兼稱囊瓦，誤也。索隱按：

左氏楚公子貞字子囊，其孫名瓦，字子常。此言公子，又兼稱囊瓦，蓋誤。

【三】集解豫章在江南。索隱按：杜預云「昔豫章在江北，蓋後徙之於江南也〔五〕」。

九年，吳王闔廬謂子胥、孫武曰：「始子言郢未可入，今果何如？」二子對曰：「楚將囊瓦貪，而唐、蔡皆怨之。王必欲大伐之，必先得唐、蔡乃可。」闔廬聽之，悉興師與唐、蔡伐楚，與楚夾漢水而陳。吳王之弟夫概【一】將兵請從，王不聽，遂以其屬五千人擊楚將子常。【二】子常敗走，奔鄭。於是吳乘勝而前，五戰，遂至郢。【三】己卯，楚昭王出奔。庚辰，吳王入郢。

【一】索隱古賚反。

【二】集解子常，公孫瓦。索隱公孫瓦也。

【三】集解郢，楚都。索隱郢，楚都也。音以正反，又一音以井反。

昭王出亡，入雲夢；盜擊王，王走鄖。【一】鄖公弟懷曰：「平王殺我父，我殺其子，不亦可乎！」鄖公恐其弟殺王，與王奔隨。【二】吳兵圍隨，謂隨人曰：「周之子孫在漢川者，楚盡滅之。」隨人欲殺王，王子綦匿王，己自爲王以當之。隨人卜與王於吳，不吉，乃謝吳不與王。

【一】集解音云，國名。　索隱奏雲二音。走，向也。鄖，國名。

【二】正義今有楚昭王故城，昭王奔隨之處，宮之北城即是。

始伍員與申包胥爲交，員之亡也，謂包胥曰：「我必覆楚。」包胥曰：「我必存之。」及吳兵入郢，伍子胥求昭王。既不得，乃掘楚平王墓，出其尸，鞭之三百，然後已。申包胥亡於山中，使人謂子胥曰：「子之報讎，其以甚乎！吾聞之，人衆者勝天，天定亦能破人。【一】今子故平王之臣，親北面而事之，今至於僇死人，此豈其無天道之極乎！」伍子胥曰：「爲我謝申包胥曰，吾日莫途遠，吾故倒行而逆施之。」【二】於是申包胥走秦告急，求救於秦。秦不許。包胥立於秦廷，晝夜哭，七日七夜不絕其聲。秦哀公憐之，曰：「楚雖無道，有臣若是，可無存乎！」乃遣車五百乘救楚擊吳。六月，敗吳兵於稷。【三】會吳王久留楚求昭王，而闔廬弟夫概乃亡歸，自立爲王。闔廬聞之，乃釋楚而歸，擊其弟夫概。夫概敗走，遂奔楚。楚昭王見吳有內亂，乃復入郢。封夫概於堂谿，【四】爲堂谿氏。楚復與吳戰，敗吳，吳王乃歸。

【一】正義申包胥言聞人衆者雖一時凶暴勝天，及天降其凶，亦破於彊暴之人。

【二】索隱按：倒音丁老反。施音如字。子胥言志在復讎，常恐且死，不遂本心，今幸而報，豈論理乎！譬如人行，前途尚遠，而日勢已莫，其在顛倒疾行，逆理施事，何得責吾順理乎！

【三】集解稷丘，地名，在郊外。索隱按：左傳作「稷丘」。杜預云稷丘，地名。在郊外〔六〕。

【四】集解徐廣曰：「在慎縣。」駰案：地理志汝南有吳房縣。應劭曰「夫概奔楚，封於堂谿，本房子國，以封吳，故曰吳房」，然則不得在慎縣也。正義案：今豫州吳房縣在州西北九十里。

後二歲，闔廬使太子夫差將兵伐楚，取番。【一】楚懼吳復大來，乃去郢，徙於鄀。【二】當是時，吳以伍子胥、孫武之謀，西破彊楚，北威齊晉，南服越人。

【一】集解音普寒反，又音婆〔七〕。索隱音普寒反，又音婆。蓋鄱陽也。

【二】集解楚地，音若。索隱音若。鄀，楚地，今闕。

其後四年，孔子相魯。

後五年，伐越。越王句踐迎擊，敗吳於姑蘇，傷闔廬指，【一】軍卻。闔廬病創【二】將死，謂太子夫差曰：「爾忘句踐殺爾父乎？」夫差對曰：「不敢忘。」是夕，闔廬死。夫差既立爲王，以伯嚭爲太宰，習戰射。二年後伐越，敗越於夫湫。【三】越王句踐乃以餘兵五千人棲於會稽之上，【四】使大夫種【五】厚幣遺吳太宰嚭以請和，求委國爲臣妾。吳王將許之。伍子胥諫曰：「越王爲人能辛苦。今王不滅，後必悔之。」吳王不聽，用太宰嚭計，與越平。

【一】正義 姑蘇當作「檇李」，乃文誤也。左傳云戰檇李，傷將指，卒於陘是也。解在吴世家。

【二】集解 楚良反。 索隱 音瘡。

【三】集解 音椒。 索隱 音椒，又如字。 正義 太湖中椒山也。解在吴世家。

【四】正義 土地名：「在越州會稽縣東南十二里。」

【五】索隱 劉氏云「大夫姓，種名」，非也。按：今吴南有文種埭，則種姓文，爲大夫官也。 正義 高誘云：「大夫種，姓文氏，字子禽，楚之郢人。」

其後五年，而吴王聞齊景公死而大臣爭寵，新君弱，乃興師北伐齊。伍子胥諫曰：「句踐食不重味，弔死問疾，且欲有所用之也。此人不死，必爲吴患。今吴之有越，猶人之有腹心疾也。而王不先越而乃務齊，不亦謬乎！」吴王不聽，伐齊，大敗齊師於艾陵，【一】遂威鄒魯之君以歸。【二】益疏子胥之謀。

【一】正義 括地志云：「艾山在兗州博城縣南百六十里〔八〕，本齊博邑。」

【二】正義 鄒君居兗州鄒縣。魯，曲阜縣。

其後四年，吴王將北伐齊，越王句踐用子貢之謀，乃率其衆以助吴，而重寶以獻遺太宰嚭。太宰嚭既數受越賂，其愛信越殊甚，日夜爲言於吴王。吴王信用嚭之計。伍子胥諫曰：「夫越，腹心之病，今信其浮辭詐僞而貪齊。破齊，譬猶石田，無所用之。且盤庚之誥曰：『有顛越不恭，劓殄滅之，俾無遺育，無使易種于茲邑。』此商之所以興。願王釋齊而先越；若不然，後將悔之無及。」而吳王不聽，使子胥於齊。子胥臨行，謂其子曰：「吾數諫王，王不用，吾今見吳之亡矣。汝與吳俱亡，無益也。」乃屬其子於齊鮑牧，而還報吳。

吳太宰嚭既與子胥有隙，因讒曰：「子胥爲人剛暴，少恩，猜賊，其怨望恐爲深禍也。前日王欲伐齊，子胥以爲不可，王卒伐之而有大功。子胥恥其計謀不用，乃反怨望。而今王又復伐齊，子胥專愎〔一〕彊諫，沮〔二〕毀用事，徒幸吳之敗以自勝其計謀耳。今王自行，悉國中武力以伐齊，而子胥諫不用，因輟謝，詳病不行。王不可不備，此起禍不難。且嚭使人微伺之，其使於齊也，乃屬其子於齊之鮑氏。夫爲人臣，內不得意，外倚諸侯，自以爲先王之謀臣，今不見用，常鞅鞅怨望。願王早圖之。」吳王曰：「微子之言，吾亦疑之。」乃使使賜伍子胥屬鏤〔三〕之劍，曰：「子以此死。」伍子胥仰天歎曰：「嗟乎！讒臣嚭爲亂矣，王乃反誅我。我令若父霸。自若未立時，諸公子爭立，我以死爭之於先王，幾不得立。〔四〕若既得立，欲分吳國予我，我顧不敢望也。然今若聽諛臣言以殺長者。」乃告其舍人曰：「必樹吾墓上以梓，令可以爲器；〔五〕而抉〔六〕吾眼縣吳東門之上，〔七〕以觀越寇之入滅吳也。」乃自剄死。吳王聞之大怒，乃取子胥尸盛以鴟夷革，〔八〕浮之江中。〔九〕吳人憐之，爲

立祠於江上，[一〇]因命曰胥山。[一一]

[一]索隱皮逼反。

[二]集解自呂反。

[三]集解録于反。

[四]正義幾音祈。

[五]正義器謂棺也，以吴必亡也。左傳云：「樹吾墓檟，檟可材也，吴其亡乎！」

[六]索隱烏穴反。抉亦決也。

[七]正義東門，鱔門，謂鱘門也，今名葑門。鱔音普姑反。鱘音覆浮反。越軍開示浦，子胥濤盪羅城，開此門，有鱔鱘隨濤入，故以名門。顧野王云「鱔魚一名江豚，欲風則涌」也。

[八]集解應劭曰：「取馬革爲鴟夷。鴟夷，榼形。」正義盛音成。榼，古曷反。

[九]集解徐廣曰：「魯哀公十一年。」正義案：年表云吴王夫差十一年也。

[一〇]正義吴地記曰：「越軍於蘇州東南三十里三江口，又向下三里，臨江北岸立壇，殺白馬祭子胥，杯動酒盡，後因立廟於此江上。今其側有浦名上壇浦。至晉會稽太守麋豹，移廟吴郭東門内道南，今廟見在。」

[一一]集解張晏曰：「胥山在太湖邊，去江不遠百里，故云江上。」正義吴地記云：「胥山，太湖邊胥湖東岸山，西臨胥湖，山有古丞胥二王廟。」按：其廟不干子胥事，太史誤矣，張注又非。

吴王既誅伍子胥，遂伐齊。齊鮑氏殺其君悼公而立陽生。吴王欲討其賊，不勝而去。其後二年，吴王召魯衞之君會之橐皋。〔一〕其明年，因北大會諸侯於黄池，〔二〕以令周室。越王句踐襲殺吴太子，〔三〕破吴兵。吴王聞之，乃歸，使使厚幣與越平。後九年，越王句踐遂滅吴，殺王夫差；而誅太宰嚭，以不忠於其君，而外受重賂，與己比〔四〕周也。

〔一〕索隱音拓皋二音。杜預云：「地名，在淮南逡遒縣東南。」正義橐皋故縣在廬州巢縣西北五十六里。

〔二〕正義在汴州封丘縣南七里。

〔三〕索隱左傳太子名友。

〔四〕正義紀鼻二音。

伍子胥初所與俱亡故楚太子建之子勝者，在於吴。吴王夫差之時，楚惠王欲召勝歸楚。葉公〔一〕諫曰：「勝好勇而陰求死士，殆有私乎！」惠王不聽。遂召勝，使居楚之邊邑鄢，〔二〕號爲白公。〔三〕白公歸楚三年而吴誅子胥。

〔一〕正義上式涉反。杜預云：「子高，沈諸梁。」

【二】集解徐廣曰：「潁川鄢陵是。」正義鄢音偃。括地志云：「故郾城在豫州郾城縣南五里，與褒信白亭相近。」

【三】集解徐廣曰：「汝南褒信縣有白亭。」正義括地志云：「白亭在豫州褒信縣南四十二里〔九〕，又有白公故城。又許州扶溝縣北四十五里北又有白亭也。」

白公勝既歸楚，怨鄭之殺其父，乃陰養死士求報鄭。歸楚五年，請伐鄭，楚令尹子西許之。兵未發而晉伐鄭，鄭請救於楚。楚使子西往救，與盟而還。白公勝怒曰：「非鄭之仇，乃子西也。」勝自礪劍，人問曰：【一】「何以爲？」勝曰：「欲以殺子西。」子西聞之，笑曰：「勝如卵耳，何能爲也。」

【一】索隱左傳作「子期之子平見曰『王孫何自礪也』」。

其後四歲，白公勝與石乞襲殺楚令尹子西、司馬子綦【一】於朝。石乞曰：「不殺王，不可。」乃劫王如高府〔一〇〕。【二】石乞從者屈固【三】負楚惠王亡走昭夫人之宮。【四】葉公聞白公爲亂，率其國人攻白公。白公之徒敗，亡走山中，自殺。【五】而虜石乞，而問白公尸處，不言將亨。石乞曰：「事成爲卿，不成而亨，固其職也。」終不肯告其尸處。遂亨石乞，而求惠王復立之。

【一】索隱左傳作「子期」也。

【二】索隱杜預云：「楚之別府也。」

【三】集解徐廣曰：「一作『惠王從者屈固』。」楚世家亦云『王從者』。」索隱按：徐廣曰一作「惠王從者屈固」，蓋此本爲得。而左傳云「石乞尹門，圉公陽穴宮，負王以如昭夫人之宮」，則公陽是楚之大夫，王之從者也。

【四】索隱昭王夫人即惠王母，越女也。

【五】正義左傳云白公奔而縊。

太史公曰：怨毒之於人甚矣哉！王者尚不能行之於臣下，況同列乎！向令伍子胥從奢俱死，何異螻蟻。弃小義，雪大恥，名垂於後世。悲夫！方子胥窘於江上，【一】道乞食，志豈嘗須臾忘郢邪？故隱忍就功名，非烈丈夫孰能致此哉？白公如不自立爲君者，其功謀亦不可勝道者哉！

【一】索隱窘音求殞反。

【索隱述贊】讒人罔極，交亂四國。嗟彼伍氏，被茲凶慝！員獨忍詬，志復冤毒。霸吴起師，伐楚逐北。鞭尸雪恥，抉眼弃德。

校勘記

〔一〕地理志潁川有城父縣　「城父」，疑當作「父城」。按：漢書卷二八上地理志上潁川郡有「父城」而無「城父」。本書卷四周本紀「因以應爲太后養地」集解：「地理志云：應，今潁川父城縣應鄉是也。」卷四〇楚世家「使太子建居城父」正義：「地理志云潁川有父城縣，沛郡有城父縣，此二名別耳。」

〔二〕地理志潁川有城父縣　耿本、黄本、彭本、柯本、淩本、殿本無。

〔三〕劉氏音火候反　耿本、黄本、彭本、柯本、淩本、殿本無。

〔四〕吴鴻臚儼之子也　「儼」，原作「嚴」，據耿本、黄本、彭本、柯本、淩本、殿本改。按：三國志卷四八吴書三三嗣主傳：「寶鼎元年正月，遣大鴻臚張儼、五官中郎將丁忠弔祭晉文帝。及還，儼道病死。」裴松之注：「吴録曰：儼字子節，吴人也。」

〔五〕蓋後徙之於江南也　「蓋」下原有「分」字，據耿本、黄本、彭本、柯本、淩本、殿本删。按：左傳昭公十三年「吴人敗諸豫章」杜預注亦無「分」字。

〔六〕杜預云稷丘地名在郊外　耿本、黄本、彭本、柯本、淩本、殿本無，疑此衍。按：左傳定公五年：「使楚人先與吴人戰，而自稷會之，大敗夫概王于沂。」杜預注：「稷、沂皆楚地。」

〔七〕音普寒反又音婆　耿本、黄本、彭本、柯本、淩本、殿本無。

〔八〕百六十里　本書卷七八春申君列傳「既勝齊人於艾陵」正義作「六十里」，通鑑卷四周紀四赧王四十二年胡三省注引正義同。

〔九〕褒信縣南四十二里　「南」，本書卷四〇楚世家「號曰白公」正義引括地志作「東南」。按：元和志卷九河南道五蔡州褒信縣：「白亭，在縣東南四十二里。」

〔一〇〕乃劫王如高府　「劫」下原有「之」字。王念孫雜志史記第四：「『劫』下本無『之』字，哀十六年左傳曰『白公以王如高府』，楚世家曰『因劫惠王置之高府』，此曰『乃劫王如高府』，其義一也。『劫』下不當有『之』字。」今據删。

史記卷六十七

仲尼弟子列傳第七

孔子曰「受業身通者七十有七人」，【一】皆異能之士也。德行：顏淵、閔子騫、冉伯牛、仲弓。政事：冉有、季路。言語：宰我、子貢。【二】文學：子游、子夏。師也辟，【三】參也魯，【四】柴也愚，【五】由也喭，【六】回也屢空。賜不受命，而貨殖焉，億則屢中。【七】

【一】索隱孔子家語亦有七十七人，唯文翁孔廟圖作七十二人。

【二】索隱論語一曰德行，二曰言語，三曰政事，四曰文學。今此文政事在言語上，是其記有異也。

【三】集解馬融曰：「子張才過人，失於邪辟文過。」正義音癖。

【四】集解孔安國曰：「魯，鈍也。曾子遲鈍。」

【五】集解何晏曰：「愚直之愚。」

【六】集解鄭玄曰：「子路之行，失於畈喭。」索隱論語先言柴，次參，次師，次由。今此傳序之亦與論語不同，不得輒言其誤也。正義 畈音畔，喭音岸。

【七】集解 何晏曰：「言回庶幾於聖道，雖數空匱而樂在其中。賜不受教命，唯財貨是殖，億度是非。蓋美回所以勵賜也。一曰屢猶每也，空猶虛中也。以聖人之善道，教數子之庶幾，猶不至於知道者，各內有此害也。其於庶幾每能虛中者唯回，懷道深遠。不虛心不能知道。子貢無數子之病，然亦不知道者，雖不窮理而幸中，雖非天命而偶富，亦所以不虛心也。」

孔子之所嚴事：於周則老子；於衛，蘧伯玉；【一】於齊，晏平仲；【二】於楚，老萊子；【三】於鄭，子產；於魯，孟公綽。數稱臧文仲、柳下惠、【四】銅鞮【五】伯華、介山子然，孔子皆後之，不並世。【六】

【一】集解 外寬而內直，自設於隱括之中，直己而不直人，汲汲於仁，以善自終〔一〕，蓋蘧伯玉之行。索隱 按：大戴禮又云「外寬而內直，自娛於隱括之中，直己而不直人，汲汲于仁，以善存亡，蓋蘧伯玉之行也」。

【二】集解 君擇臣而使之，臣擇君而事之。有道順命，無道衡命，蓋晏平仲之行也。索隱 大戴記曰：「君擇臣而使之，臣擇君而事之。有道順命，無道衡命，蓋晏平仲之行也。」

【三】索隱 大戴記又云：「德恭而行信〔二〕，終日言不在悔尤之內〔三〕，貧而樂也〔四〕，蓋老萊子之行也。」

【四】集解 孝恭慈仁，允德圖義，約貨去怨，蓋柳下惠之行。索隱 大戴記又云：「孝恭慈仁，允德圖義，約貨亡怨，蓋柳下惠之行也。」

【五】索隱 地理志縣名，屬上黨。 正義 鞮，丁奚反。 按：銅鞮，潞州縣。

【六】集解 大戴禮曰：「孔子云『國家有道，其言足以興，國家無道，其默足以容，蓋銅鞮伯華之所行。觀於四方，不忘其親，苟思其親，不盡其樂，蓋介山子然之行也』。」說苑曰：「孔子歎曰『銅鞮伯華無死，天下有定矣』。」晉太康地記云：「銅鞮，晉大夫羊舌赤之邑，世號赤曰銅鞮伯華。」 索隱 按：自臧文仲已下，孔子皆後之，不並代。其所嚴事，自老子及公綽已上，皆孔子同時人也。按：戴德撰禮，號曰大戴禮，合八十五篇，其四十七篇亡，見今存者有三十八篇。今裴氏所引在衞將軍篇。孔子稱祁奚對晉平公之辭，唯舉銅鞮、介山二人行耳。家語又云：「不克不忌，不念舊怨，蓋伯夷、叔齊之行；思天而敬人，服義而行信，蓋趙文子之行；事君不愛其死，謀身不遺其友，蓋隨武子之行。」

顏回者，魯人也，字子淵。少孔子三十歲。【一】

【一】正義 少，戍妙反。

顏淵問仁，孔子曰：「克己復禮，天下歸仁焉。」【二】

【二】集解 馬融曰：「克己，約身也。」孔安國曰：「復，反也。身能反禮，則爲仁矣。」

孔子曰：「賢哉回也！【一】一簞食，一瓢飲，【二】在陋巷，人不堪其憂，回也不改其樂。」【三】「回也如愚；【四】退而省其私，亦足以發，回也不愚。」【五】「用之則行，捨之則藏，唯我與爾有是夫！」【六】

【一】集解衞瓘曰：「非大賢樂道，不能若此，故以稱之。」索隱衞瓘字伯玉，晉太保，亦注論語，故裴引之。

【二】集解孔安國曰：「簞，笥也。」

【三】集解孔安國曰：「顏回樂道，雖簞食在陋巷，不改其所樂也。」

【四】集解孔安國曰：「於孔子之言，默而識之，如愚也。」

【五】集解孔安國曰：「察其退還與二三子說釋道義，發明大體，知其不愚。」

【六】集解孔安國曰：「言可行則行，可止則止，唯我與顏回同也。」欒肇曰：「用己而後行，不假隱以自高，不屈道以要名，時人無知其實者，唯我與爾有是行。」正義肇字永初，高平人，晉尚書郎，作論語疑釋十卷、論語駁二卷。

回年二十九，髮盡白，蚤死。【一】孔子哭之慟，曰：「自吾有回，門人益親。」【二】魯哀公問：「弟子孰爲好學？」孔子對曰：「有顏回者好學，不遷怒，不貳過。不幸短命死矣，今也則亡。」【三】

【一】索隱按：家語亦云「年二十九而髮白，三十二而死」。王肅云「此久遠之書，年數錯誤，未可詳也。校其年，則顏回死時，孔子年六十一。然則伯魚年五十先孔子卒時，孔子且七十也。今此爲顏回先伯魚死，而論語曰顏回死，顏路請子之車，孔子曰『鯉也死，有棺而無椁』，或爲設事之辭」。按：顏回死在伯魚之前，故以論語爲設詞。

【二】集解王肅曰：「顏回爲孔子胥附之友，能使門人日親孔子。」

【三】集解何晏曰：「凡人任情，喜怒違理。顏回任道，怒不過分。遷者移也，怒當其理，不移易也。不貳過者，有不善未嘗復行。」

閔損，字子騫。【一】少孔子十五歲。

【一】集解鄭玄曰：「孔子弟子目録云魯人〔五〕。」索隱家語亦云「魯人。少孔子十五歲」。

孔子曰：「孝哉閔子騫！人不閒於其父母昆弟之言。」【一】不仕大夫，不食汙君之禄。【二】「如有復我者，【三】必在汶上矣。」【四】

【一】集解陳羣曰：「言子騫上事父母，下順兄弟，動静盡善，故人不得有非閒之言。」

【二】索隱論語：「季氏使閔子騫爲費宰，子騫曰：『善爲我辭焉。』」是不仕大夫，不食汙君之禄也。

【三】集解孔安國曰：「復我者，重來召我。」

【四】集解孔安國曰：「去之汶水上，欲北如齊。」

冉耕，字伯牛。【一】孔子以爲有德行。

【一】集解鄭玄曰魯人。　索隱按：家語云魯人。

伯牛有惡疾，孔子往問之，自牖執其手，【一】曰：「命也夫！斯人也而有斯疾，命也夫！」【二】

【一】集解包氏曰：「牛有惡疾，不欲見人，孔子從牖執其手。」

【二】集解包氏曰：「再言之者，痛之甚也。」

冉雍，字仲弓。【一】

【一】集解鄭玄曰：「魯人。」　索隱家語云：「伯牛之宗族，少孔子二十九歲。」

仲弓問政，孔子曰：「出門如見大賓，使民如承大祭。【一】在邦無怨，在家無怨。」【二】

【一】集解孔安國曰：「莫尚乎敬。」

【二】集解包氏曰：「在邦爲諸侯，在家爲卿大夫。」

孔子以仲弓爲有德行，曰：「雍也可使南面。」【一】

【一】集解包氏曰：「可使南面，言任諸侯之治。」

仲弓父，賤人。孔子曰：「犂牛之子騂且角，雖欲勿用，山川其舍諸？」【一】

【一】集解何晏曰：「犂，雜文。騂，赤色也，角者，角周正，中犧牲，雖欲以其所生犂而不用，山川寧肯舍之乎？言父雖不善，不害於子之美。」

冉求，字子有，【一】少孔子二十九歲。爲季氏宰。

【一】集解鄭玄曰魯人。

季康子問孔子曰：「冉求仁乎？」曰：「千室之邑，百乘之家，【一】求也可使治其賦。仁則吾不知也。」【二】復問：「子路仁乎？」孔子對曰：「如求。」

【一】集解孔安國曰：「千室，卿大夫之邑。卿大夫稱家。諸侯千乘，大夫故曰百乘。」

【二】集解孔安國曰：「賦，兵賦也。仁道至大，不可全名也。」

求問曰：「聞斯行諸？」【一】子曰：「行之。」子路問：「聞斯行諸？」子曰：「有父兄在，如之何其聞斯行之！」【二】子華怪之，「敢問問同而答異？」孔子曰：「求也退，故進

之。由也兼人，故退之。」【三】

【一】集解包氏曰：「賑窮救乏之事也。」

【二】集解孔安國曰：「當白父兄，不可自專。」

【三】集解鄭玄曰：「言冉有性謙退，子路務在勝尚人，各因其人之失而正之。」

仲由，字子路，卞人也。【一】少孔子九歲。

【一】集解徐廣曰：「尸子曰子路，卞之野人。」索隱家語一字季路，亦云是卞人也。

子路性鄙，好勇力，志伉直，冠雄雞，佩豭豚，【一】陵暴孔子。孔子設禮稍誘子路，子路後儒服委質，【二】因門人請爲弟子。

【一】集解冠以雄雞，佩以豭豚。二物皆勇，子路好勇，故冠帶之。

【二】索隱按：服虔注左氏云「古者始仕，必先書其名於策，委死之質於君，然後爲臣，示必死節於其君也」。

子路問政，孔子曰：「先之，勞之。」【一】請益。曰：「無倦。」【二】

【一】集解孔安國曰：「先導之以德，使民信之，然後勞之。易曰『悅以使民，民忘其勞』。」

【二】集解孔安國曰：「子路嫌其少，故請益。曰『無倦』者，行此上事，無倦則可。」

子路問：「君子尚勇乎？」孔子曰：「義之爲上。君子好勇而無義則亂，【一】小人好勇而無義則盜。」

【一】集解李充曰：「既稱君子，不職爲亂階也。若君親失道，國家昏亂，其於赴患致命而不知正顧義者，則亦陷乎爲亂而受不義之責也。」索隱按：充字弘度，晉中書侍郎，亦作論語解。

子路有聞，未之能行，唯恐有聞。【一】

【一】集解孔安國曰：「前所聞未及行，故恐復有聞不得並行。」

孔子曰：「片言可以折獄者，其由也與！」【一】「由也好勇過我，無所取材。」【二】「若由也，不得其死然。」【三】「衣敝緼袍【四】與衣狐貉者立而不恥者，其由也與！」「由也升堂矣，未入於室也。」【五】

【一】集解孔安國曰：「片猶偏也。聽訟必須兩辭以定是非，偏信一言折獄者，唯子路可也。」

【二】集解欒肇曰：「適用曰材，好勇過我用，故云『無所取』。」索隱按：肇字永初，晉尚書郎，作論語義也。

【三】集解孔安國曰：「不得以壽終也。」

【四】集解孔安國曰：「緼，枲著也。」

【五】集解馬融曰：「升我堂矣，未入於室耳。」

季康子問：「仲由仁乎？」孔子曰：「千乘之國可使治其賦，不知其仁。」

子路喜從游，遇長沮、桀溺、荷蓧丈人。

子路爲季氏宰，季孫問曰：「子路可謂大臣與？」孔子曰：「可謂具臣矣。」【一】

【一】集解孔安國曰：「言備臣數而已。」

子路爲蒲大夫，【一】辭孔子。孔子曰：「蒲多壯士，又難治。然吾語汝：恭以敬，可以執勇；【二】寬以正，可以比衆；【三】恭正以靜，可以報上。」

【一】索隱蒲，衞邑，子路爲之宰也。

【二】集解言恭謹謙敬，勇猛不能害，故曰「執」也。

【三】集解音鼻。言寬大清正，衆必歸近之。

初，衞靈公有寵姬曰南子。靈公太子蕢聵得過南子，懼誅出奔。及靈公卒而夫人欲立公子郢。郢不肯，曰：「亡人太子之子輒在。」於是衞立輒爲君，是爲出公。出公立十二年，其父蕢聵居外，不得入。子路爲衞大夫孔悝之邑宰。【一】蕢聵乃與孔悝作亂，謀入孔悝家，遂與其徒襲攻出公。出公奔魯，而蕢聵入立，是爲莊公。方孔悝作亂，【二】子路在外，聞之而馳往。遇子羔出衞城門，謂子路曰：「出公去矣，而門已閉，子可還矣，毋空受其禍。」子路曰：「食其食者不避其難。」子羔卒去。有使者入城，城門開，子路隨而入。造蕢聵，蕢聵與孔悝登臺。子路曰：「君焉用孔悝？請得而殺之。」蕢聵弗聽。於是子路欲燔臺，蕢聵懼，乃下石乞、壺黶攻子路，擊斷子路之纓。子路曰：「君子死而冠不免。」遂結纓而死。

【一】索隱按：服虔云「爲孔悝之邑宰」。

【二】索隱按：左傳蒯聵入孔悝家，悝母伯姬劫悝於廁，强與之盟而立蒯聵，非悝本心自作亂也。

孔子聞衛亂，曰：「嗟乎，由死矣！」已而果死。故孔子曰：「自吾得由，惡言不聞於耳。」【一】是時子貢爲魯使於齊。【二】

【一】集解王肅曰：「子路爲孔子侍衛，故侮慢之人不敢有惡言，是以惡言不聞於孔子耳。」

【二】索隱按：左傳子貢爲魯使齊在哀十五年，蓋此文誤也。

宰予，字子我。【一】利口辯辭。既受業，問：「三年之喪不已久乎？君子三年不爲禮，禮必壞；三年不爲樂，樂必崩。舊穀既没，新穀既升，鑽燧改火，期可已矣。」【二】子曰：「於汝安乎？」曰：「安。」「汝安則爲之。君子居喪，食旨不甘，聞樂不樂，故弗爲也。」【三】宰我出，子曰：「予之不仁也！子生三年然後免於父母之懷。【四】夫三年之喪，天下之通義

也。」【五】

【一】集解鄭玄曰魯人。　索隱家語亦云魯人。

【二】集解馬融曰：「周書月令有更火之文。春取榆柳之火，夏取棗杏之火，季夏取桑柘之火，秋取柞楢之火，冬取槐檀之火。一年之中，鑽火各異木，故曰『改火』。」

【三】集解孔安國曰：「旨，美也。責其無仁於親，故言『汝安則爲之』。」

【四】集解馬融曰：「生未三歲，爲父母所懷抱也。」

【五】集解孔安國曰：「自天子達於庶人。」

宰予晝寢。子曰：「朽木不可雕也，【一】糞土之牆不可圬也。」【二】

【一】集解包氏曰：「朽，腐也。雕，雕琢刻畫。」

【二】集解王肅曰：「圬，墁也。二者喻雖施功猶不成也。」

宰我問五帝之德，子曰：「予非其人也。」【一】

【一】集解王肅曰：「言不足以明五帝之德也。」

宰我爲臨菑大夫，【一】與田常作亂，以夷其族，孔子恥之。【二】

【一】索隱按：謂仕齊。齊都臨淄，故云「爲臨淄大夫」也。

【三】索隱按：左氏傳無宰我與田常作亂之文，然有闞止字子我，而因爭寵，遂爲陳恒所殺。恐字與宰予相涉，因誤云然。

端沐【一】賜，衞人，字子貢。少孔子三十一歲。

【一】索隱家語作「木」。

子貢利口巧辭，孔子常黜其辯。問曰：「汝與回也孰愈？」【一】對曰：「賜也何敢望回！回也聞一以知十，賜也聞一以知二。」

【一】集解孔安國曰：「愈猶勝也。」

子貢既已受業，問曰：「賜何人也？」孔子曰：「汝器也。」【一】曰：「何器也？」曰：「瑚璉也。」【二】

【一】集解孔安國曰：「言汝器用之人。」

【二】集解包氏曰：「瑚璉，黍稷器。夏曰瑚，殷曰璉，周曰簠簋，宗廟之貴器。」

陳子禽問子貢曰：「仲尼焉學？」子貢曰：「文武之道未墜於地，在人，賢者識其大者，不賢者識其小者，莫不有文武之道。夫子焉不學，【一】而亦何常師之有！」【二】又問曰：「孔子適是國必聞其政。求之與？抑與之與？」【三】子貢曰：「夫子温良恭儉讓以得之。夫子之求之也，其諸異乎人之求之也。」【四】

【一】集解孔安國曰：「文武之道未墜落於地，賢與不賢各有所識，夫子無所不從學。」

【二】集解孔安國曰：「無所不從學，故無常師。」

【三】集解鄭玄曰：「怪孔子所至之邦必與聞國政，求而得之邪？抑人君自願與之爲治者？」

【四】集解鄭玄曰：「言夫子行此五德而得之，與人求之異，明人君自與之。」

子貢問曰：「富而無驕，貧而無諂，何如？」孔子曰：「可也；【一】不如貧而樂道，富而好禮。」【二】

【一】集解孔安國曰：「未足多也。」

【二】集解鄭玄曰：「樂謂志於道，不以貧爲憂苦也。」

田常欲作亂於齊，憚高、國、鮑、晏，故移其兵欲以伐魯。孔子聞之，謂門弟子曰：「夫魯，墳墓所處，父母之國，國危如此，二三子何爲莫出？」子路請出，孔子止之。子張、子石【一】請行，孔子弗許。子貢請行，孔子許之。

【一】索隱公孫龍也。

遂行，至齊，說田常曰：「君之伐魯過矣。夫魯，難伐之國，其城薄以卑，其地狹以泄，【一】其君愚而不仁，大臣僞而無用，其士民又惡甲兵之事，此不可與戰。君不如伐吴。夫吴，城高以厚，地廣以深，甲堅以新，士選以飽，重器精兵盡在其中，又使明大夫守之，此易伐也。」田常忿然作色曰：「子之所難，人之所易；子之所易，人之所難。而以教常，何也？」子貢曰：「臣聞之，憂在内者攻彊，憂在外者攻弱。今君憂在内。吾聞君三封而三不成者，大臣有不聽者也。今君破魯以廣齊，戰勝以驕主，破國以尊臣，【二】而君之功不與焉，則交日疏於主。是君上驕主心，下恣羣臣，求以成大事，難矣。夫上驕則恣〔六〕，臣驕則爭，是君上與主有郤，下與大臣交爭也。如此，則君之立於齊危矣。故曰不如伐吴。伐吴不勝，民人外死，大臣内空，是君上無彊臣之敵，下無民人之過，孤主制齊者唯君也。」田常曰：「善。雖然，吾兵業已加魯矣，去而之吴，大臣疑我，柰何？」子貢曰：「君按兵無伐，臣請往使吴王，令之救魯而伐齊，君因以兵迎之。」田常許之，使子貢南見吴王。

【一】索隱按：越絶書其「泄」字作「淺」。

【二】集解王肅曰：「鮑、晏等帥師，若破國則臣尊矣。」

說曰：「臣聞之，王者不絶世，霸者無彊敵，千鈞之重加銖兩而移。今以萬乘之齊而私千乘之魯，與吴爭彊，竊爲王危之。且夫救魯，顯名也；伐齊，大利也。以撫泗上諸侯，誅暴齊以服彊晉，利莫大焉。名存亡魯，實困彊齊，智者不疑也。」吳王曰：「善。雖然，吾嘗與越戰，棲之會稽。越王苦身養士，有報我心。子待我伐越而聽子。」子貢曰：「越之勁不過魯，吳之彊不過齊，王置齊而伐越，則齊已平魯矣。且王方以存亡繼絕爲名，夫伐小越而畏彊齊，非勇也。夫勇者不避難，仁者不窮約，智者不失時，王者不絕世，以立其義。今存越示諸侯以仁，救魯伐齊，威加晉國，諸侯必相率而朝吳，霸業成矣。且王必惡越，〔一〕臣請東見越王，令出兵以從，此實空越，名從諸侯以伐也。」吳王大說，乃使子貢之越。

〔一〕索隱惡猶畏惡也。

越王除道郊迎，身御至舍而問曰：「此蠻夷之國，大夫何以儼然辱而臨之？」子貢曰：「今者吾說吳王以救魯伐齊，其志欲之而畏越，曰『待我伐越乃可』。如此，破越必矣。且夫無報人之志而令人疑之，拙也；有報人之志，使人知之，殆也；事未發而先聞，危也。三者舉事之大患。」句踐頓首再拜曰：「孤嘗不料力，乃與吳戰，困於會稽，痛入於骨髓，日夜焦脣乾舌，徒欲與吳王接踵而死，孤之願也。」遂問子貢。子貢曰：「吳王爲人猛暴，羣臣不堪；國家敝於數戰，士卒弗忍；百姓怨上，大臣內變；子胥以諫死，〔一〕太宰嚭用事，順君之過以安其私：是殘國之治也。今王誠發士卒佐之以徼〔二〕其志，〔三〕重寶以說其心，卑辭以尊其禮，其伐齊必也。彼戰不勝，王之福矣。戰勝，必以兵臨晉，臣請北見晉君，令共攻之，弱吴必矣。其鋭兵盡於齊，重甲困於晉，而王制其敝，此滅吴必矣。」越王大説，許諾。送子貢金百鎰，劍一，良矛二。子貢不受，遂行。

【一】索隱王劭按：家語、越絶並無此五字。是時子胥未死。

【二】集解結堯反〔七〕。

【三】集解王肅曰：「激射其志。」

報吴王曰：「臣敬以大王之言告越王，越王大恐，曰：『孤不幸，少失先人，内不自量，抵罪於吴，軍敗身辱，棲于會稽，國爲虚莽，【一】賴大王之賜，使得奉俎豆而修祭祀，死不敢忘，何謀之敢慮！』」後五日，越使大夫種頓首言於吴王曰：「東海役臣孤句踐使者臣種，敢修下吏問於左右。今竊聞大王將興大義，誅彊救弱，困暴齊而撫周室，請悉起境内士卒三千人，孤請自被堅執鋭，以先受矢石。因越賤臣種奉先人藏器，甲二十領，鈇屈盧之矛，【二】步光之劍，以賀軍吏。」吴王大説，以告子貢曰：「越王欲身從寡人伐齊，可乎？」子貢曰：「不可。夫空人之國，悉人之衆，又從其君，不義。君受其幣，許其師，而辭其君。」吴王許諾，乃謝越王。於是吴王乃遂發九郡兵伐齊。

【一】集解虚音墟。莽，莫朗反。索隱有本作「棘」，恐誤也。

【二】索隱鈇音膚，斧也。劉氏云一本無此字。屈盧，矛名。

子貢因去之晉，謂晉君曰：「臣聞之，慮不先定不可以應卒，【一】兵不先辨不可以勝敵。今夫齊與吴將戰，彼戰而不勝，越亂之必矣；與齊戰而勝，必以其兵臨晉。」晉君大恐，曰：「爲之柰何？」子貢曰：「修兵休卒以待之。」晉君許諾。

【一】索隱按：卒謂急卒也。言計慮不先定，不可以應卒有非常之事。

子貢去而之魯。吴王果與齊人戰於艾陵，【一】大破齊師，獲七將軍之兵而不歸，果以兵臨晉，與晉人相遇黄池【二】之上。吴晉爭彊。晉人擊之，大敗吴師。越王聞之，涉江襲吴，去城七里而軍。吴王聞之，去晉而歸，與越戰於五湖。三戰不勝，城門不守，越遂圍王宮，殺夫差而戮其相。【三】破吴三年，東向而霸。

【一】索隱按：左傳在哀十一年。

【二】索隱左傳黄池之會在哀十三年。越入吴，吴與越平也。

【三】索隱按：左傳越滅吴在哀二十二年，則事並懸隔數年。蓋此文欲終説其事，故其辭相連。

故子貢一出，存魯，亂齊，破吴，彊晉而霸越。子貢一使，使勢相破，十年之中，五國各有變。【一】

【一】索隱按：左傳謂魯、齊、晉、吴、越也，故云「子貢一出，存魯，亂齊，破吴，彊晉而霸越」。

子貢好廢舉，與時轉貨貲。〔一〕喜揚人之美，不能匿人之過。常相魯衞，家累千金，卒終于齊。

〔一〕集解廢舉謂停貯也。與時謂逐時也。夫物賤則買而停貯，值貴即逐時轉易，貨賣取資利也。索隱按：家語「貨」作「化」。王肅云：「廢舉謂買賤賣貴也，轉化謂隨時轉貨以殖其資也。」劉氏云：「廢謂物貴而賣之，舉謂物賤而收買之，轉貨謂轉貴收賤也。」

言偃，吴人，〔一〕字子游。少孔子四十五歲。

〔一〕索隱家語云魯人。按：偃仕魯爲武城宰耳。今吴郡有言偃冢，蓋吴郡人爲是也。

子游既已受業，爲武城宰。〔一〕孔子過，聞弦歌之聲。孔子莞爾而笑〔二〕曰：「割雞焉用牛刀？」〔三〕子游曰：「昔者偃聞諸夫子曰，君子學道則愛人，小人學道則易使。」〔四〕孔子曰：「二三子，〔五〕偃之言是也。前言戲之耳。」〔六〕孔子以爲子游習於文學。

〔一〕正義括地志云：「在兗州，即南城也。輿地志云南武城縣，魯武城邑，子游爲宰者也，在泰山郡。」

〔二〕集解何晏曰：「莞爾，小笑貌。」

〔三〕集解孔安國曰：「言治小何須用大道。」

【四】集解孔安國曰：「道謂禮樂也。樂以和人，人和則易使。」

【五】集解孔安國曰：「從行者。」

【六】集解孔安國曰：「戲以治小而用大【八】。」

卜商，【一】字子夏。少孔子四十四歲。

【一】集解家語云衞人。鄭玄曰温國卜商。索隱按：家語云衞人，鄭玄云温國人，不同者，温國今河内温縣，元屬衞故。

子夏問：「『巧笑倩兮，美目盼兮，素以爲絢兮』，何謂也？」【一】子曰：「繪事後素。」【二】曰：「禮後乎？」【三】孔子曰：「商始可與言詩已矣。」【四】

【一】集解馬融曰：「倩，笑貌。盼，動目貌。絢，文貌。此上二句在衞風碩人之二章，其下一句逸詩。」

【二】集解鄭玄曰：「繪，畫文也。凡畫繪先布衆色，然後以素分布其閒以成其文，喻美女雖有倩盼美質，亦須禮以成也。」

【三】集解何晏曰：「孔言『繢事後素』，子夏聞而解知以素喻禮，故曰『禮後乎』。」

【四】集解包氏曰：「能發明我意，可與言詩矣。」

子貢問：「師與商孰賢？」子曰：「師也過，商也不及。」【一】「然則師愈與？」曰：「過猶不及。」

【一】集解孔安國曰：「言俱不得中。」

子謂子夏曰：「汝爲君子儒，無爲小人儒。」【一】

【一】集解何晏曰：「君子之儒將以明道，小人爲儒則矜其名。」

孔子既没，子夏居西河【一】教授，爲魏文侯師。【二】其子死，哭之失明。

【一】索隱在河東郡之西界，蓋近龍門。劉氏云：「今同州河西縣有子夏石室學堂也。」正義西河郡，今汾州也。爾雅云：「兩河閒曰冀州。」禮記云：「自東河至於西河。」河東故號龍門河爲西河，漢因爲西河郡，汾州也，子夏所教處。括地志云：「謁泉山一名隱泉山，在汾州隰城縣北四十里。注水經云『其山崖壁立〔九〕，崖半有一石室，去地五十丈，頂上平地十許頃。』隨國集記云此爲子夏石室〔一〇〕，退老西河居此。有卜商神祠，今見在。」

【二】索隱按：子夏文學著於四科，序詩，傳易。又孔子以春秋屬商。又傳禮，著在禮志。而此史並不論，空記論語小事，亦其疏也。正義文侯都安邑。孔子卒後，子夏教於西河之上，文侯師事之，咨問國政焉。

顓孫師，陳人，【一】字子張。少孔子四十八歲。

【一】索隱鄭玄目録陽城人。陽城，縣名，屬陳郡。

子張問干禄，【一】孔子曰：「多聞闕疑，慎言其餘，則寡尤；【二】多見闕殆，慎行其餘，則寡悔。【三】言寡尤，行寡悔，禄在其中矣。」【四】

【一】集解鄭玄曰：「干，求也。禄，禄位也。」

【二】集解包氏曰：「尤，過也。疑則闕之，其餘不疑，猶慎言之，則少過。」

【三】集解包氏曰：「殆，危也。所見危者，闕而不行，則少悔。」

【四】集解鄭玄曰：「言行如此，雖不得禄，得禄之道。」

他日，從在陳蔡閒，困，問行。孔子曰：「言忠信，行篤敬，雖蠻貊之國行也；言不忠信，行不篤敬，雖州里行乎哉！【一】立則見其參於前也，在輿則見其倚於衡，夫然後行。」【二】子張書諸紳。【三】

【一】集解鄭玄曰：「二千五百家爲州，五家爲鄰，五鄰爲里。行乎哉，言不可行。」

【二】集解包氏曰：「衡，軛也。言思念忠信，立則常想見，參然在前；在輿則若倚於車軛。」

【三】集解孔安國曰：「紳，大帶也。」

子張問：「士何如斯可謂之達矣？」孔子曰：「何哉，爾所謂達者？」子張對曰：「在國必聞，在家必聞。」【一】孔子曰：「是聞也，非達也。夫達者，質直而好義，察言而觀色，慮以下人，【二】在國及家必達。【三】夫聞也者，色取仁而行違，居之不疑，【四】在國及家必聞。」【五】

【一】集解鄭玄曰：「言士之所在，皆能有名譽。」

【二】集解馬融曰：「常有謙退之志，察言語，觀顏色，知其所欲，其念慮常欲下於人。」

【三】集解馬融曰：「謙尊而光，卑而不可踰。」

【四】集解馬融曰：「此言佞人也。佞人假仁者之色，行之則違，安居其僞而不自疑。」

【五】集解馬融曰：「佞人黨多。」

曾參，南武城人，【一】字子輿。少孔子四十六歲。

【一】索隱按：武城屬魯。當時魯更有北武城，故言南也。正義括地志云：「南武城在兗州，子游爲宰者。地理志云定襄有武城，清河有武城，故此云南武城也。」

孔子以爲能通孝道，【一】故授之業。作孝經。死於魯。

【一】正義韓詩外傳云：「曾子曰：『吾嘗仕爲吏，祿不過鍾釜，尚猶欣欣而喜者，非以爲多也，樂道養親也。親没之後，吾嘗南游於越，得尊官，堂高九仞，榱提三尺，躲轂百乘，然猶北向而泣者，非爲賤也，悲不見吾親也。』」

澹臺滅明，【一】武城人，【二】字子羽。少孔子三十九歲。

【一】集解包氏曰：「澹臺，姓；滅明，名。」正義括地志云：「延津在滑州靈昌縣東七里。注水經云：『黄河水至此爲之延津。昔澹臺子羽齎千金之璧渡河，陽侯波起，兩蛟夾舟。子羽曰：「吾可以義求，不可以威劫。」操劍斬蛟。蛟死，乃投璧於河，三投而輒躍出，乃毁璧而去，亦無怪意〔一〕。』即此津也。」

【二】正義括地志云亦在兗州。

狀貌甚惡。欲事孔子，孔子以爲材薄。既已受業，退而修行，行不由徑，非公事不見卿大夫。【一】

【一】集解包氏曰：「言其公且方。」

南游至江，【二】從弟子三百人，設取予去就，名施乎諸侯。孔子聞之，曰：「吾以言取人，失之宰予；以貌取人，失之子羽。」【三】

【二】索隱按：今吴國東南有澹臺湖，即其遺迹所在。

【三】索隱按：家語「子羽有君子之容，而行不勝其貌」。而上文云「滅明狀貌甚惡」，則以子羽形陋也。今此孔子云「以貌取人，失之子羽」，與家語正相反。正義按：澹子羽墓在兗州鄒城縣。

宓不齊，字子賤。【一】少孔子三十歲〔二〕。【三】

【一】集解孔安國曰魯人。正義顏氏家訓云：「兗州永昌郡城，舊單父縣地也。東門有子賤碑，漢世所立，乃云濟南伏生即子賤之後，是『虙』之與『伏』古來通，字誤爲『宓』，較可明矣。」「虙」字從「虍」，音呼；「宓」從「宀」，音緜。下俱爲「必」，世傳寫誤也。

【三】索隱家語云「魯人，字子賤，少孔子四十九歲」。此云「三十」，不同。

孔子謂「子賤君子哉！魯無君子，斯焉取斯？」【一】

【一】集解包氏曰：「如魯無君子，子賤安得此行而學？」

子賤爲單父宰，【一】反命於孔子，曰：「此國有賢不齊者五人，【二】教不齊所以治者。」孔子曰：「惜哉不齊所治者小，所治者大則庶幾矣。」

【一】正義宋州縣也。說苑云：「宓子賤理單父，彈琴，身不下堂，單父理。巫馬期以星出，以星入，而單父亦理。巫馬期問其故。宓子賤曰：『我之謂任人，子之謂任力。任力者勞，任人者逸。』」

【三】索隱按：家語云「不齊所父事者三人，所兄事者五人，所友者十一人」，不同也。

原憲，【一】字子思。

【一】集解鄭玄曰魯人。　索隱鄭玄云魯人。家語云：「宋人〔三〕。少孔子三十六歲。」

子思問恥。孔子曰：「國有道，穀。【一】國無道，穀，恥也。」【二】

【一】集解孔安國曰：「穀，祿也。邦有道，當食祿。」

【二】集解孔安國曰：「君無道而在其朝，食其祿，是恥辱也。」

子思曰：「克伐怨欲不行焉，可以爲仁乎？」【一】孔子曰：「可以爲難矣，仁則吾弗知也。」【二】

【一】集解馬融曰：「克，好勝人也。伐，自伐其功。怨，忌也。欲，貪欲也。」

【二】集解包氏曰：「四者行之難，未足以爲仁。」

孔子卒，原憲遂亡在草澤中。【一】子貢相衞，而結駟連騎，排藜藿入窮閻〔四〕，過謝原憲。憲攝敝衣冠見子貢。子貢恥之，曰：「夫子豈病乎？」原憲曰：「吾聞之，無財者謂之貧，學道而不能行者謂之病。若憲，貧也，非病也。」子貢慙，不懌而去，終身恥其言之過也。

【一】索隱家語云：「隱居衞。」

公冶長，齊人，字子長。【一】

【一】索隱家語云：「魯人，名萇，字子長。」范甯云：「字子芝。」

孔子曰：「長可妻也，雖在累紲之中，【二】非其罪也。」以其子妻之。【三】

【二】集解孔安國曰：「累，黑索也。紲，攣也。所以拘罪人。」

【三】集解張華曰：「公冶長墓在城陽姑幕城東南五里所，墓極高。」

南宫括，字子容。【一】

【一】集解孔安國曰：「容，魯人。」索隱家語作「南宫縚」。按：其人是孟僖子之子仲孫閱也，蓋居南宫，因姓焉。

問孔子曰：「羿善射，奡盪舟，【二】俱不得其死然；禹稷躬稼而有天下？」孔子弗答。【三】容出，孔子曰：「君子哉若人！上德哉若人！」【三】「國有道，不廢；【四】國無道，免於刑戮。」【三】復「白珪之玷」，【五】以其兄之子妻之。

【一】集解孔安國曰：「羿，有窮之君，篡夏后位，其徒寒浞殺之，因其室而生奡。奡多力，能陸地行舟，爲夏后少康所殺。」正義羿音詣。盪，大浪反。

【二】集解馬融曰：「禹盡力於溝洫，稷播百穀，故曰『躬稼』也。禹及其身，稷及後世，皆王。括意欲以禹稷比孔子，孔子謙，故不答。」

【三】集解孔安國曰：「賤不義而貴有德，故曰君子。」

【四】集解孔安國曰：「不廢，言見用。」

【五】集解孔安國曰：「詩云『白珪之玷，尚可磨也；斯言之玷，不可爲也』。南容讀詩至此，三反之，是其心敬慎於言。」

公晳哀，字季次。【一】

【一】集解孔子家語云齊人。　索隱家語作「公晳克」。

孔子曰：「天下無行，多爲家臣，仕於都；唯季次未嘗仕。」【一】

【一】索隱家語云：「未嘗屈節爲人臣，故子特賞歎之。」亦見游俠傳也。

曾蒧，【一】字晳。【二】

【一】集解音點。 索隱音點，又音其炎反。

【二】集解孔安國曰：「晳，曾參父。」 索隱家語云：「曾點字子晳，曾參之父。」

侍孔子，孔子曰：「言爾志。」蒧曰：「春服既成，冠者五六人，童子六七人，浴乎沂，風乎舞雩，詠而歸。」【一】孔子喟爾歎曰：「吾與蒧也！」【二】

【一】集解徐廣曰：「一作『饋』。」駰案：包氏曰「暮春者，季春三月也。春服既成，衣單袷之時，我欲得冠者五六人，童子六七人，浴於沂水之上，風涼於舞雩之下，歌詠先王之道，歸於夫子之門」。

【二】集解周氏曰：「善蒧之獨知時也。」

顏無繇，【一】字路。路者，顏回父。【二】父子嘗各異時事孔子。

【一】集解音遙。 正義繇音由。

【二】索隱家語云「顏由字路，回之父也。孔子始教於闕里而受學焉。少孔子六歲」，故此傳云「父子異時事孔子」，故易稱「顏氏之子」者，是父子俱學孔門也。

顏回死，顏路貧，請孔子車以葬。【一】孔子曰：「材不材，亦各言其子也。鯉也死，有棺而無椁，吾不徒行以爲之椁，以吾從大夫之後，不可以徒行。」【二】

【一】集解孔安國曰：「賣以作桲。」

【二】集解孔安國曰：「鯉，孔子子伯魚。孔子時爲大夫，言從大夫之後，不可徒行，謙辭也。」

商瞿，【一】魯人，字子木。【二】少孔子二十九歲。

【一】正義具俱反。

【二】索隱家語云：「瞿年三十八無子，母欲更娶室。孔子曰：『瞿過四十當有五丈夫子。』果然。瞿謂梁鱣勿娶，『吾恐子或晚生，非妻之過也』。」

孔子傳易於瞿，瞿傳楚人馯【一】臂子弘，【二】弘傳江東人矯【三】子庸疵，【四】疵傳燕人周子家豎，【五】豎傳淳于人光子乘羽，【六】羽傳齊人田子莊何，【七】何傳東武人【八】王子中同，【九】同傳菑川人楊何。【一〇】何元朔中以治易爲漢中大夫。

【一】集解徐廣曰：「音寒。」

【二】索隱馯，徐廣音韓，鄒誕生音汗。按：儒林傳、荀卿子及漢書皆云馯臂字子弓，今此獨作「弘」，蓋誤耳。應劭云子弓是子夏門人。正義馯，音汗。顏師古云：「馯，姓也。」漢書及荀卿子皆云字子弓，此作「弘」，蓋誤也。應劭云：「子弓，子夏門人。」

【三】集解音橋。

【四】集解自移反。索隱儒林傳及系本皆作「蟜」。疵，音自移反。「疵」字或作「庛」。蟜是姓，疵，名也。字子肩。然蟜姓，魯莊公族也，禮記蟜固見季武子。蓋魯人，史儒林傳皆云魯人，獨此云江東人，蓋亦誤耳。儒林傳云馯臂，江東人。橋疵，楚人也。正義漢書作「橋庇」，云魯人。顏師古云橋庇字子庸。

【五】索隱周豎字子家，有本作「林」。正義豎音時與反。周豎字子家，漢書作「周醜」也。

【六】索隱淳于，縣名，在北海。光羽字子乘。正義光乘字羽。括地志云：「淳于國，在密州安丘縣東三十里[一五]，古之州國，周武王封淳于國。」

【七】索隱田何字子莊。正義儒林傳云：「田何字子莊。」

【八】集解徐廣曰：「屬琅邪。」

【九】索隱王同字子中。正義括地志云：「東武縣，今密州諸城縣是也。」漢作「王同字子仲」[一六]。

【一〇】索隱自商瞿傳易至楊何，凡八代相傳。儒林傳何字叔元。正義漢書云字叔元。按：商瞿至楊何凡八代。

高柴，字子羔。【一】少孔子三十歲。

【一】集解鄭玄曰衛人。索隱鄭玄云衛人。家語「齊人，高氏之別族。長不盈六尺，狀貌甚惡」。此傳作「五尺」，誤也。　正義家語云齊人。

子羔長不盈五尺，受業孔子，孔子以爲愚。

子路使子羔爲費、郈宰，【一】孔子曰：「賊夫人之子！」【二】子路曰：「有民人焉，有社稷焉，何必讀書然後爲學！」【三】孔子曰：「是故惡夫佞者。」【四】

【一】正義括地志云：「鄆州宿縣二十三里郈亭（一七）。」

【二】集解包氏曰：「子羔學未孰習而使爲政，所以賊害人。」

【三】集解孔安國曰：「言治人事神，於是而習，亦學也。」

【四】集解孔安國曰：「疾其以給應，遂己非而不知窮也。」

漆彫開，字子開。【一】

【一】集解鄭玄曰魯人也。　索隱鄭玄云魯人。家語云：「蔡人，字子若，少孔子十一歲。」又云：「習尚書，不樂仕。孔子曰：『可以仕矣。』對曰：『吾斯之未能信。』」王肅云：「未得用斯書之意，故曰『未能信』也。」　正義家語云：「蔡人，字子若，少孔子十一歲。習尚書，不樂仕。」

孔子使開仕，對曰：「吾斯之未能信。」【一】孔子説。【二】

【一】集解孔安國曰：「仕進之道。未能信者，未能究習。」

【三】集解鄭玄曰：「善其志道深。」

公伯繚，字子周。【一】

【一】集解馬融曰魯人。　索隱馬融云魯人。家語無公伯繚而有申繚子周。而譙周云「疑公伯繚是讒愬之人，孔子不責，而云『其如命何』，非弟子之流也」。今亦列比在七十二賢之數〔一八〕，蓋太史公誤。且「繚」亦作「遼」也。　正義家語有申繚子周。古史考云：「疑公伯僚是讒愬之人，孔子不責，而云命。非弟子之流也。」

周愬子路於季孫，子服景伯以告孔子，曰：「夫子固有惑志，【一】繚也吾力猶能肆諸市朝。」【二】孔子曰：「道之將行，命也；道之將廢，命也。公伯繚其如命何！」

【一】集解孔安國曰：「季孫信譖，恚子路也。」

【二】集解鄭玄曰：「吾勢猶能辨子路之無罪於季孫，使人誅僚而肆之也。有罪既刑，陳其尸曰肆。」

司馬耕，字子牛。【一】

【一】集解孔安國曰宋人。　索隱家語云「宋人，字子牛」，孔安國亦云「宋人，弟安子曰司馬犂〔一九〕」也。牛是桓魋之弟，以魋爲宋司馬，故牛遂以司馬爲氏也。

牛多言而躁。問仁於孔子，孔子曰：「仁者其言也訒。」【一】曰：「其言也訒，斯可謂之仁乎？」子曰：「爲之難，言之得無訒乎！」【二】

【一】集解 孔安國曰：「訒，難也。」

【二】集解 孔安國曰：「行仁難，言仁亦不得不難也〔二〇〕。」

問君子，子曰：「君子不憂不懼。」【一】曰：「不憂不懼，斯可謂之君子乎？」子曰：「內省不疚，夫何憂何懼！」【二】

【一】集解 孔安國曰：「牛兄桓魋將爲亂，牛自宋來學，常憂懼，故孔子解之也。」

【二】集解 包氏曰：「疚，病。自省無罪惡，無可憂懼。」

樊須，字子遲。【一】少孔子三十六歲。

【一】集解 鄭玄曰齊人。 索隱 家語云魯人也。 正義 家語云魯人。

樊遲請學稼，孔子曰：「吾不如老農。」請學圃，曰：「吾不如老圃。」【一】樊遲出，孔子曰：「小人哉樊須也！上好禮，則民莫敢不敬；上好義，則民莫敢不服；上好信，則民莫

敢不用情。【二】夫如是，則四方之民襁負其子而至矣，焉用稼！」【三】

【一】集解馬融曰：「樹五穀曰稼，樹菜蔬曰圃。」

【二】集解孔安國曰：「情，實也。言民化上各以實應。」

【三】集解包氏曰：「禮義與信足以成德，何用學稼以教民乎！負子之器曰襁。」

樊遲問仁，子曰：「愛人。」問智，曰：「知人。」

有若，【一】少孔子四十三歲。【二】有若曰：「禮之用，和爲貴，先王之道斯爲美。小大由之，有所不行；知和而和，不以禮節之，亦不可行也。」【三】「信近於義，言可復也；【四】恭近於禮，遠恥辱也；【五】因不失其親，亦可宗也。」【六】

【一】集解鄭玄曰魯人。

【二】索隱家語云：「魯人，字子有，少孔子三十三歲。」今此傳云「四十二歲」，不知傳誤，又所見不同也？ 正義家語云「魯人，字有，少孔子三十三歲」，不同。

【三】集解馬融曰：「人知禮貴和，而每事從和，不以禮爲節，亦不可以行也。」

【四】集解何晏曰：「復猶覆也。義不必信，信非義也。以其言可覆，故曰近義。」

【五】集解何晏曰：「恭不合禮，非禮也。以其能遠恥辱，故曰近禮。」

【六】集解孔安國曰：「因，親也。言所親不失其親，亦可宗敬。」

孔子既没，弟子思慕，有若狀似孔子，弟子相與共立爲師，師之如夫子時也。他日，弟子進問曰：「昔夫子當行，使弟子持雨具，已而果雨。弟子問曰：『夫子何以知之？』夫子曰：『詩不云乎？「月離于畢，俾滂沱矣。」【一】昨暮月不宿畢乎？』他日，月宿畢，竟不雨。商瞿年長無子，其母爲取室。【二】孔子使之齊，瞿母請之。孔子曰：『無憂，瞿年四十後當有五丈夫子。』【三】已而果然。敢問夫子何以知此？」有若默然無以應。弟子起曰：「有子避之，此非子之座也！」

【一】集解毛傳曰：「畢，噣也。月離陰星則雨。」

【二】正義家語云：「瞿年三十八無子，母欲更娶室。孔子曰：『瞿年過四十當有五丈夫子。』果然。」中備云：「魯人商瞿使向齊國，瞿年四十，今後使行遠路，畏慮，恐絶無子。夫子正月與瞿母筮，告曰：『後有五丈夫子。』子貢曰：『何以知？』子曰：『卦遇大畜，艮之二世。九二甲寅木爲世，六五景子水爲應。世生外象生象來爻生互内象，艮別子，應有五子，一子短命。』顔回云：『何以知之？』『内象是本子，一艮變爲二醜三陽爻五，於是五子，一子短命。』『何以知短命？』『他以故也。』」

【三】集解五男也。　索隱謂五男也。

公西赤，字子華。〔一〕少孔子四十二歲。

〔一〕集解鄭玄曰魯人。

子華使於齊，冄有爲其母請粟。孔子曰：「與之釜。」〔二〕請益，曰：「與之庾。」〔三〕冄子與之粟五秉。〔四〕孔子曰：「赤之適齊也，乘肥馬，衣輕裘。吾聞君子周急不繼富。」〔五〕

〔二〕集解馬融曰：「六斗四升曰釜。」

〔三〕集解包氏曰：「十六斗曰庾。」

〔四〕集解馬融曰：「十六斛曰秉，五秉合八十斛。」

〔五〕集解鄭玄曰：「非冄有與之太多。」

巫馬施，字子旗。〔一〕少孔子三十歲。

〔一〕集解鄭玄曰魯人。索隱鄭玄云魯人。家語云：「陳人，字子期。」正義音其。

陳司敗〔二〕問孔子曰：「魯昭公知禮乎？」孔子曰：「知禮。」退而揖巫馬旗曰：「吾聞君子不黨，君子亦黨乎？魯君娶吳女爲夫人，命之爲孟子。孟子姓姬，諱稱同姓，故謂之孟子。魯君而知禮，孰不知禮！」〔三〕施以告孔子，孔子曰：「丘也幸，苟有過，人必知之。

臣不可言君親之惡，爲諱者，禮也。」【三】

【一】集解孔安國曰：「司敗，官名。陳大夫也。」

【二】集解孔安國曰：「相助匿非曰黨。禮同姓不婚，而君娶之。當稱『吴姬』，諱曰『孟子』。」

【三】集解孔安國曰：「以司敗之言告也。諱國惡，禮也。聖人之道弘，故受之爲過也。」

梁鱣，【一】字叔魚。【二】少孔子二十九歲。

【一】集解一作「鯉」。

【二】集解孔子家語曰齊人。　索隱家語云「齊人，字叔魚」也。

顔幸，字子柳。【一】少孔子四十六歲。【二】

【一】集解鄭玄曰魯人。　索隱家語云：「顔幸，字柳。」按：禮記有顔柳，或此人。

【二】索隱家語云「少三十六歲」，與鄭玄同。

冄孺，字子魯，【一】少孔子五十歲。

【一】集解一作「曾」。　索隱家語字子魯，魯人。作「冄儒」。

曹卹，字子循。少孔子五十歲。【一】

【一】索隱曹卹少孔子五十歲。家語同。

伯虔，字子析，【一】少孔子五十歲。

【一】索隱伯虔字子折。家語作「伯處字子皙」，皆轉寫字誤，未知適從。正義家語云「子哲」。

公孫龍，字子石。【一】少孔子五十三歲。

【一】集解鄭玄曰楚人。索隱家語或作「寵」，又云「礱」，七十子圖非「礱」也。按：字子石，則「礱」或非謬。鄭玄云楚人，家語衞人。然莊子所云「堅白之談」，則其人也。正義家語云衞人，孟子云趙人，莊子云「堅白之談」也。

自子石已右三十五人，顯有年名及受業聞見于書傳。其四十有二人，無年及不見書傳者紀于左：【一】

【一】索隱按：家語此例唯有三十七人。其公良孺、秦商、顏亥、叔仲會四人，家語有事迹，史記闕。然自公伯遼、秦冉、鄡單三人，家語不載，而別有琴牢、陳亢、縣亶當此三人數，皆互有也。如文翁圖所記，又有林放、蘧伯玉、申棖、申堂，俱是後人以所見增益，於今殆不可考。

冄季，字子產。【一】

【一】集解鄭玄曰魯人。　索隱家語冄季字產。　正義家語云：「冄季字子產。」

公祖句茲，字子之。【一】

【一】索隱句音鉤。　正義句音鉤。

秦祖，字子南。【一】

【一】集解鄭玄曰秦人。　索隱家語字子南。

漆雕哆，【一】字子斂。【二】

【一】集解音赤者反。　索隱赤者反。　家語字子斂。

【二】集解鄭玄曰魯人。

顏高，字子驕。【一】

【一】索隱家語名產。　孔子在衞，南子招夫子爲次過市，時產爲御也。　正義孔子在衞，南子招夫子爲次乘過市，顏高爲御。

漆雕徒父。【一】

【一】索隱 家語字固也。

壤駟赤，字子徒。【一】

【一】集解 鄭玄曰秦人。 索隱 家語字子徒者。

商澤。【一】

【一】集解 家語曰字子季〔二〕。 索隱 家語字季。

石作蜀，字子明。【一】

【一】索隱 家語同。

任不齊，字選。【一】

【一】集解 鄭玄曰楚人。 索隱 家語字子選也。

公良孺，字子正。【一】

【一】集解 鄭玄曰：「陳人，賢而有勇。」 索隱 家語作「良儒」。陳人，字子正，賢而有勇。孔子周遊，常以家車五乘從孔子遊。家語在三十五人之中。亦見系家，在三十二人不見〔三〕，蓋傳之數亦誤也。鄒誕本作「公襄儒」。 正義 孔子周游，常以家車五乘從孔子。孔子世家亦云。

語在三十五人中〔三三〕，今在四十二人數，恐太史公誤也。

后處，字子里。【一】

【一】集解鄭玄曰齊人。　索隱家語同也。

秦冄，字開。【一】

【一】正義家語無此人。　王肅家語此等惟三十七人，其公良孺、秦商、顏亥、仲叔會四人，家語有事迹，而史記闕。　公伯寮、秦冄、鄡單，家語不載，而別有琴牢、陳亢、縣亶三人。

公夏首，字乘。【一】

【一】集解鄭玄曰魯人。　索隱家語同也。

奚容箴，字子晳。【一】

【一】索隱家語同也。　正義衞人。

公肩定，字子中。【一】

【一】集解鄭玄曰魯人。　或曰晉人。　索隱家語同也。

顏祖，字襄。【一】

【一】索隱家語無此人也。正義魯人。

鄡【一】單，【二】字子家。【三】

【一】集解苦堯反。

【二】集解音善。

【三】集解徐廣曰：「一云『鄔單』。鉅鹿有鄡縣，太原有鄔縣。」索隱鄡音苦堯反，單音善，則單名。徐廣云「一作『鄔單』，鉅鹿有鄡縣，太原有鄔縣」。家語無此人也。

句井疆。【一】

【一】集解鄭玄曰衞人。正義句作「鉤」。

罕父黑，字子索。【一】

【一】集解家語曰：「罕父黑，字索。」索隱家語作「罕父黑，字索」。

秦商，字子丕。【一】

【一】集解鄭玄曰楚人。索隱家語：「魯人，字丕慈。少孔子四歲。其父堇，與孔子父紇俱以力聞也。」正義家語云：「魯人，字丕茲。」

申黨，字周。【一】

【一】索隱家語有申繚，字周。論語有申棖。鄭玄云「申棖，魯人，弟子也」。蓋申堂是棖不疑，以「棖」「堂」聲相近。上又有公伯繚，亦字周。家語則無伯繚，是史記述伯繚一人者也。正義魯人。

顏之僕，字叔。【一】

【一】集解鄭玄曰魯人。索隱家語並同。

榮旂，字子祺【三四】。【一】

【一】索隱家語榮祈字子顏也。

縣成，字子祺。【一】

【一】集解鄭玄曰魯人。索隱家語作「子謀」也。正義縣音玄。

左人郢，字行。【一】

【一】集解鄭玄曰魯人。索隱家語同也。

燕伋，字思。【一】

【一】索隱家語同也。

鄭國，字子徒。【一】

【一】索隱家語薛邦字徒。史記作「國」，而家語稱「邦」者，蓋避漢祖諱而改。「鄭」與「薛」，字誤也。正義家語云薛邦字徒。史記作「國」者，避高祖諱。「薛」字與「鄭」字誤耳。

秦非，字子之。【一】

【一】集解鄭玄曰魯人。

施之常，字子恒。

顏噲，字子聲。【一】

【一】集解鄭玄曰魯人。

步叔乘，字子車。【一】

【一】集解鄭玄曰齊人。

原亢籍。【一】

【一】集解家語曰：「名亢，字籍。」索隱家語名亢字籍。正義亢，作「穴」，仁勇反。

樂欬，字子聲。【一】

【一】索隱家語同也。正義魯人。

廉絜，字庸。【一】

【一】集解鄭玄曰衛人。　索隱家語同也。

叔仲會，字子期。【一】

【一】集解鄭玄曰晉人。　索隱鄭玄云晉人。家語「魯人。少孔子五十四歲。與孔琁年相比，二孺子俱執筆迭侍於夫子，孟武伯見而放之」是也。

顏何，字冄。【一】

【一】集解鄭玄曰魯人。　索隱家語字稱。

狄黑，字晳。【一】

【一】索隱家語同。

邦巽，字子斂。【一】

【一】集解鄭玄曰魯人。　索隱家語「巽」作「選」，字子斂。文翁圖作「國選」，蓋亦避漢諱改之。劉氏作「邽巽」，音圭，所見各異。

孔忠。【一】

【一】集解家語曰：「忠字子蔑，孔子兄之子。」　索隱家語云「忠字子蔑，孔子兄之子」也。

公西輿如，字子上。【一】

【一】索隱家語同。

公西葴，字子上。【一】

【一】集解鄭玄曰魯人。　索隱公西箴字子上，家語子上作「子尚」也。

太史公曰：學者多稱七十子之徒，譽者或過其實，毁者或損其真，鈞之未覩厥容貌，則論言弟子籍，出孔氏古文，近是。余以弟子名姓文字悉取論語弟子問，并次爲篇，疑者闕焉。

【索隱述贊】教興闕里，道在郰鄉。異能就列，秀士升堂。依仁遊藝，合志同方。將師宮尹，俎豆琳琅。惜哉不霸，空臣素王！

校勘記

〔一〕汲汲於仁以善自終　張文虎札記卷五：「北宋本、舊刻並作『以善存亡汲汲』，與大戴記合。」按：景祐本、紹興本作「以善存亡汲汲」。

〔二〕德恭　耿本、黄本、彭本、柯本、凌本、殿本作「蹈忠」。

〔三〕不在悔尤之内　「悔」，耿本、黄本、彭本、柯本、凌本、殿本無，大戴禮記衛將軍文子同。

〔四〕貧而樂也　耿本、黄本、彭本、柯本、凌本、殿本作「國無道處賤不悶貧而能樂」。

〔五〕鄭玄曰孔子弟子目録云魯人　「曰」字疑衍。按：目録乃鄭玄所著。

〔六〕夫上驕則恣　據上下文義，「上」疑當作「主」。

〔七〕結蕘反　「反」字原無，據耿本、黄本、彭本、柯本、凌本、殿本補。

〔八〕戲以治小而用大　「大」下疑脱「道」字。按：論語陽貨「前言戲之耳」何晏集解引孔安國注：「戲以治小而用大道。」

〔九〕其山崖壁立　「立」，原作「五」，據彭本、凌本改。按：水經注卷六文水作「立」。

〔一〇〕隨國集記　疑當作「隋圖集記」或「隋圖經集記」。按：隋書卷三三經籍志二云「隋諸州圖經集一百卷，郎蔚之撰」，新唐書卷五八藝文志二地理類著録郎蔚之隋圖經集記一百卷，當即此書。

〔一一〕亦無怪意　水經注卷五河水作「示無吝意」，疑是。

〔一二〕少孔子三十歲　張文虎札記卷五：「各本作『四十九歲』，蓋後人依家語改，今依索隱本。」按：景祐本、紹興本、耿本、黄本、彭本、柯本、凌本、殿本作「四十九歲」，通志卷八八列傳一同。索隱本作「三十歲」，蓋司馬貞所見本誤。

〔一三〕家語云宋人　耿本、黄本、彭本、柯本、凌本、殿本此下有「所記不同」四字。

〔一四〕排藜藿入窮閻　王念孫雜志史記第四：「『藜藿』當爲『藜藋』。爾雅『拜蔏藋』，郭注曰『蔏藋似藜』。藋爲豆葉，豆之高不及三尺，斯不可以言排矣。」按：王説是。通志卷八八列傳一正作「藜藋」。

〔一五〕密州安丘縣東　「東」，本書卷一〇五扁鵲倉公列傳「姓淳于氏」正義引括地志作「東北」，後漢書卷三九淳于恭傳「北海淳于人」李賢注亦云淳于故城在密州安丘縣東北。

〔一六〕漢作王同字子仲　「漢」下疑脱「書」字。按：本書卷一二一儒林列傳作「王同子仲」，漢書卷八八儒林傳作「王同子中」。

〔一七〕鄆州宿縣二十三里郈亭　疑文有脱誤。按：本書卷四七孔子世家「先墮郈」正義：「括地志云：『郈亭在鄆州宿城縣東三十二里。』」元和志卷一〇河南道六鄆州須昌縣：「按此前須昌縣，在今縣東南三十二里。須昌故城是也。隋改須昌爲宿城縣，更立須昌縣於今理，屬鄆州。」

〔一八〕今亦列比在七十二賢之數　「七十二」，疑當作「七十七」。傳首云：「孔子曰『受業身通者七十有七人』」，索隱：「孔子家語亦有七十七人。」傳又云：「自子石已右三十五人，顯有年名及受業聞見于書傳。其四十有二人，無年及不見書傳者紀于左。」

〔一九〕弟安子曰司馬犂　「安」字疑衍。按：論語顔淵「司馬牛問仁」何晏集解引孔安國注：「牛，宋人，弟子司馬犂。」

〔二〇〕不得不難也　「難」，原作「訒」，據景祐本、紹興本、耿本、殿本改。按：論語顏淵「爲之難，言之得無訒乎」何晏集解引孔安國注亦作「難」。

〔二一〕子季　耿本作「子秀」。按：孔子家語七十二弟子解作「子秀」。

〔二二〕在三十二人不見　「三十二」，疑當作「四十二」。

〔二三〕語在三十五人中　「語」上疑脱「家」字。

〔二四〕榮旂字子祺　「子祺」，通志卷八八列傳一作「子旗」。

史記卷六十八

商君列傳第八

商君者，〔一〕衛之諸庶孽公子也〔一〕，名鞅，姓公孫氏，其祖本姬姓也。鞅少好刑名之學，事魏相公叔座〔二〕爲中庶子。〔三〕公叔座知其賢，未及進。會座病，魏惠王親往問病，〔四〕曰：「公叔病有如不可諱，將柰社稷何？」公叔曰：「座之中庶子〔五〕公孫鞅，年雖少，有奇才，願王舉國而聽之。」王嘿然。王且去，座屏人言曰：「王即不聽用鞅，必殺之，無令出境。」王許諾而去。公叔座召鞅謝曰：「今者王問可以爲相者，我言若，王色不許我。我方先君後臣，因謂王即弗用鞅，當殺之。王許我。汝可疾去矣，且見禽。」鞅曰：「彼王不能用君之言任臣，又安能用君之言殺臣乎？」卒不去。惠王既去，而謂左右曰：「公叔病甚，悲乎，欲令寡人以國聽公孫鞅也，豈不悖哉！」〔六〕

〔一〕正義秦封於商，故號商君。

【二】索隱公叔，氏；座，名也。座音在戈反。

【三】索隱官名也。魏已置之，非自秦也。周禮夏官謂之「諸子」，禮記文王世子謂之「庶子」，掌公族也。

【四】索隱即魏侯之子〔一〕，名罃，後徙大梁而稱梁也。

【五】索隱戰國策云衞庶子也〔二〕。

【六】索隱疾重而悖亂也。正義悖音背。

公叔既死，公孫鞅聞秦孝公下令國中求賢者，將修繆公之業，東復侵地，迺遂西入秦，因孝公寵臣景監【一】以求見孝公。孝公既見衞鞅，語事良久，孝公時時睡，弗聽。罷而孝公怒景監曰：「子之客妄人耳，安足用邪！」景監以讓衞鞅。衞鞅曰：「吾説公以帝道，其志不開悟矣。」後五日，復求見鞅。鞅復見孝公，益愈，然而未中旨。罷而孝公復讓景監，景監亦讓鞅。鞅曰：「吾説公以王道而未入也。請復見鞅。」鞅復見孝公，孝公善之而未用也。罷而去。孝公謂景監曰：「汝客善，可與語矣。」鞅曰：「吾説公以霸道，其意欲用之矣。誠復見我，我知之矣。」衞鞅復見孝公。公與語，不自知厀之前於席也。語數日不厭。景監曰：「子何以中吾君？吾君之驩甚也。」鞅曰：「吾説君【二】以帝王之道比三代，【三】

而君曰：『久遠，吾不能待。且賢君者，各及其身顯名天下，安能邑邑待數十百年以成帝王乎？』故吾以彊國之術說君，君大說【四】之耳。然亦難以比德於殷周矣。」

【一】索隱 景，姓，楚之族也。監音去聲、平聲並通〔四〕。

【二】索隱 音稅，下同。

【三】索隱 比三。比者，頻也。謂頻三見孝公，言帝王之道也。比音必耳反。正義 比，必寐反。說者以五帝三王之事比至孝公，以三代帝王之道方興。孝公曰「太久遠，吾不能」。

【四】索隱 音悅。

孝公既用衛鞅，鞅欲變法〔五〕，恐天下議己。衛鞅曰：「疑行無名，疑事無功。且夫有高人之行者，固見非於世；【一】有獨知之慮者，必見敖於民。【二】愚者闇於成事，知者見於未萌。民不可與慮始而可與樂成。論至德者不和於俗，成大功者不謀於衆。是以聖人苟可以彊國，不法其故；【三】苟可以利民，不循其禮。」孝公曰：「善。」甘龍曰：【四】「不然。聖人不易民而教，知者不變法而治。因民而教，不勞而成功；緣法而治者，吏習而民安之。」衛鞅曰：「龍之所言，世俗之言也。常人安於故俗，學者溺於所聞。以此兩者居官守法可也，非所與論於法之外也。三代不同禮而王，五伯不同法而霸。智者作法，愚者制焉；賢者更禮，不肖者拘焉。」【五】杜摯曰：「利不百，不變法；功不十，不易器。法古無過，循禮無邪。」衞鞅曰：「治世不一道，便國不法古。故湯武不循古而王，【六】夏殷不易禮而亡。【七】反古者不可非，而循禮者不足多。」孝公曰：「善。」以衞鞅爲左庶長，卒定變法之令。

【一】索隱 商君書「非」作「負」。

【二】索隱 商君書作「必見驁於人」也。 正義 敖，五到反。

【三】索隱 言救弊爲政之術，所爲苟可以彊國，則不必要須法於故事也。

【四】索隱 孝公之臣。甘，姓；龍，名也。甘氏出春秋時甘昭公王子帶後。

【五】索隱 言賢智之人作法更禮，而愚不肖者不明變通，而輒拘制不使之行，斯亦信然矣。

【六】索隱 商君書作「脩古」。

【七】索隱 指殷紂、夏桀也。

令民爲什伍，【一】而相牧司連坐。【二】不告姦者腰斬，告姦者與斬敵首同賞，【三】匿姦者與降敵同罰。【四】民有二男以上不分異者，倍其賦。【五】有軍功者，各以率【六】受上爵；爲私鬭者，各以輕重被刑大小。僇力本業，耕織致粟帛多者復其身。事末利及怠而貧者，舉以爲收孥。【七】宗室非有軍功論，不得爲屬籍。【八】明尊卑爵秩等級，各以差次；名田宅臣妾衣服以家次。【九】有功者顯榮，無功者雖富無所芬華。

【一】索隱劉氏云：「五家爲保，十家相連〔六〕。」正義或爲十保，或爲五保。

【二】索隱牧司謂相糾發也。一家有罪，而九家連舉發，若不糾舉，則十家連坐。恐變令不行，故設重禁。

【三】索隱案：謂告姦一人則得爵一級，故云「與斬敵首同賞」也。

【四】索隱案律，降敵者誅其身，沒其家，今匿姦者，言當與之同罰也。

【五】正義民有二男不別爲活者，一人出兩課。

【六】集解音律。

【七】索隱末謂工商也。蓋農桑爲本，故上云「本業耕織」也。怠者，懈也。周禮謂之「疲民」。以言懈怠不事事之人而貧者，則糾舉而收録其妻子，沒爲官奴婢，蓋其法特重於古也。

【八】索隱謂宗室若無軍功，則不得入屬籍。謂除其籍，則雖無功不及爵秩也。

【九】索隱謂各隨其家爵秩之班次，亦不使僭侈踰等也。

令既具，未布，恐民之不信，已乃立三丈之木於國都市南門，募民有能徙置北門者予十金。民怪之，莫敢徙。復曰「能徙者予五十金」。有一人徙之，輒予五十金，以明不欺。卒下令。

令行於民朞年，秦民之國都言初令【一】之不便者以千數。於是太子犯法。衛鞅曰：

「法之不行，自上犯之。」將法太子。太子，君嗣也，不可施刑，刑其傅公子虔，黥其師公孫賈。明日，秦人皆趨令。【二】行之十年，秦民大説，道不拾遺，山無盜賊，家給人足。民勇於公戰，怯於私鬭，鄉邑大治。秦民初言令不便者有來言令便者，衛鞅曰「此皆亂化之民也」，盡遷之於邊城。其後民莫敢議令。

【一】索隱 謂鞅新變之法令爲「初令」。

【二】索隱 趨音七踰反。趨者，向也，附也。

於是以鞅爲大良造。【一】將兵圍魏安邑，降之。居三年，作爲築冀闕【二】宮庭於咸陽，秦自雍徙都之。而令民父子兄弟同室內息者爲禁。而集小鄉邑聚爲縣〔七〕，置令、丞，凡三十一縣。爲田開阡陌封疆，【三】而賦稅平。平斗桶【四】權衡丈尺。行之四年，公子虔復犯約，劓之。居五年，秦人富彊，天子致胙【五】於孝公，諸侯畢賀。

【一】索隱 即大上造也，秦之第十六爵名也。今云「良造」者，或後變其名耳。

【二】索隱 冀闕，即魏闕也。冀，記也。出列教令，當記於此門闕。

【三】正義 南北曰阡，東西曰陌。按：謂驛塍也。疆音疆。封，聚土也；疆，界也：謂界上封記也。

【四】集解 鄭玄曰：「音勇，今之斛也。」 索隱 音統，量器名。

【五】正義音左故反。

其明年，齊敗魏兵於馬陵，虜其太子申，殺將軍龐涓。其明年，衛鞅説孝公曰：「秦之與魏，譬若人之有腹心疾，非魏并秦，秦即并魏。何者？魏居領阨之西，【一】都安邑，與秦界河而獨擅山東之利。利則西侵秦，病則東收地。今以君之賢聖，國賴以盛。而魏往年大破於齊，諸侯畔之，可因此時伐魏。魏不支秦，必東徙。東徙，秦據河山之固，東鄉以制諸侯，此帝王之業也。」孝公以爲然，使衛鞅將而伐魏。魏使公子卬將而擊之。軍既相距，衛鞅遺魏將公子卬書曰：「吾始與公子驩，今俱爲兩國將，不忍相攻，可與公子面相見，盟，樂飲而罷兵，以安秦魏。」魏公子卬以爲然。會盟已，飲，而衛鞅伏甲士而襲虜魏公子卬，因攻其軍，盡破之以歸秦。魏惠王兵數破於齊秦，國内空，日以削，恐，乃使使割河西之地獻於秦以和。而魏遂去安邑，徙都大梁。【二】梁惠王曰：「寡人恨不用公叔座之言也。」衛鞅既破魏還，秦封之於、商【三】十五邑，號爲商君。

【一】索隱蓋即安邑之東，山領險阨之地，即今蒲州之中條已東，連汾、晉之嶮嶝也。

【二】索隱紀年曰「梁惠王二十九年，秦衛鞅伐梁西鄙」，則徙大梁在惠王之二十九年也。正義從蒲州安邑徙汴州浚儀也。

【三】集解徐廣曰：「弘農商縣也。」索隱於、商，二縣名，在弘農。紀年云秦封商鞅在惠王三十年，與此文合。正義於、商在鄧州內鄉縣東七里，古於邑也。商洛縣在商州東八十九里，本商邑，周之商國〔八〕。案：十五邑近此二邑〔九〕。

商君相秦十年，〔一〕宗室貴戚多怨望者。趙良見商君。商君曰：「鞅之得見也，從孟蘭皋，〔二〕今鞅請得交，可乎？」趙良曰：「僕弗敢願也。孔丘有言曰：『推賢而戴者進，聚不肖而王者退。』僕不肖，故不敢受命。僕聞之曰：『非其位而居之曰貪位，非其名而有之曰貪名。』僕聽君之義，則恐僕貪位貪名也。故不敢聞命。」商君曰：「子不說吾治秦與？」〔三〕趙良曰：「反聽之謂聰，內視之謂明，自勝之謂彊。〔四〕虞舜有言曰：『自卑也尚矣。』君不若道虞舜之道，無爲問僕矣。」商君曰：「始秦戎翟之教，父子無別，同室而居。今我更制其教，而爲其男女之別，大築冀闕，營如魯衞矣。子觀我治秦也，孰與五羖大夫賢？」趙良曰：「千羊之皮，不如一狐之掖；千人之諾諾，不如一士之諤諤。武王諤諤以昌，殷紂墨墨以亡。〔五〕君若不非武王乎，則僕請終日正言而無誅，可乎？」商君曰：「語有之矣，貌言華也，至言實也，苦言藥也，甘言疾也。夫子果肯終日正言，鞅之藥也。鞅將事子，子又何辭焉！」趙良曰：「夫五羖大夫，荆之鄙人也。〔六〕聞秦繆公之賢而願望見，行而無資，自粥於秦客，被褐食牛。期年，繆公知之，舉之牛口之下，而加之百姓之上，秦國莫敢望焉。相秦六七年，而東伐鄭，三置晉國之君，〔七〕一救荆國之禍。〔八〕發教封内，而巴人致貢，施德諸侯，而八戎來服。由余聞之，款關請見。〔九〕五羖大夫之相秦也，勞不坐乘，暑不張蓋，行於國中，不從車乘，不操干戈，功名藏於府庫，德行施於後世。五羖大夫死，秦國男女流涕，〔一〇〕童子不歌謡，舂者不相杵。〔一一〕此五羖大夫之德也。今君之見秦王也，因嬖人景監以爲主，非所以爲名也。相秦不以百姓爲事，而大築冀闕，非所以爲功也。刑黥太子之師傅，殘傷民以駿刑，是積怨畜禍也。教之化民也深於命，〔一二〕民之效上也捷於令。〔一三〕今君又左建外易，非所以爲教也。〔一四〕君又南面而稱寡人，日繩秦之貴公子。詩曰：『相鼠有體，人而無禮，人而無禮，何不遄死。』以詩觀之，非所以爲壽也。公子虔杜門不出已八年矣，君又殺祝懽而黥公孫賈。詩曰：『得人者興，失人者崩。』此數事者，非所以得人也。君之出也，後車十數，從車載甲，多力而駢脅者爲驂乘，持矛而操闟〔一五〕戟者〔一六〕旁車而趨。此一物不具，君固不出。書曰：『恃德者昌，恃力者亡。』〔一七〕君之危若朝露，尚將欲延年益壽乎？則何不歸十五都，〔一八〕灌園於鄙，勸秦王顯巖穴之士，養老存孤，敬父兄，序有功，尊有德，可以少安。君尚將貪商於之富，寵秦國之教，畜百姓之怨，秦王一旦捐賓客而不立朝，秦國之所以收君者，豈其微哉？〔一九〕亡可翹足而待。」商君弗從。

【一】索隱戰國策云孝公行商君法十八年而死，與此文不同者，案此直云相秦十年耳，而戰國策乃云行商君法十八年，蓋連其未作相之年耳。

【二】索隱孟蘭皋，人姓名也。言鞅前因蘭皋得與趙良相見也。

【三】索隱説音悦。與音予。

【四】索隱謂守謙敬之人是爲自勝，若是者乃爲强。若爭名得勝，此非强之道。

【五】正義以殷紂比商君。

【六】正義百里奚，南陽宛人。屬楚，故云荆。

【七】索隱謂立晉惠公、懷公、文公也。

【八】索隱案十二諸侯年表〔一〇〕，穆公二十八年會晉，伐楚，朝周是也〔一一〕。

【九】集解韋昭曰：「款，叩也。」

【一〇】正義音體。

【一一】集解鄭玄曰：「相謂送杵聲。」以音聲自勸也〔一二〕。

【一二】索隱劉氏云：「教謂商鞅之令也，命謂秦君之命也。言人畏鞅甚於秦君。」

【一三】索隱上謂鞅之處分。令謂秦君之令。

【一四】索隱左建謂以左道建立威權也。外易謂在外革易君命也。

【一五】集解所及反。

【一六】集解徐廣曰：「一作『寮』。屈盧之勁矛，干將之雄戟。」索隱闟，亦作「鈒」，同所及反。鄒誕音吐臈反。注「寮屈盧」[二三]。寮音遼。屈音九勿反。按：屈盧、干將並古良匠造矛戟者名。正義顧野王云：「鋋也。」方言云：「矛，吴、揚、江、淮、南楚、五湖之閒謂之鋋。其柄謂之矜。」釋名云：「戟，格也。旁有格[一四]。」

【一七】索隱此是周書之言，孔子所删之餘。

【一八】索隱衛鞅所封商於二縣以爲國，其中凡有十五都，故趙良勸令歸之。正義公孫鞅封商於十五邑，故云「十五都」。

【一九】索隱謂鞅於秦無仁恩，故秦國之所以將收録鞅者其效甚明，故云「豈其微哉」。

後五月，而秦孝公卒，太子立。公子虔之徒告商君欲反，發吏捕商君。商君亡至關下，欲舍客舍。客人不知其是商君也，曰：「商君之法，舍人無驗者坐之。」商君喟然歎曰：「嗟乎，爲法之敝一至此哉！」去之魏。魏人怨其欺公子卬而破魏師，弗受。商君欲之他國。魏人曰：「商君，秦之賊。秦彊而賊入魏，弗歸，不可。」遂内秦。商君既復入秦，走商邑，【一】與其徒屬發邑兵北出擊鄭。【二】秦發兵攻商君，殺之於鄭黽池。【三】秦惠王車裂商君以徇，曰：「莫如商鞅反者！」遂滅商君之家。

【一】索隱走音奏。走，向也。

【二】集解徐廣曰：「京兆鄭縣也。」索隱地理志京兆有鄭縣。秦本紀云「初縣杜、鄭〔一五〕」，按其地是鄭桓公友之所封。

【三】集解徐廣曰：「黽，或作『彭』。」索隱鄭黽池者，時黽池屬鄭故也。而徐廣云「黽或作彭」者，按鹽鐵論云「商君困於彭池」故也。黽音亡忍反。正義黽池去鄭三百里，蓋秦兵至鄭破商邑兵，而商君東走至黽，乃擒殺之。

太史公曰：商君，其天資刻薄人也。【一】跡其欲干孝公以帝王術，挾持浮說，非其質矣。【二】且所因由嬖臣，及得用，刑公子虔，欺魏將卬，不師趙良之言，亦足發明商君之少恩矣。余嘗讀商君開塞、耕戰書，與其人行事相類。【三】卒受惡名於秦，有以也夫！【四】

【一】索隱謂天資其人爲刻薄之行。刻謂用刑深刻；薄謂弃仁義，不悃誠也。

【二】索隱説音如字。浮説即虛説也。謂鞅得用，刑政深刻，又欺魏將，是其天資自有狙詐，則初爲孝公論帝王之術，是浮説耳，非本性也。

【三】索隱按商君書，開謂刑嚴峻則政化開，塞謂布恩賞則政化塞，其意本於嚴刑少恩。又爲田開阡陌，及言斬敵首賜爵，是耕戰書也。

【四】集解新序論曰：「秦孝公保崤函之固，以廣雍州之地，東并河西，北收上郡，國富兵彊，長雄諸侯，周室歸藉，四方來賀，爲戰國霸君，秦遂以彊，六世而并諸侯，亦皆商君之謀也。夫商君極身無二慮，盡公不顧私，使民内急耕織之業以富國，外重戰伐之賞以勸戎士，法令必行，内不阿貴寵，外不偏疏遠，是以令行而禁止，法出而姦息。故雖書云『無偏無黨』，詩云『周道如砥，其直如矢』，司馬法之勵戎士，周后稷之勸農業，無以易此。此所以并諸侯也。故孫卿曰：『四世有勝，非幸也，數也。』然無信，諸侯畏而不親。夫霸君若齊桓、晉文者，桓不倍柯之盟，文不負原之期，而諸侯畏其彊而親信之，存亡繼絶，四方歸之，此管仲、舅犯之謀也。今商君倍公子卬之舊恩，弃交魏之明信，詐取三軍之衆，故諸侯畏其彊而不親信也。藉使孝公遇齊桓、晉文，得諸侯之統將，合諸侯之君，驅天下之兵以伐秦，秦則亡矣。天下無桓文之君，故秦得以兼諸侯。衛鞅始自以爲知霸王之德，原其事不諭也。昔周召施善政，及其死也，後世思之，『蔽芾甘棠』之詩是也。嘗舍於樹下，後世思其德不忍伐其樹，況害其身乎！管仲奪伯氏邑三百户，無怨言。今衛鞅内刻刀鋸之刑，外深鈇鉞之誅，步過六尺者有罰，弃灰於道者被刑，一日臨渭而論囚七百餘人，渭水盡赤，號哭之聲動於天地，畜怨積讎比於丘山，所逃莫之隱，所歸莫之容，身死車裂，滅族無姓，其去霸王之佐亦遠矣。然惠王殺之亦非也，可輔而用也。使衛鞅施寬平之法，加之以恩，申之以信，庶幾霸者之佐哉！」索隱新序是劉歆所撰，其中論商君，故裴氏引之。注「歸藉」〔一六〕。藉音胙，字合作「胙」，誤爲「藉」耳。按：本紀「周歸文武胙於孝公者」是也。注「刑用棄灰」〔一七〕。説苑云「秦法，弃灰於道者刑」，是其事也。

【索隱述贊】衞鞅入秦，景監是因。王道不用，霸術見親。政必改革，禮豈因循。既欺魏將，亦怨秦人。如何作法，逆旅不賓！

校勘記

〔一〕庶孽公子也　「公」字疑衍。按：王念孫雜志史記第四：「『公』字後人所加。玉藻『公子曰臣孽』，是公子即爲孽子。既言諸庶孽子，則無庸更言公子。呂不韋傳曰『子楚，秦諸庶孽孫』，亦不言諸庶孽公孫也。文選西征賦、長笛賦注引此皆無『公』字。」

〔二〕即魏侯之子　「魏」下疑脱「武」字。按：據本書卷一五六國年表，魏惠王爲武侯之子。卷四四魏世家：「武侯卒，子罃立，是爲惠王。」

〔三〕衞庶子　耿本、黄本、索隱本、柯本、凌本作「御庶子」，疑是。按：戰國策魏策一云「痤有御庶子公孫鞅」。

〔四〕監音去聲平聲並通　耿本、黄本、柯本、凌本、殿本「監音」下有「甲彡」二字。按：本書卷九七酈生陸賈列傳「爲里監門吏」正義：「監音甲衫反。」卷一〇七魏其武安侯列傳「監齊趙兵」正義：「監音甲衫反。」

〔五〕鞅欲變法　王念孫雜志史記第四：「『鞅』字因上文而衍。此言孝公欲從鞅之言而變法，恐天下議己，非謂鞅恐天下議己也。孝公恐天下議己，故鞅有『疑事無功』之諫。若謂鞅恐天下議己，則與下文相反矣。商子更法篇孝公曰：『今吾欲變法以治，更禮以教百姓，恐天下之議我也。』公孫鞅曰：『疑行無成，疑事無功，君亟定變法之慮，殆無顧天下之議之也。』是其明證矣。新序善謀篇同。」

〔六〕十家相連　「家」，原作「保」，據耿本、黃本、彭本、柯本、凌本、殿本改。按：索隱下云「一家有罪，而九家連舉發；若不糾舉，則十家連坐」。

〔七〕而集小鄉邑聚爲縣　「小」下原有「都」字。王念孫雜志史記第四：「都大而縣小，不得言集都爲縣。『都』即『鄉』字之誤而衍者也。秦本紀曰『并諸小鄉聚，集爲大縣』，六國表曰『初聚小邑爲三十一縣』，皆無『都』字。」今據刪。

〔八〕周之商國　「周」，疑當作「古」。本書卷三殷本紀「（契）封于商」正義引括地志：「商州東八十里商洛縣，本商邑，古之商國，帝嚳之子卨所封也。」

〔九〕近此二邑　「二」，原作「三」。張文虎札記卷五：「『三』疑當作『二』。」今據改。按：二邑，指於、商。

〔一〇〕十二諸侯年表　原作「六國年表」，據耿本、黃本、彭本、柯本、凌本、殿本改。按：通鑑卷二周紀二顯王三十一年「一救荆禍」胡三省注引索隱亦作「十二諸侯年表」。

〔一一〕伐楚朝周是也　「伐」，原作「救」。張文虎札記卷五：「『救』字誤，表作『伐』，無救荆事。」

按：通鑑卷二周紀二顯王三十一年「一救荆禍」胡三省注引索隱作「伐」。今據改。又，「是也」，耿本、黄本、彭本、柯本、凌本、殿本作「此云救荆未詳」。

〔一二〕音聲　原作「聲音」，據景祐本、紹興本、耿本、黄本、彭本、柯本、凌本、殿本改。按：禮記檀弓上「鄰有喪，春不相」鄭玄注：「相，謂以音聲相勸。」

〔一三〕注脊屈盧　此四字原無，據索隱本補。

〔一四〕旁有格　「格」上疑脱「枝」字。按：通鑑卷二周紀二顯王三十一年「持矛而操闟戟者」胡三省注引正義作「旁有枝格」。釋名釋兵：「戟，格也。旁有枝格也。」説文戈部：「戟，有枝兵也。」

〔一五〕初縣杜鄭　「杜」，原作「封」，據耿本、黄本、彭本、柯本、殿本改。按：本書卷五秦本紀作「杜」。卷四二鄭世家「友初封于鄭」索隱：「秦武公十一年『初縣杜、鄭』是也。」

〔一六〕注歸藉　此三字原無，據索隱本補。

〔一七〕注刑用棄灰　此五字原無，據索隱本補。

史記卷六十九

蘇秦列傳第九

蘇秦者，東周雒陽人也。【一】東事師於齊，而習之於鬼谷先生。【二】

【一】索隱 蘇秦，字季子，蓋蘇忿生之後，己姓也。譙周云：「秦兄弟五人，秦最少。兄代，代弟厲及辟、鵠，並爲游説之士。」此下云「秦弟代，代弟厲」也[一]。正義 戰國策云：蘇秦，雒陽乘軒里人也。藝文志云蘇子三十一篇，在縱横流。敬王以子朝之亂從王城東遷雒陽故城，乃號東周，以王城爲西周。

【二】集解 徐廣曰：「潁川陽城有鬼谷，蓋是其人所居，因爲號。」駰案：風俗通義曰「鬼谷先生，六國時從横家」。索隱 按：鬼谷，地名也。扶風池陽、潁川陽城並有鬼谷墟，蓋是其人所居，因爲號。又樂壹注鬼谷子書云[二]「蘇秦欲神祕其道，故假名鬼谷」。

出游數歲，大困而歸。【一】兄弟嫂妹妻妾竊皆笑之，曰：「周人之俗，治産業，力工商，逐什二以爲務。今子釋本而事口舌，困，不亦宜乎！」蘇秦聞之而慙，自傷，乃閉室不出，出其書徧觀【一】之。曰：「夫士業已屈首受書，【二】而不能以取尊榮，雖多亦奚以爲！」於是得周書陰符，伏而讀之。期年，以出揣摩，【四】曰：「此可以說當世之君矣。」求說周顯王。顯王左右素習知蘇秦，皆少之。【五】弗信。

【一】索隱按：戰國策此語在說秦王之後。

【二】索隱音遍官二音。按：謂盡觀覽其書也。

【三】索隱按：謂士之立操。業者，素也，本也。言本已屈首低頭，受書於師也。

【四】集解戰國策曰：「乃發書，陳篋數十，得太公陰符之謀，伏而誦之，簡練以爲揣摩。讀書欲睡，引錐自刺其股，血流至踵。曰：『安有說人主不能出其金玉錦繡，取卿相之尊者乎？』期年，揣摩成。」鬼谷子有揣摩篇也。索隱戰國策云「得太公陰符之謀」，則陰符是太公之兵符也。揣音初委反，摩音姥何反。鄒誕本作「揣靡」，靡讀亦爲摩。王劭云「揣情、摩意是鬼谷之二章名，非爲一篇也」。高誘曰「揣，定也。摩，合也。定諸侯使讎其術，以成六國之從也」。江邃曰「揣人主之情，摩而近之」，其意當矣。

【五】索隱謂王之左右素慣習知秦浮說，多不中當世，而以爲蘇秦智識淺，故云「少之」。劉氏云：「少謂輕之也。」

乃西至秦。秦孝公卒。説惠王曰：「秦四塞之國，被山帶渭，東有關河，〔一〕西有漢中，南有巴蜀，北有代馬，〔二〕此天府也。〔三〕以秦士民之衆，兵法之教，可以吞天下，稱帝而治。」秦王曰：「毛羽未成，不可以高蜚；文理未明，不可以并兼。」方誅商鞅，疾辯士，弗用。

〔一〕正義東有黄河，有函谷、蒲津、龍門、合河等關；南山及武關、嶢關〔三〕；西有大隴山及隴山關、大震、烏蘭等關；北有黄河南塞：是四塞之國，被山帶渭以爲界〔四〕。地里〔五〕。江謂岷江〔六〕，西從渭州隴山之西南流入蜀〔七〕，東至荆陽入海也。河謂黄河，從同州小積石山東北流，至勝州即南流，至華州又東北流，經魏、滄等州入海。各是萬里已下。

〔二〕索隱按：謂代郡馬邑也。地理志代郡又有馬城縣。一云代馬，謂代郡兼有胡馬之利。

〔三〕索隱按：周禮春官有天府。鄭玄曰：「府，物所藏。言天，尊此所藏若天府然。」

乃東之趙。趙肅侯令其弟成爲相，號奉陽君。奉陽君弗説之。

去游燕，歲餘而後得見。説燕文侯〔一〕曰：「燕東有朝鮮、〔二〕遼東，北有林胡、樓煩，〔三〕西有雲中、九原，〔四〕南有嘑沱、易水，〔五〕地方二千餘里，帶甲數十萬，車六百乘，騎六千匹，粟支數年。〔六〕南有碣石、〔七〕鴈門之饒，〔八〕北有棗粟之利，民雖不佃作而足於棗粟矣。此所謂天府者也。

【一】索隱説音税，下並同。燕文侯，史失名。

【二】索隱潮仙二音，水名。

【三】索隱地理志樓煩屬鴈門郡。正義二胡國名，朔、嵐已北。

【四】索隱按：地理志雲中、九原二郡名。秦曰九原，漢武帝改曰五原郡。正義二郡並在勝州也。雲中郡城在榆林縣東北四十里。九原郡城在榆林縣西界。

【五】集解周禮曰：「正北曰并州，其川嘑沱。」鄭玄曰：「嘑沱出鹵城。」索隱按：滹沲，水名，并州之川也，音呼沱。又地理志鹵城，縣名，屬代郡。滹沲河自縣東至參合，又東至文安入海也。正義嘑沱出代州繁畤縣，東南流經五臺山北，東南流過定州，流入海。易水出易州易縣，東流過幽州歸義縣，東與呼沱河合也。

【六】索隱按：戰國策「車七百乘，粟支十年」。

【七】索隱戰國策碣石山在常山九門縣。地理志大碣石山在右北平驪城縣西南。

【八】正義鴈門山在代，燕西門。

「夫安樂無事，不見覆軍殺將，無過燕者。大王知其所以然乎？夫燕之所以不犯寇被甲兵者，以趙之爲蔽其南也。秦趙五戰，秦再勝而趙三勝。秦趙相斃，而王以全燕制其後，此燕之所以不犯寇也。且夫秦之攻燕也，踰雲中、九原，過代、上谷，彌地數千里，雖得燕城，秦計固不能守也。秦之不能害燕亦明矣。今趙之攻燕也，發號出令，不至十日而數十萬之軍軍於東垣矣。【二】渡嘑沱，涉易水，不至四五日而距國都矣。故曰秦之攻燕也，戰於千里之外；趙之攻燕也，戰於百里之内。夫不憂百里之患而重千里之外，計無過於此者。是故願大王與趙從親，天下爲一，則燕國必無患矣。

【二】索隱 地理志高帝改曰真定也。正義 趙之東邑，在恒州真定縣南八里，故常山城是也。

文侯曰：「子言則可，然吾國小，西迫彊趙，【一】南近齊，【二】齊、趙彊國也。子必欲合從以安燕，寡人請以國從。」

【一】正義 貝、冀、深、趙四州，七國時屬趙，即燕西界。

【二】正義 河北博、滄、德三州，齊地北境，與燕相接，隔黄河。

於是資蘇秦車馬金帛以至趙。而奉陽君已死，即因説趙肅侯【一】曰：「天下卿相人臣及布衣之士，皆高賢君之行義，皆願奉教陳忠於前之日久矣。【二】雖然，奉陽君妬而君不任事，是以賓客游士莫敢自盡於前者。今奉陽君捐館舍，君乃今復與士民相親也，臣故敢進其愚慮。

【一】索隱 按：世本云肅侯名言〔八〕。

【二】正義奉，符用反。

「竊爲君計者，莫若安民無事，且無庸有事於民也。安民之本，在於擇交，擇交而得則民安，擇交而不得則民終身不安。請言外患：齊秦爲兩敵而民不得安，倚秦攻齊而民不得安，倚齊攻秦而民不得安。故夫謀人之主，伐人之國，常苦出辭斷絶人之交也。願君慎勿出於口。請別白黑，所以異陰陽而已矣。【一】君誠能聽臣，燕必致旃裘狗馬之地，齊必致魚鹽之海，楚必致橘柚之園，韓、魏、中山皆可使致湯沐之奉，而貴戚父兄皆可以受封侯。夫割地包利，五伯之所以覆軍禽將而求也；封侯貴戚，湯武之所以放弒而爭也。今君高拱而兩有之，此臣之所以爲君願也。

【一】索隱按：戰國策云「請屏左右，白言所以異陰陽」，其說異此。然言別白黑者，蘇秦言己今論趙國之利，必使分明，有如白黑分別，陰陽殊異也。

「今大王與秦，則秦必弱韓、魏；與齊，則齊必弱楚、魏。【一】魏弱則割河外，韓弱則效宜陽，宜陽效則上郡絶，【二】河外割則道不通，【三】楚弱則無援。此三策者，不可不孰計也。

【一】正義楚東淮泗之上，與齊接境。

【二】正義宜陽即韓城也，在洛州西，韓大郡也。上郡在同州西北。言韓弱，與秦宜陽城，則上郡路絶矣。

【三】正義 河外，同、華等地也。言魏弱，與秦河外地，則道路不通上郡矣。華山記云：「此山分秦晉之境，晉之西鄙則曰陰晉，秦之東邑則曰寧秦。」

「夫秦下軹道，【一】則南陽危；【二】劫韓包周，【三】則趙氏自操兵；【四】據衛取卷〔九〕，【五】則齊必入朝秦。秦欲已得乎山東，則必舉兵而嚮趙矣。秦甲渡河踰漳，據番吾，【六】則兵必戰於邯鄲之下矣。此臣之所爲君患也。

【一】正義 軹音止。故亭在雍州萬年縣東北十六里苑中。

【二】正義 南陽，懷州河南也，七國時屬韓。言秦兵下軹道，從東渭橋歷北道過蒲津攻韓，即南陽危矣。

【三】正義 周都洛陽，秦若劫取韓南陽，是包裹周都也。趙邯鄲危，故須起兵自守。

【四】索隱 戰國策作「自銷鑠」。

【五】集解 丘權反。 索隱 地理志卷縣屬河南。按：戰國策云「取淇」〔一〇〕。 正義 衛地濮陽也。卷城在鄭州武原縣西北七里。言秦守衛得卷，則齊必來朝秦。

【六】集解 徐廣曰：「常山有蒲吾縣。」 索隱 按：徐氏所引，據地理志云然也。 正義 番音婆，又音蒲，又音盤。疑古番吾公邑也。括地志云：「蒲吾故城在鎮州常山縣東二十里〔一一〕。」漳水在潞州。言秦兵渡河，歷南陽，入羊腸，經澤、潞，渡漳水，守蒲吾城，則與趙戰於都城下矣。

「當今之時，山東之建國莫彊於趙。趙地方二千餘里，帶甲數十萬，車千乘，騎萬匹，粟支數年。西有常山，【一】南有河漳，【二】東有清河，【三】北有燕國。【四】燕固弱國，不足畏也。秦之所害於天下者莫如趙，然而秦不敢舉兵伐趙者，何也？畏韓、魏之議其後也。然則韓、魏，趙之南蔽也。秦之攻韓、魏也，無有名山大川之限，稍蠶食之，傅【五】國都而止。韓、魏不能支秦，必入臣於秦。秦無韓、魏之規，則禍必中於趙矣。此臣之所爲君患也。

【一】正義在鎮州西。

【二】正義「河」字一作「清」，即漳河也，在潞州。地理志濁漳出長子鹿谷山，東至鄴，入清漳。

【三】正義清河，今貝州也。

【四】正義然三家分晉，趙得晉陽，襄子又伐戎取代。既云「西有常山者」，趙都邯鄲近北燕也。

【五】集解音附。

「臣聞堯無三夫之分，舜無咫尺之地，以有天下；禹無百人之聚，以王諸侯；湯武之士不過三千，車不過三百乘，卒不過三萬【一】，立爲天子：誠得其道也。是故明主外料其敵之彊弱，內度其士卒賢不肖，不待兩軍相當而勝敗存亡之機固已形於胸中矣，豈揜於衆人之言而以冥冥決事哉！

「臣竊以天下之地圖案之，諸侯之地五倍於秦，料度諸侯之卒十倍於秦，六國爲一，并力西鄉而攻秦，秦必破矣。今西面而事之，見臣於秦。夫破人之與破於人也，【一】臣人之與臣於人也〔一三〕，【二】豈可同日而論哉！

【一】正義 破人謂破前敵也。破於人，爲被前敵破。

【二】索隱 按：臣人謂己爲彼臣也。臣於人者，謂我爲主，使彼臣己也。正義 臣人謂己得人爲臣。臣於人謂己事他人。

「夫衡人者〔一四〕，【一】皆欲割諸侯之地以予秦。秦成，則高臺榭，美宮室，聽竽瑟之音，前有樓闕軒轅，【二】後有長姣【三】美人，國被秦患而不與其憂。是故夫衡人日夜務以秦權恐愒諸侯【四】以求割地，故願大王孰計之也。

【一】索隱 按：衡人即游說從橫之士也。東西爲橫，南北爲從。秦地形東西橫長，故張儀相秦，爲秦連橫。正義 衡音橫。謂爲秦人。

【二】索隱 戰國策云「前有軒轅」。又史記俗本亦有作「軒冕」者，非本文也。

【三】索隱 音絞〔一五〕。說文云：「姣，美也〔一六〕。」

【四】集解愒音呼曷反。索隱恐，起拱反。愒，許曷反。謂相恐脅也。鄒氏愒音憩，其意疏。

「臣聞明主絶疑去讒，屏流言之迹，塞朋黨之門，故尊主廣地彊兵之計臣得陳忠於前矣。故竊爲大王計，莫如一韓、魏、齊、楚、燕、趙以從親，以畔秦。令天下之將相會於洹水之上，【一】通質，【二】刳白馬而盟。要約曰：『秦攻楚，齊、魏各出鋭師以佐之，韓絶其糧道，【三】趙涉河漳，【四】燕守常山之北。秦攻韓魏，【五】則楚絶其後，【六】齊出鋭師而佐之，趙涉河漳，燕守雲中。秦攻齊，則楚絶其後，韓守城皋，【七】魏塞其道，【八】趙涉河漳、博關，【九】燕出鋭師以佐之。秦攻燕，則趙守常山，楚軍武關，齊涉勃海，【一〇】韓、魏皆出鋭師以佐之。秦攻趙，則韓軍宜陽，楚軍武關，魏軍河外，【一一】齊涉清河，【一二】燕出鋭師以佐之。諸侯有不如約者，以五國之兵共伐之。』六國從親以賓秦，【一三】則秦甲必不敢出於函谷以害山東矣。如此，則霸王之業成矣。」

【一】集解徐廣曰：「洹水出汲郡林慮縣。」

【二】索隱音如字，又音躓。以言通其交質之情。

【三】索隱謂擁兵於嶢關之外，又守宜陽也。

【四】索隱謂趙亦涉河漳而西，欲與韓作援，以阻秦軍。

【五】正義謂道蒲津之東攻之。

【六】索隱 謂出兵武關，以絶秦兵之後。

【七】正義 在洛州汜水縣。

【八】索隱 按：其道即河内之道。戰國策「其」作「午」。

【九】集解 徐廣曰：「齊威王六年，晉伐齊，到博陵。東郡有博平縣。」

【一〇】正義 齊從滄州渡河至瀛州。

【一一】索隱 河外謂陝及曲沃等處也。正義 謂同、華州。

【一二】正義 齊從貝州過河而西。

【一三】索隱 謂六國之軍共爲合從相親，獨以秦爲賓而共伐之。

趙王曰：「寡人年少，立國日淺，未嘗得聞社稷之長計也。今上客有意存天下，安諸侯，寡人敬以國從。」乃飾車百乘，黄金千溢，【一】白璧百雙，錦繡千純，【二】以約諸侯。

【一】索隱 戰國策作「萬溢」。一溢爲一金，則二十兩曰一溢，爲米二升。鄭玄以一溢爲二十四分之二〔一七〕，其説異也。

【二】集解 純，匹端名。周禮曰：「純帛不過五兩。」索隱 音淳。裴氏云「純，端疋名」。高誘注戰國策音屯。屯，束也。又禮鄉射云「某賢於某若干純」。純，數也，音旋。

是時周天子致文、武之胙於秦惠王。惠王使犀首攻魏，禽將龍賈，取魏之雕陰，【一】且欲東兵。蘇秦恐秦兵之至趙也，乃激怒張儀，入之于秦。

【一】索隱魏地也。劉氏曰「在龍門河之西北」。按：地理志雕陰屬上郡。正義在鄜州洛交縣北三十四里【一八】。

於是說韓宣王【一】曰【九】：「韓北有鞏洛【二〇】、成皋【二】之固，西有宜陽、商阪之塞，【三】東有宛、穰、【四】洧水，【五】南有陘山，【六】地方九百餘里，帶甲數十萬，天下之彊弓勁弩皆從韓出。谿子、【七】少府時力、距來者，【八】皆射六百步之外。韓卒超足而射，【九】百發不暇止，遠者括蔽洞胸，近者鏑弇心。韓卒之劍戟皆出於冥山、【一〇】棠谿、【一一】墨陽、【一二】合膊、【一三】鄧師、【一四】宛馮、【一五】龍淵、太阿，【一六】皆陸斷牛馬，水截鵠鴈，當敵則斬。堅甲、鐵幕、【一七】革抉【一八】、㕹芮，【一九】無不畢具。以韓卒之勇，被堅甲，蹠勁弩，帶利劍，一人當百，不足言也。夫以韓之勁與大王之賢，乃西面事秦，交臂而服，羞社稷而爲天下笑，無大於此者矣。是故願大王孰計之。

【一】索隱按：世本韓宣王，昭侯之子也。

【二】索隱二邑本屬東周，後爲韓邑。地理志二縣並屬河南。

【三】集解徐廣曰：「商，一作『常』。」索隱劉氏云「蓋在商、洛之閒，適秦、楚之險塞」是也。正義宜陽在洛州福昌縣東十四里。商阪即商山也，在商洛縣南一里，亦曰楚山，武關在焉。

【四】集解宛，於袁反。索隱地理志宛、穰二縣名，並屬南陽。

【五】集解洧，于鬼反。索隱音于軌反，水名，出南方。正義在新鄭東南，流入潁。

【六】集解徐廣曰：「召陵有陘亭。密縣有陘山。」正義在新鄭西南三十里。

【七】集解許慎云：「南方谿子蠻夷柘弩，皆善材。」索隱按：許慎注淮南子，以爲南方谿子蠻出柘弩及竹弩。

【八】集解韓有谿子弩，又有少府所造二種之弩。案：時力者，謂作之得時，力倍於常，故名時力也。距來者，謂弩埶勁利，足以距來敵也。索隱韓又有少府所造時力、距來二種之弩。按：時力者，謂作之得時則力倍於常，故有時力也〔二〕。距來者，謂以弩埶勁利，足以距於來敵也。其名並見淮南子。

【九】索隱按：超足謂超騰用埶，蓋起足蹋之而射也，故下云「蹠勁弩」是也。正義超足，齊足也。夫欲放弩，皆坐，舉足踏弩，兩手引揍機，然始發之。

【一〇】集解徐廣曰：「莊子云『南行至郢，北面而不見冥山』。」駰案：司馬彪曰「冥山在朔州北。」索隱莊子云「南行至郢，北面而不見冥山」。司馬彪云「冥山在朔州北」。郭象云「冥山在乎太極」。李軌云「在韓國」。

【一一】集解徐廣曰：「汝南吴房有棠谿亭。」索隱地理志棠谿亭在汝南吴房縣。正義故城在豫州偃城縣西八十里。鹽鐵論云「有棠谿之劍」是。

【一二】集解淮南子曰「墨陽之莫邪」也。索隱淮南子云「服劍者貴於剡利，而不期於墨陽莫邪」，則墨陽匠名也。

【一三】集解音附。徐廣曰：「一作『伯』。」索隱按：戰國策作「合伯」，春秋後語作「合相」。

【一四】索隱鄧國有工鑄劍，而師名焉〔一二〕。

【一五】集解徐廣曰：「滎陽有馮池。」索隱徐廣云「滎陽有馮池」，謂宛人於馮池鑄劍，故號宛馮。

【一六】集解吳越春秋曰：「楚王召風胡子而告之曰：『寡人聞吳有干將，越有歐冶，寡人欲因子請此二人作劍，可乎？』風胡子曰：『可。』乃往見二人，作劍，一曰龍淵，二曰太阿。」索隱按：吳越春秋楚王令風胡子請吳干將、越歐冶作劍二，其一曰龍泉，二曰太阿。又太康地記曰「汝南西平有龍泉水，可以淬刀劍，特堅利，故有龍泉之劍，楚之寶劍也。以特堅利，故有堅白之論云：『黃，所以爲堅也；白，所以爲利也。』齊辨之曰〔一三〕：『白，所以爲不堅；黃，所以爲不利也。』故天下之寶劍韓爲衆，一曰棠谿，二曰墨陽，三曰合伯，四曰鄧師，五曰宛馮，六曰龍泉，七曰太阿，八曰莫邪，九曰干將也」。然干將、莫邪匠名也，其劍皆出西平縣，今有鐵官令一，別領户，是古鑄劍之地也。

【一七】集解徐廣曰：「陽城出鐵。」索隱按：戰國策云「當敵則斬甲盾鞮鍪鐵幕」也。鄒誕幕一作「陌」。劉云：「謂以鐵爲臂脛之衣。言其劍利，能斬之也。」

【一八】[集解]徐廣曰：「一作『決』。」[索隱]音決。謂以革爲射決。決，射鞲也。

【一九】[集解]吷音伐。[索隱]吷，與「瞂」同，音伐，謂楯也。芮音如字，謂繫楯之綬也。[正義]方言云：「盾，自關東謂之瞂，關西謂之盾。」

「大王事秦，秦必求宜陽、成皋。今茲效之，【一】明年又復求割地。與則無地以給之，不與則弃前功而受後禍。且大王之地有盡而秦之求無已，以有盡之地而逆無已之求，此所謂市怨結禍者也，不戰而地已削矣。臣聞鄙諺曰：『寧爲雞口，無爲牛後。』【二】今西面交臂而臣事秦，何異於牛後乎？夫以大王之賢，挾彊韓之兵，而有牛後之名，臣竊爲大王羞之。」

【一】[索隱]按：鄭玄注禮云「效猶呈也，見也〔二四〕」。

【二】[索隱]按：戰國策云「寧爲雞尸，不爲牛從」。延篤注云「尸，雞中主也。從謂牛子也。言寧爲雞中之主，不爲牛之從後也」。[正義]雞口雖小，猶進食；牛後雖大，乃出糞也。

於是韓王勃然作色，攘臂瞋目，按劍仰天太息【一】曰：「寡人雖不肖，必不能事秦。今主君【二】詔以趙王之教，敬奉社稷以從。」

【一】[索隱]太息謂久蓄氣而大吁也。

【二】[索隱]指蘇秦也。禮，卿大夫稱主。今嘉蘇子合從諸侯，褒而美之，故稱曰主。

又說魏襄王【一】曰：「大王之地，南有鴻溝、【二】陳、汝南、許、郾、【三】昆陽、召陵、舞陽、新都、新郪，【四】東有淮、潁、【五】煑棗、【六】無胥，【七】西有長城之界，北有河外【八】卷、衍、酸棗，【九】地方千里。地名雖小，然而田舍廬廡之數，曾無所芻牧。人民之衆，車馬之多，日夜行不絕，輷輷殷殷，【一〇】若有三軍之衆。臣竊量大王之國不下楚。然衡人怵王【一一】交彊虎狼之秦以侵天下，卒有秦患，【一二】不顧其禍。夫挾彊秦之勢以內劫其主，罪無過此者。魏，天下之彊國也；王，天下之賢王也。今乃有意西面而事秦，稱東藩，築帝宮，【一三】受冠帶，【一四】祠春秋，【一五】臣竊爲大王恥之。

【一】索隱世本惠王子，名嗣。

【二】集解徐廣曰：「在滎陽。」

【三】集解徐廣曰：「在潁川，於幰切。」索隱音偃，又於建反。戰國策作「鄢」。按：地理志潁川有許、郾二縣，又有傿陵縣，故所稱惑也〔二五〕。傿音焉。正義陳、汝南，今汝州、豫州縣也。

【四】集解地理志潁川有昆陽、舞陽縣，汝南有新郪縣，南陽有新都縣。索隱地理志昆陽、舞陽屬潁川，召陵、新郪屬汝南。按：新郪即郪丘，章帝以封殷後於宋〔二六〕。新都屬南陽。按：戰國策直云新郪，無「新都」二字。正義召陵在豫州，舞陽在許州。

【五】正義淮陽、潁川二郡。

【六】集解徐廣曰：「在宛句。」正義在宛朐。按：宛朐，曹州縣也。

【七】索隱按：其地闕。

【八】正義謂河南地。

【九】集解徐廣曰：「滎陽卷縣有長城，經陽武到密。衍，地名。」索隱徐廣云「滎陽卷縣有長城」，蓋據地險爲説也。正義卷在鄭州原武縣北七里。酸棗在滑州。衍，徐云地名。

【一〇】正義軥，麾宏反。殷音隱。

【一一】正義衡音横。怵音卹。

【一二】正義卒音恩忽反。

【一三】索隱謂爲秦築宮，備其巡狩而舍之，故謂之「帝宮」。

【一四】索隱謂冠帶制度皆受秦法。

【一五】索隱言春秋貢奉，以助秦祭祀。

「臣聞越王句踐戰敝卒三千人，禽夫差於干遂；【一】武王卒三千人，革車三百乘，制紂於牧野：【二】豈其士卒衆哉，誠能奮其威也。今竊聞大王之卒，武士二十萬，【三】蒼頭二十萬，【四】奮擊二十萬，廝徒十萬，【五】車六百乘，騎五千匹。此其過越王句踐、武王遠矣，今乃聽於羣臣之説而欲臣事秦。夫事秦必割地以效實，【六】故兵未用而國已虧矣。凡羣臣之言事秦者，皆姦人，非忠臣也。夫爲人臣，割其主之地以求外交，偷取一時之功而不顧其後，破公家而成私門，外挾彊秦之勢以內劫其主，以求割地，願大王孰察之。

【一】索隱按：干遂，地名，不知所在。然按干是水旁之高地，故有「江干」「河干」是也。又左思吳都賦云「長干延屬」，是干爲江旁之地。遂者，道也。於干有道，因爲地名。正義在蘇州吳縣西北四十餘里萬安山西南一里太湖。夫差敗於姑蘇，禽於干遂，相去四十餘里。

【二】正義今衞州城是也。周武王伐紂於牧野，築之。

【三】集解漢書刑法志曰：「魏氏武卒衣三屬之甲，操十二石之弩，負矢五十，置戈其上，冠冑帶劍，贏三日之糧，日中而趨百里。中試，則復其户，利其田宅。」索隱衣音意。屬音燭。按：三屬謂甲衣也：覆髆，一也；甲裳，二也；脛衣，三也。甲之有裳，見左傳也。贏音盈，謂齎糗糧。中音竹仲反。謂其筋力能負重，所以得中試也。復音福。謂中試之人，國家當優復，賜之上田宅，故云「利其田宅」也。

【四】索隱謂以青巾裹頭，以異於衆。荀卿〔二七〕「魏有蒼頭二十萬」是也。

【五】索隱廝音斯。謂廝養之卒。廝，養馬之賤者〔二八〕，今起之爲卒〔二九〕。正義廝音斯。謂炊烹供養雜役。

【六】索隱謂割地獻秦，以效己之誠實。

「周書曰：『緜緜不絶，蔓蔓柰何？豪氂不伐，將用斧柯。』前慮不定，後有大患，將柰之何？大王誠能聽臣，六國從親，專心并力壹意，則必無彊秦之患。故敝邑趙王使臣效愚計，〔一〕奉明約，在大王之詔詔之。」

〔一〕索隱此「效」猶呈也，見也〔三〇〕。

魏王曰：「寡人不肖，未嘗得聞明教。今主君以趙王之詔詔之，敬以國從。」

因東説齊宣王〔一〕曰：「齊南有泰山，東有琅邪，西有清河，〔二〕北有勃海，此所謂四塞之國也。齊地方二千餘里，帶甲數十萬，粟如丘山。三軍之良，五家之兵，〔三〕進如鋒矢，〔四〕戰如雷霆，解如風雨。即有軍役，未嘗倍泰山，絶清河，涉勃海也。〔五〕臨菑之中七萬户，臣竊度之，不下户三男子，三七二十一萬，不待發於遠縣，而臨菑之卒固已二十一萬矣。臨菑甚富而實，其民無不吹竽鼓瑟，彈琴擊筑，〔六〕鬭雞走狗，六博〔七〕蹋鞠〔八〕者。臨菑之塗，車轂擊，人肩摩，連衽成帷，舉袂成幕，揮汗成雨，家殷人足，志高氣揚。夫以大王之賢與齊之彊，天下莫能當。今乃西面而事秦，臣竊爲大王羞之。

〔一〕索隱世本名辟彊，威王之子也。

〔二〕正義即貝州。

〔三〕索隱按：高誘注戰國策云五家即五國也。

【四】索隱按：戰國策作「疾如錐矢」。高誘曰「錐矢，小矢，喻徑疾也」。呂氏春秋曰「所貴錐矢者，爲應聲而至」。正義齊軍之進，若鋒芒之刀，良弓之矢，用之有進而無退。

【五】正義言臨淄自足也。絶、涉，皆度也。勃海，滄州也。齊有軍役，不用度河取二部。

【六】正義筑似琴而大，頭圓，五弦，擊之不鼓。

【七】索隱按：王逸注楚詞云「博，著也。行六棊，故曰六博」。

【八】集解劉向別録曰：「蹵鞠者，傳言黄帝所作，或曰起戰國之時。蹋鞠，兵勢也，所以練武士，知有材也，皆因嬉戲而講練之。」蹋，徒獵反。鞠，求六反。索隱上徒臘反，下居六反。別録注云〔三一〕：「蹴踘，促六反。蹴亦蹋也〔三二〕。」崔豹云：「起黄帝時，習兵之埶。」

「且夫韓、魏之所以重畏秦者，爲與秦接境壤界也。兵出而相當，不出十日而戰勝存亡之機決矣。韓、魏戰而勝秦，則兵半折，四境不守；戰而不勝，則國已危，亡隨其後。是故韓、魏之所以重與秦戰，而輕爲之臣也。今秦之攻齊則不然。倍韓、魏之地，過衞陽晉之道，【一】徑乎亢父之險，【二】車不得方軌，【三】騎不得比行，百人守險，千人不敢過也。秦雖欲深入，則狼顧，【四】恐韓、魏之議其後也。是故恫疑【五】虛喝，【六】驕矜而不敢進，【七】則秦之不能害齊亦明矣。

【一】集解徐廣曰：「魏哀王十六年，秦拔魏蒲坂、陽晉、封陵〔三三〕。」索隱按：陽晉，魏邑也。魏系家「哀王十六年，秦拔魏蒲阪、陽晉、封陵」是也。劉氏云「陽晉，地名，蓋適齊之道，衞國之西南也」。正義言秦伐齊，背韓、魏地而與齊戰。徐説陽晉非也，乃是晉陽耳。衞地曹、濮等州也。杜預云「曹，衞下邑也」。陽晉故城在曹州乘氏縣西北三十七里。

【二】索隱亢音剛，又苦浪反。地理志縣名，屬梁國也。正義故縣在兗州任城縣南五十一里。

【三】正義言不得兩車並行。

【四】正義狼性怯，走常還顧。

【五】索隱上音通，一音洞，恐懼也。

【六】集解呼葛反。索隱猲，本一作「喝」，並呼葛反。高誘曰：「虛猲，喘息懼貌也。」劉氏云：「秦自疑懼，不敢進兵，虛作恐怯之詞〔三四〕，以脅韓、魏也。」

【七】正義言秦雖至亢父，猶恐懼狼顧，虛作喝罵，驕溢矜誇，不敢進伐齊明矣。

「夫不深料秦之無柰齊何，而欲西面而事之，是羣臣之計過也。今無臣事秦之名而有彊國之實，臣是故願大王少留意計之。」

齊王曰：「寡人不敏，僻遠守海，窮道東境之國也，未嘗得聞餘教。今足下以趙王詔詔之，敬以國從。」

乃西南説楚威王【一】曰：「楚，天下之彊國也；王，天下之賢王也。西有黔中、【二】巫郡，〔三〕東有夏州、〔四〕海陽，〔五〕南有洞庭、〔六〕蒼梧，〔七〕北有陘塞、郇陽，〔八〕地方五千餘里，帶甲百萬，車千乘，騎萬匹，粟支十年。此霸王之資也。夫以楚之彊與王之賢，天下莫能當也。今乃欲西面而事秦，則諸侯莫不西面而朝於章臺之下矣。

〔一〕索隱威王名商，宣王之子。

〔二〕集解徐廣曰：「今之武陵也。」正義今朗州，楚黔中郡，其故城在辰州西二十里，皆盤瓠後也。

〔三〕集解徐廣曰：「巫郡者，南郡之西界。」正義巫郡，夔州巫山縣是。

〔四〕集解徐廣曰：「楚考烈王元年，秦取夏州。」駰案：左傳「楚莊王伐陳，鄉取一人焉以歸，謂之夏州」。而注者不說夏州所在。車胤撰桓温集云：「夏口城上數里有洲，名夏州。」「東有夏州」謂此也。索隱裴駰據左氏及車胤說夏州，其文甚明，而劉伯莊以爲夏州侯之本國，亦未爲得也。正義大江中州也。夏水口在荊州江陵縣東南二十五里。

〔五〕索隱按：地理志無海陽。劉氏云「楚之東境」。

〔六〕索隱今之青草湖是也，在岳州界也。

〔七〕索隱地名。地理志有蒼梧郡。正義蒼梧山在道州南。

〔八〕集解徐廣曰：「春秋曰『遂伐楚，次于陘』。楚威王十一年，魏敗楚陘山。析縣有鈞水，或者郇陽今之順陽乎？一本『北有汾、陘之塞』也。」索隱陘山在楚北境，威王十一年，魏敗楚陘山是也。郇音荀。北有郇陽，其地當在汝南、潁川之界。檢地理志及太康地記，北境並無郇邑。郇邑在河東，晉地。計郇陽當是新陽，聲相近字變耳。汝南有新陽縣，應劭云「在新水之陽」，猶豳邑變爲栒，亦當然也〔三五〕。徐氏云「郇陽當是慎陽〔三六〕」，蓋其疏也。正義陘山在鄭州新鄭縣西南三十里。順陽故城在鄭州穰縣〔三七〕西百四十里〔三八〕。

「秦之所害莫如楚，楚彊則秦弱，秦彊則楚弱，其勢不兩立。故爲大王計，莫如從親以孤秦。大王不從親〔三九〕，秦必起兩軍，一軍出武關，一軍下黔中，則鄢郢動矣。〔一〕

【一】集解徐廣曰：「今南郡宜城。」正義鄢鄉故城在襄州率道縣南九里。安郢城在荊州江陵縣東北六里〔四〇〕。秦兵出武關，則臨鄢矣；兵下黔中，則臨郢矣。

「臣聞治之其未亂也，爲之其未有也。患至而后憂之，則無及已。故願大王蚤孰計之。

「大王誠能聽臣，臣請令山東之國奉四時之獻，以承大王之明詔，委社稷，奉宗廟，練士厲兵，在大王之所用之。大王誠能用臣之愚計，則韓、魏、齊、燕、趙、衞之妙音美人必充後宮，燕、代橐駝良馬必實外廄。故從合則楚王，衡成則秦帝。今釋霸王之業，而有事人之名，臣竊爲大王不取也。

「夫秦，虎狼之國也，有吞天下之心。秦，天下之仇讎也。衡人皆欲割諸侯之地以事秦，此所謂養仇而奉讎者也。夫爲人臣，割其主之地以外交彊虎狼之秦，以侵天下，卒有秦患，不顧其禍。夫外挾彊秦之威以内劫其主，以求割地，大逆不忠，無過此者。故從親則諸侯割地以事楚，衡合則楚割地以事秦，此兩策者相去遠矣，二者大王何居焉？故敝邑趙王使臣效愚計，奉明約，在大王詔之。」

楚王曰：「寡人之國西與秦接境，秦有舉巴蜀并漢中之心。秦，虎狼之國，不可親也。而韓、魏迫於秦患，不可與深謀，與深謀恐反人以入於秦，故謀未發而國已危矣。寡人自料以楚當秦，不見勝也；内與羣臣謀，不足恃也。寡人卧不安席，食不甘味，心摇摇然如縣旌而無所終薄。〔一〕今主君欲一天下，收諸侯，存危國，寡人謹奉社稷以從。」

〔一〕集解白洛反。

於是六國從合而并力焉。蘇秦爲從約長，并相六國。

北報趙王，乃行過雒陽，車騎輜重，諸侯各發使送之甚衆，疑於王者。〔一〕周顯王聞之恐懼，除道，使人郊勞。〔二〕蘇秦之昆弟妻嫂側目不敢仰視，俯伏侍取食。蘇秦笑謂其嫂曰：「何前倨而後恭也？」嫂委虵蒲服，〔三〕以面掩地而謝曰：「見季子位高金多也。」〔四〕蘇秦喟然歎曰：「此一人之身，富貴則親戚畏懼之，貧賤則輕易之，況衆人乎！且使我有雒陽負郭田二頃，〔五〕吾豈能佩六國相印乎！」於是散千金以賜宗族朋友。初，蘇秦之燕，貸人百錢爲資，及得富貴，以百金償之。徧報諸所嘗見德者。其從者有一人獨未得報，乃前自言。蘇秦曰：「我非忘子。子之與我至燕，再三欲去我易水之上，方是時，我困，故望子深，是以後子。子今亦得矣。」

【一】索隱疑作「擬」讀。

【二】集解儀禮曰：「賓至近郊，君使卿朝服用束帛勞。」

【三】索隱委虵謂以面掩地而進，若虵行也。蒲服即匍匐，並音蒲仆。

【四】集解譙周曰：「蘇秦字季子。」索隱按：其嫂呼小叔爲季子耳，未必即其字。允南即以爲字，未之得也。

【五】索隱負者，背也，枕也。近城之地，沃潤流澤，最爲膏腴，故曰「負郭」也。

蘇秦既約六國從親，歸趙，趙肅侯封爲武安君，乃投從約書於秦。【一】秦兵不敢闚函谷關十五年。

【一】索隱乃設從約書。案：諸本作「投」。言設者，謂宣布其從約六國之事以告於秦。若作「投」，亦爲易解。

其後秦使犀首欺齊、魏，與共伐趙，欲敗從約。齊、魏伐趙，趙王讓蘇秦。蘇秦恐，請使燕，必報齊。蘇秦去趙【一】而從約皆解。

【一】集解徐廣曰：「自初說燕至此三年。」

秦惠王以其女爲燕太子婦。是歲，文侯卒，太子立，是爲燕易王。易王初立，齊宣王因燕喪伐燕，取十城。易王謂蘇秦曰：「往日先生至燕，而先王資先生見趙，遂約六國從。今齊先伐趙，次至燕，以先生之故爲天下笑，先生能爲燕得侵地乎？」蘇秦大慙，曰：「請爲王取之。」

蘇秦見齊王，再拜，俯而慶，仰而弔。【一】齊王曰：「是何慶弔相隨之速也？」蘇秦曰：「臣聞飢人所以飢而不食烏喙者，【二】爲其愈充腹而與餓死同患也〔四一〕。【三】今燕雖弱小，即秦王之少壻也。大王利其十城而長與彊秦爲仇。今使弱燕爲鴈行而彊秦敝其後，以招天下之精兵，是食烏喙之類也。」齊王愀然變色【四】曰：「然則柰何？」蘇秦曰：「臣聞古之善制事者，轉禍爲福，因敗爲功。大王誠能聽臣計，即歸燕之十城。燕無故而得十城，必喜；秦王知以己之故而歸燕之十城，亦必喜。此所謂弃仇讎而得石交者也。夫燕、秦俱事齊，則大王號令天下，莫敢不聽。是王以虛辭附秦，以十城取天下。此霸王之業也。」王曰：「善。」於是乃歸燕之十城。

【一】索隱劉氏云：「當時慶弔應有其詞，但史家不録耳。」

【二】集解本草經曰：「烏頭，一名烏喙。」索隱烏喙，音卓，又音許穢反。今之毒藥烏頭是。

正義廣雅云：「蕉，奚毒，附子也。一歲爲烏啄[四二]，三歲爲附子，四歲爲烏頭，五歲爲天雄。」

【三】索隱劉氏以愈猶暫，非也。謂食烏頭爲其暫愈飢而充腹[四三]，少時毒發而死，亦與飢死同患也。

【四】索隱愀音自酋反，又七小反。

人有毀蘇秦者曰：「左右賣國反覆之臣也，將作亂。」蘇秦恐得罪，歸，而燕王不復官也。蘇秦見燕王曰：「臣，東周之鄙人也，無有分寸之功，而王親拜之於廟而禮之於廷。今臣爲王卻齊之兵而攻得十城[四四]，宜以益親。今來而王不官臣者，人必有以不信傷臣於王者。臣之不信，王之福也。臣聞忠信者，所以自爲也；進取者，所以爲人也。且臣之說齊王，曾非欺之也。臣弃老母於東周，固去自爲而行進取也。今有孝如曾參，廉如伯夷，信如尾生。得此三人者以事大王，何若？」王曰：「足矣。」蘇秦曰：「孝如曾參，義不離其親一宿於外，王又安能使之步行千里而事弱燕之危王哉[四五]？廉如伯夷，義不爲孤竹君之嗣，不肯爲武王臣，不受封侯而餓死首陽山下。有廉如此，王又安能使之步行千里而行進取於齊哉？信如尾生，與女子期於梁下，女子不來，水至不去，抱柱而死。有信如此，王又安能使之步行千里卻齊之彊兵哉？臣所謂以忠信得罪於上者也。」燕王曰：「若不忠信耳，豈有以忠信而得罪者乎？」蘇秦曰：「不然。臣聞客有遠爲吏而其妻私於人者，其夫將來，其私者憂之，妻曰『勿憂，吾已作藥酒待之矣』。居三日，其夫果至，妻使妾舉藥酒進之。妾欲言酒之有藥，則恐其逐主母也；欲勿言乎，則恐其殺主父也。於是乎詳僵而弃酒。【一】主父大怒，笞之五十。故妾一僵而覆酒，上存主父，下存主母，然而不免於笞，惡在乎忠信之無罪也夫？臣之過，不幸而類是乎！」燕王曰：「先生復就故官。」益厚遇之。

【一】索隱詳音羊。詳，詐也。僵，仆也，音薑。

易王母，文侯夫人也，與蘇秦私通。燕王知之，而事之加厚。蘇秦恐誅，乃說燕王曰：「臣居燕不能使燕重，而在齊則燕必重。」燕王曰：「唯先生之所爲。」於是蘇秦詳爲得罪於燕而亡走齊，齊宣王以爲客卿。【一】

【一】集解徐廣曰：「燕易王之十年時。」

齊宣王卒，湣王即位，說湣王厚葬以明孝，高宮室大苑囿以明得意，欲破敝齊而爲燕。燕易王卒，【一】燕噲立爲王。其後齊大夫多與蘇秦爭寵者，而使人刺蘇秦，不死，殊而走。【二】齊王使人求賊，不得。蘇秦且死，乃謂齊王曰：「臣即死，車裂臣以徇於市，曰『蘇秦爲燕作亂於齊』，如此則臣之賊必得矣。」於是如其言，而殺蘇秦者果自出，齊王因而誅之。燕聞之曰：「甚矣，齊之爲蘇生【三】報仇也！」

【一】集解徐廣曰：「易王十二年卒。」

【二】集解風俗通義稱漢令「蠻夷戎狄有罪當殊」。殊者，死也，與誅同指。而此云「不死，殊而走」者，蘇秦時雖不即死，然是死創，故云「殊」。

【三】集解徐廣曰：「一作『先』。」

蘇秦既死，其事大泄。齊後聞之，乃恨怒燕。燕甚恐。蘇秦之弟曰代，代弟蘇厲，見兄遂，亦皆學。及蘇秦死，代乃求見燕王，欲襲故事。曰：「臣，東周之鄙人也。竊聞大王義甚高，鄙人不敏，釋鉏耨而干大王。至於邯鄲，所見者絀於所聞於東周，臣竊負其志。及至燕廷，觀王之羣臣下吏，王，天下之明王也。」燕王曰：「子所謂明王者何如也？」對曰：「臣聞明王務聞其過，不欲聞其善，臣請謁王之過。夫齊、趙者，燕之仇讎也；楚、魏者，燕之援國也。今王奉仇讎以伐援國，非所以利燕也。王自慮之，此則計過，無以聞者，非忠臣也。」王曰：「夫齊者固寡人之讎，所欲伐也，直患國敝力不足也。子能以燕伐齊，則寡人舉國委子。」對曰：「凡天下戰國七，燕處弱焉。獨戰則不能，有所附則無不重。南附楚，楚重；西附秦，秦重；中附韓、魏，韓、魏重。且苟所附之國重，此必使王重矣。【一】今夫齊，長主【二】而自用也。南攻楚五年，畜聚竭；西困秦三年，士卒罷敝；北與燕人戰，覆三軍，得二將。【三】然而以其餘兵南面舉五千乘之大宋，【四】而包十二諸侯。此其君欲得，其民力竭，惡足取乎！且臣聞之，數戰則民勞，久師則兵敝矣。」燕王曰：「吾聞齊有清濟、濁河【五】可以爲固，長城、鉅防【六】足以爲塞，誠有之乎？」對曰：「天時不與，雖有清濟、濁河，惡足以爲固！民力罷敝，雖有長城、鉅防，惡足以爲塞！且異日濟西不師，【七】所以備趙也；河北不師，【八】所以備燕也。今濟西河北盡已役矣，封內敝矣。夫驕君必好利，而亡國之臣必貪於財。王誠能無羞從子母弟【九】以爲質（四六），【一〇】寶珠玉帛以事左右，彼將有德燕而輕亡宋，則齊可亡已。」燕王曰：「吾終以子受命於天矣。」燕乃使一子質於齊。而蘇厲因燕質子而求見齊王。齊王怨蘇秦，欲囚蘇厲。燕質子爲謝，已遂委質爲齊臣。【一一】

【一】正義言附諸國，諸國重燕而燕尊重。

【二】索隱按：謂齊王年長也。或作「齊彊，故言長主」。

【三】集解徐廣曰：「齊覆三軍而燕失二將。」索隱按：徐廣云「齊覆三軍而燕失二將」。又戰國策云「獲二將」，亦謂燕之二將，是燕之失也。

【四】正義 齊表云齊湣王三十八年滅宋，乃當赧王二十九年。此說乃燕噲之時，當周慎王之時，齊滅宋在前三十餘年〔四七〕，恐文誤矣。

【五】正義 濟、漯二水上承黄河，並淄、青之北流入海。黄河又一源從洛、魏二州界北流入海，亦齊西北界。

【六】集解 徐廣曰：「濟北盧縣有防門，又有長城東至海。」正義 長城西頭在濟州平陰縣界。竹書紀年云：「梁惠王二十年，齊閔王築防以爲長城。」太山記云：「太山西有長城〔四八〕，緣河經太山，餘一千里〔四九〕，至琅邪臺入海。」

【七】正義 濟州已西也。

【八】正義 謂滄、博等州，在漯河之北。

【九】索隱 戰國策「從」作「寵」。

【一〇】正義 音致。

【一一】正義 質，真栗反。

燕相子之與蘇代婚，而欲得燕權，乃使蘇代侍質子於齊。齊使代報燕，燕王噲問曰：「齊王其霸乎？」曰：「不能。」曰：「何也？」曰：「不信其臣。」於是燕王專任子之，已而讓位，燕大亂。齊伐燕，殺王噲、子之。【一】燕立昭王，而蘇代、蘇厲遂不敢入燕，皆終歸齊，齊善待之。

【一】集解徐廣曰：「是周赧王之元年時也。」

蘇代過魏，魏爲燕執代。齊使人謂魏王曰：「齊請以宋地封涇陽君，【一】秦必不受。秦非不利有齊而得宋地也，【二】不信齊王與蘇子也。今齊魏不和如此其甚，則齊不欺秦。秦信齊，齊秦合，涇陽君有宋地，非魏之利也。故王不如東蘇子，秦必疑齊而不信蘇子矣。齊秦不合，天下無變，伐齊之形成矣。」於是出蘇代。代之宋，宋善待之。

【一】正義涇陽君，秦王弟，名悝也。涇陽，雍州縣也。齊蘇子告秦共伐宋以封涇陽君，然齊假設此策以救蘇代。

【二】正義齊言秦相親共伐宋，秦得宋地，又得齊事秦，然秦不信齊及蘇代〔五〇〕，恐爲不成也。

齊伐宋，宋急，蘇代乃遺燕昭王書曰：【一】

【一】正義此書爲宋說燕，令莫助齊、梁。

夫列在萬乘而寄質於齊，【一】名卑而權輕；奉萬乘助齊伐宋，民勞而實費；夫破宋，殘楚淮北，肥大齊，讎彊而國害：此三者皆國之大敗也。然且王行之者，將以取信於齊也。齊加不信於王，而忌燕愈甚，是王之計過矣。夫以宋加之淮北，强萬乘之國也，而齊并之，是益一齊也。〔二〕北夷方七百里，〔三〕加之以魯、衞，彊萬乘之國也，而齊并之，是益二齊也。夫一齊之彊，燕猶狼顧而不能支，今以三齊臨燕，其禍必大矣。

〔一〕正義燕前有一子質於齊。

〔二〕正義更以淮北之地加於齊都，是强萬乘之國而齊總并之，是益一齊。

〔三〕索隱謂山戎、北狄附齊者。正義齊桓公伐山戎、令支，斬孤竹而南歸海濱，諸侯莫不來服。

雖然，智者舉事，因禍爲福，轉敗爲功。齊紫敗素也，〔一〕而賈十倍；〔二〕越王句踐棲於會稽，復殘彊吳而霸天下：此皆因禍爲福，轉敗爲功者也。

〔一〕集解徐廣曰：「取敗素染以爲紫。」正義齊君好紫，故齊俗尚之。取惡素帛染爲紫，其價十倍貴於餘。喻齊雖有大名，而國中以困弊也。韓子云：「齊桓公好服紫，一國盡服紫，當時十素不得一紫。〔五一〕公患之。管仲曰：『君欲止之，何不試勿衣也？』公謂左右曰：『惡紫臭。』公語三日，境内莫有衣紫者。」

〔二〕索隱按：謂紫色價貴於帛十倍，而本是敗素。以喻齊雖有大名，而其國中困斃也。

今王若欲因禍爲福，轉敗爲功，則莫若挑霸齊而尊之，【一】使使盟於周室，焚秦符，曰【二】「其大上計，破秦；其次，必長賓之」。【三】秦挾賓以待破，秦王必患之。秦五世伐諸侯，今爲齊下，秦王之志苟得窮齊，不憚以國爲功。然則王何不使辯士以此言説秦王曰：「燕、趙破宋肥齊，尊之爲之下者，燕、趙非利之也。燕、趙不利而勢爲之者，以不信秦王也。然則王何不使可信者接收燕、趙，〔五二〕令涇陽君、高陵君【四】先於燕、趙？秦有變，因以爲質，則燕、趙信秦。秦爲西帝，燕爲北帝，趙爲中帝，立三帝以令於天下。韓、魏不聽則秦伐之，齊不聽則燕、趙伐之，天下孰敢不聽？天下服聽，因驅韓、魏以伐齊，曰『必反宋地，歸楚淮北』。反宋地，歸楚淮北，燕、趙之所利也；並立三帝，燕、趙之所願也。夫實得所利，尊得所願，燕、趙弃齊如脱躧矣。今不收燕、趙，齊霸必成。諸侯贊齊而王不從，是國伐也；諸侯贊齊而王從之，是名卑也。今收燕、趙，國安而名尊；不收燕、趙，國危而名卑。夫去尊安而取危卑，智者不爲也。」秦王聞若説，必若刺心然。則王何不使辯士以此若言説秦？秦必取，齊必伐矣。

【一】正義挑，田鳥反，執持也。

【二】正義符，徵兆也。

【三】索隱長音如字。賓音「擯」〔五三〕。正義大好上計策，破秦；次計，長擯弃關西。

【四】集解徐廣曰馮翊高陵縣。索隱二人秦王母弟也。高陵君名顯，涇陽君名悝。

夫取秦，厚交也；伐齊，正利也。尊厚交，務正利，聖王之事也。

燕昭王善其書，曰：「先人嘗有德蘇氏，子之之亂而蘇氏去燕。燕欲報仇於齊，非蘇氏莫可。」乃召蘇代，復善待之，與謀伐齊。竟破齊，湣王出走。

久之，秦召燕王，燕王欲往，蘇代約燕王曰：「楚得枳【一】而國亡，【二】齊得宋而國亡，【三】齊、楚不得以有枳、宋而事秦者，何也？則有功者，秦之深讎也。秦取天下，非行義也，暴也。秦之行暴，正告天下。【四】

【一】集解徐廣曰：「巴郡有枳縣。」正義枳，支是反，今涪州城。在秦枳縣，在江南。

【二】集解徐廣曰：「燕昭王三十三年，秦拔楚鄢、西陵。」正義按：西陵在黄州。

【三】正義年表云齊湣王三十八年，滅宋。四十年，五國共擊湣王，王走莒。

【四】索隱正告謂顯然而告天下也。

「告楚曰：『蜀地之甲，乘船浮於汶，【一】乘夏水【二】而下江，五日而至郢。漢中之甲，乘船出於巴，【三】乘夏水而下漢，四日而至五渚。【四】寡人積甲宛東下隨，【五】智者不及謀，勇士不及怒，寡人如射隼矣。【六】王乃欲待天下之攻函谷，不亦遠乎！』楚王爲是故，十七年事秦。

【一】集解眉貧反。索隱音旻，即江所出之岷山也。

【二】索隱夏音暇。謂夏潦之水盛長時也。

【三】索隱巴，水名，與漢水近。正義巴嶺山在梁州南一百九十里。周地志云：「南渡老子水，登巴嶺山。南回記大江〔五四〕。此南是古巴國，因以名山。」

【四】集解戰國策曰「秦與荊人戰，大破荊，襲郢，取洞庭、五渚」。然則五渚在洞庭。索隱按：五渚，五處洲渚也。劉氏以爲宛鄧之閒，臨漢水，不得在洞庭。或說五渚即五湖，益與劉說不同也。

【五】索隱宛縣之東而下隨邑。

【六】索隱按：易曰「射隼于高墉之上，獲之，無不利」。秦王言我今伐楚，必當捷獲也。正義隼若今之鶻。

「秦正告韓曰：『我起乎少曲，【一】一日而斷大行。【二】我起乎宜陽而觸平陽，【三】二日而莫不盡繇。【四】我離兩周而觸鄭，五日而國舉。』【五】韓氏以爲然，故事秦。

【一】索隱地名，近宜陽也。正義在懷州河陽縣西北，解在范雎傳。

【二】正義太行山羊腸阪道，北過韓上黨也。

【三】正義宜陽、平陽皆韓大都也，隔河也。

【四】索隱音搖。搖，動也。

【五】索隱離，如字。謂屯兵以罷二周也，而乃觸擊于鄭，故五日國舉。舉猶拔也。正義離，歷也。歷二周而東觸新鄭州，韓國都拔矣。

「秦正告魏曰：『我舉安邑，塞女戟，【一】韓氏太原卷。【二】我下軹，道南陽、封、冀，【三】包兩周。【四】乘夏水，浮輕舟，彊弩在前，錟【五】戈在後，決滎口，魏無大梁；【六】決白馬之口，魏無外黃、濟陽；【七】決宿胥之口，【八】魏無虛、頓丘。【九】陸攻則擊河內，水攻則滅大梁。』魏氏以爲然，故事秦。

【一】索隱女戟，地名，蓋在太行山之西。

【二】索隱劉氏卷音軌免反也。按：舉安邑，塞女戟，及至韓氏之韓國宜陽也。太原者〔五五〕，魏地不至太原，亦無別名太原者，蓋「太」衍字也，「原」當爲「京」。京及卷皆屬滎陽，是魏境。又下軹道是河內軹縣，言「道」者，亦衍字。徐廣云「霸陵有軹道亭」，非魏之境，其疏謬如此。正義卷，軌免反。劉伯莊云：「太原當爲太行。卷猶斷絕。」

【三】集解徐廣曰：「霸陵有軹道亭，河東皮氏有冀亭也。」索隱按：魏之南陽即河内也。封，封陵也。冀，冀邑。皆在魏境，故徐廣云「河東皮氏縣有冀亭」。

【四】集解徐廣曰：「張儀曰『下河東，取成皋』也。」正義兩周，王城及鞏。

【五】集解徐廣曰：「由冄反。」正義劉伯莊云：「音四廉反，利也。」

【六】索隱滎澤之口與今汴河口通，其水深，可以灌大梁，故云「無大梁」也。

【七】索隱白馬河津在東郡，決其流以灌外黄及濟陽。正義故黄城在曹州考城縣東二十四里。濟陽故城在曹州宛朐縣西南三十五里。

【八】集解徐廣曰：「紀年云魏救山塞集胥口。」索隱按：紀年作「胥」，蓋亦津之名，今其地不知所在也。正義淇水出衞州淇縣界之淇口，東至黎陽入河。魏志云：「武帝於清淇口東因宿胥故瀆開白溝，道清、淇二水入焉。」

【九】集解徐廣曰：「秦始皇五年，取魏酸棗、燕、虚、長平。」索隱虚，邑名，地與酸棗相近。正義虚謂殷墟，今相州所理是。頓丘故城在魏州頓丘縣東北二十里。括地志云：「二國地時屬魏。」

「秦欲攻安邑，恐齊救之，則以宋委於齊。曰：『宋王無道，爲木人以寫寡人，射其面。寡人地絶兵遠，不能攻也。王苟能破宋有之，寡人如自得之。』已得安邑，塞女戟，因以破

宋爲齊罪。【一】

【一】索隱 秦令齊滅宋，仍以破宋爲齊之罪名。

「秦欲攻韓，恐天下救之，則以齊委於天下。曰：『齊王四與寡人約，四欺寡人，必率天下以攻寡人者三。有齊無秦，有秦無齊，必伐之，必亡之。』已得宜陽、少曲，致藺、離石，因以破齊爲天下罪。

「秦欲攻魏重楚，【一】則以南陽委於楚。曰：【二】『寡人固與韓且絕矣。殘均陵，塞鄳阸，【三】苟利於楚，寡人如自有之。』魏弃與國而合於秦，因以塞鄳阸爲楚罪。

【一】索隱 重猶附也，尊也。正義 畏楚救魏。

【二】正義 南陽，鄧州地，本韓地也。韓先事秦，今楚取南陽，故言「與韓且絕矣」。

【三】集解 徐廣曰：「鄳，江夏鄳縣。均，一作『灼』。」駰案鄳音盲〔五六〕。索隱 均陵在南陽，蓋今之均州。黽，音盲，縣名，在江夏。正義 均州故城在隨州西南五十里，蓋均陵也。又申州羅山縣本漢鄳縣。申州有平清關，蓋古鄳縣之阸塞。

「兵困於林中，【一】重燕、趙，以膠東委於燕，以濟西委於趙。已得講於魏，【二】至公子延，【三】因犀首屬行【四】而攻趙。

【一】集解 徐廣曰：「河南苑陵有林鄉。」

〔二〕索隱講，和也，解也。秦與魏和也。

〔三〕索隱至，當爲「質」，謂以公子延爲質也。

〔四〕索隱犀首者，公孫衍也〔五七〕。本魏將，因之以屬軍行。行音胡郎反。謂連兵相續也。

「兵傷於譙石〔五八〕，而遇敗於陽馬〔五九〕，〔一〕而重魏，則以葉、蔡委於魏。已得講於趙，則劫魏，魏不爲割〔六〇〕。困則使太后弟穰侯爲和，嬴則兼欺舅與母。〔二〕

〔一〕索隱按：譙石、陽馬並趙地名，非縣邑也。

〔二〕索隱按：嬴猶勝也。舅，穰侯魏冄也。母，太后也。

「適燕者〔一〕曰『以膠東』，適趙者曰『以濟西』，適魏者曰『以葉、蔡』，適楚者曰『以塞鄳阸』，適齊者曰『以宋』。此必令言如循環，用兵如刺蜚，母不能制，舅不能約。

〔一〕索隱適音宅。適者，責也。下同。

「龍賈之戰，〔一〕岸門之戰，〔二〕封陵之戰，〔三〕高商之戰，〔四〕趙莊之戰，〔五〕秦之所殺三晉之民數百萬，今其生者皆死秦之孤也。西河之外，上雒之地，三川晉國之禍，三晉之半，秦禍如此其大也。〔六〕而燕、趙之秦者，〔七〕皆以爭事秦說其主，此臣之所大患也。」

〔一〕集解魏襄王五年，秦敗我龍賈軍。

【二】集解韓宣惠王十九年，秦大破我岸門。

【三】集解魏哀王十六年，秦敗我封陵。

【四】集解此戰事不見。

【五】集解趙肅侯二十二年，趙莊與秦戰敗，秦殺趙莊河西。

【六】索隱以言西河之外，上雒之地及三川晉國，皆是秦與魏戰之處，秦兵禍敗我三晉之半，是秦禍如此其大者乎。

【七】索隱燕、趙之人往秦者，謂游説之士也。

燕昭王不行。蘇代復重於燕。

燕使約諸侯從親如蘇秦時，或從或不，而天下由此宗蘇氏之從約。代、厲皆以壽死，名顯諸侯。

太史公曰：蘇秦兄弟三人，【一】皆游説諸侯以顯名，其術長於權變。而蘇秦被反閒以死，天下共笑之，諱學其術。然世言蘇秦多異，異時事有類之者皆附之蘇秦。夫蘇秦起閭閻，連六國從親，此其智有過人者。吾故列其行事，次其時序，毋令獨蒙惡聲焉。

【一】索隱按：譙允南以爲蘇氏兄弟五人，更有蘇辟、蘇鵠，典略亦同其説。按：蘇氏譜云然。

【索隱述贊】季子周人，師事鬼谷。揣摩既就，陰符伏讀。合從離衡，佩印者六。天王除道，家人扶服。賢哉代、厲，繼榮黨族。

校勘記

〔一〕此下云秦弟代代弟厲也　「也」，耿本、黄本、彭本、柯本、凌本、殿本作「未詳」。

〔二〕樂壹　殿本、會注本作「樂臺」。按：隋書卷三四經籍志三：「鬼谷子三卷，樂一注。」今本鬼谷子唐長孫無忌序亦稱「樂壹注」。「樂一」當即「樂壹」。

〔三〕南山及武關嶢關　「南山」，殿本作「南有南山」。張文虎札記卷五：「『南』下有脱文，當云南有某山云云。」按：本書卷二二漢興以來將相名臣年表「入都關中」索隱：「咸陽也。東函谷，南嶢、武，西散關，北蕭關，在四關之中，故曰關中。」

〔四〕被山帶渭以爲界　「以」，原作「又」。張文虎札記卷五：「『又』字誤，疑當作『以』。」今據改。

〔五〕地里　張文虎札記卷五：「『地里』字疑有誤。」

〔六〕江謂岷江　「謂」，原作「渭」，據殿本改。按：張文虎札記卷五：「警云『渭』疑當作『謂』。」

〔七〕西從渭州隴山之西南流入蜀　「西從」二字原無。張文虎札記卷五：「『渭州』上疑脱『西從』二字」。今據補。

〔八〕世本云肅侯名言　「言」，本書卷四三趙世家「太子肅侯」索隱引作「語」，通鑑卷二周紀二顯王十九年「公子緤與太子爭立」胡三省注引同。

〔九〕據衞取卷　「取」下景祐本、紹興本、耿本、黃本、彭本、索隱本、柯本、凌本、殿本有「淇」字，通志卷九三列傳六同。

〔一〇〕戰國策云取淇　耿本、黃本、彭本、柯本、凌本、殿本此下有「無卷字」三字。

〔一一〕鎮州常山縣　疑當作「恒州房山縣」。按：本書卷四三趙世家「秦攻番吾」正義引括地志云「蒲吾城在恒州房山縣東二十里也」。同卷「番禺君自代來」正義引括地志云「番吾故城在恒州房山縣東二十里」。通鑑卷三周紀三赧王四年「據番吾」胡三省注引括地志亦作「恒州房山縣」。

〔一二〕湯武之士不過三千車不過三百乘卒不過三萬　王念孫雜志史記第四：「趙策作『湯武之卒不過三千人』，蓋史記本作『湯武之士不過百里』，後人據趙策改『士不過百里』爲『士不過三千』，又改下文之『三千』爲『三萬』，斯爲謬矣。下文蘇秦説魏王亦云『武王卒三千人』。」

〔一三〕夫破人之與破於人也臣人之與臣於人也　景祐本、紹興本、耿本、黃本、彭本、柯本、凌本、殿本「破於」、「臣於」上各有一「見」字。張文虎札記卷五：「各本兩『於』字上並有『見』字，趙策無。索隱本出『臣人』句亦無。案正義解此甚明，今依雜志刪。」

〔一四〕夫衡人者　張文虎札記卷五：「中統、舊刻、游、毛本『衡』下並有『音横』二字，疑後人旁注，合刻本無。」按：景祐本、紹興本亦有此二字，當爲集解文。

〔一五〕音絞　「絞」，原作「交」，據耿本、黄本、彭本、柯本、凌本、殿本改。按：本書卷一一七司馬相如列傳「姣冶嫺都」索隱：「音絞。」

〔一六〕姣美也　「美」，今本説文作「好」。

〔一七〕一溢爲二十四分之一　疑文有脱誤。按：儀禮既夕禮「歠粥，朝一溢米，夕一溢米」鄭玄注：「二十兩曰溢，爲米一升二十四分升之一。」禮記喪大記「朝一溢米，莫一溢米」鄭玄注略同。

〔一八〕鄜州洛交縣北三十四里　「三十四里」，本書卷九八傅靳蒯成列傳「賜食邑雕陰」正義作「三十里」。卷四四魏世家「秦敗我龍賈軍四萬五千于雕陰」正義引括地志：「雕陰故縣在鄜州洛交縣北三十里，雕陰故城是也。」

〔一九〕韓宣王　景祐本、紹興本、耿本、黄本、彭本、柯本、凌本、殿本作「韓宣惠王」。本書卷一五六國年表、卷四五韓世家、卷五五留侯世家皆稱「宣惠王」。

〔二〇〕韓北有鞏洛　「洛」字原無，據景祐本、耿本、黄本、彭本、柯本、凌本、殿本補。按：戰國策韓策一亦有「洛」字。

〔二一〕故有時力也　「有」，集解作「名」，疑是。

〔二二〕而師名焉　耿本、黄本、彭本、柯本、凌本、殿本作「因名鄧師」。

〔二三〕齊辨之曰　本書卷七四孟子荀卿列傳「爲堅白同異之辯」集解引晉太康地記作「或辯之曰」，

〔二四〕通鑑卷三周紀三赧王十七年胡三省注引作「或曰」。

〔二四〕效猶呈也見也　上「也」字，耿本、黄本、彭本、柯本、凌本、殿本無，疑此衍。按：本書卷九二淮陰侯列傳「諸將效首虜」索隱：「鄭玄注禮『效猶呈見也』。」禮記曲禮上「效馬效羊者右牽之」鄭玄注：「效猶呈見。」孔穎達疏同。

〔二五〕故所稱惑也　耿本、黄本、柯本、凌本、殿本作「鄢郾不同必有一誤」。

〔二六〕以封殷後於宋　耿本、黄本、彭本、柯本、凌本、殿本作「建初四年徙封殷後宋公於此更名宋」。按：後漢書志第二十郡國志二汝南郡：「宋，公國，周名郪丘，漢改爲新郪，章帝建初四年徙宋公於此。」漢書卷二八上地理志上「新郪，莽曰新延」顏師古注引應劭曰：「秦伐魏，取郪丘。漢興爲新郪。章帝封殷後，更名宋。」

〔二七〕荀卿　耿本、黄本、彭本、柯本、凌本、殿本作「荀卿子」。

〔二八〕厮養馬之賤者　「厮」，原作「斯」，據耿本、黄本、彭本、柯本、凌本、殿本改。

〔二九〕今起之爲卒　「之爲」，原作「爲之」，據耿本、黄本、彭本、柯本、凌本、殿本乙正。

〔三〇〕效猶呈也見也　上「也」字，黄本、柯本、凌本、殿本無。按：本書卷九二淮陰侯列傳「諸將效首虜」索隱：「鄭玄注禮『效猶呈見也』。」禮記曲禮上「效馬效羊者右牽之」鄭玄注同。

〔三一〕別録注　耿本、黄本、彭本、柯本、凌本、殿本無「注」字。

〔三二〕蹴踘促六反蹴亦蹋也　耿本、黄本、彭本、柯本、凌本、殿本作「蹵鞠者蹴亦蹋也促六反」。

〔三三〕秦拔魏蒲坂陽晉封陵　「陽晉」，本書卷一五六國年表作「晉陽」。

〔三四〕恐怯　「怯」，耿本、黄本、彭本、柯本、凌本作「猲」，殿本作「喝」。

〔三五〕猶鰯邑變爲栒亦當然也　黄本、彭本、凌本、殿本作「猶鰯邑變爲栒邑圁陰變爲圜陰爾郇亦當然也」。

〔三六〕郇陽當是慎陽　「慎陽」，耿本、黄本、彭本、柯本、凌本、殿本作「順陽」，與集解、正義合。

〔三七〕鄭州穰縣　「鄭州」，疑當作「鄧州」。按：本書卷五秦本紀「穰侯」正義引括地志：「穰，鄧州所理縣，即古穰侯國。」卷一〇二張釋之馮唐列傳「堵陽人也」正義引括地志：「順陽故城在鄧州穰縣西三十里，楚之郇邑也。」

〔三八〕百四十里　本書卷一〇二張釋之馮唐列傳「堵陽人也」正義引括地志作「三十里」，通鑑卷四一漢紀三十三光武帝建武四年「延岑復寇順陽」胡三省注引括地志同。

〔三九〕大王不從親　「親」字原無。王念孫雜志史記第四：「『大王不從』下脱『親』字，當依楚策補。」今據補。

〔四〇〕安郢城在荆州江陵縣東北六里　「六里」，通鑑卷五周紀五赧王五十七年「一戰而舉鄢、郢」胡三省注引正義作「七里」。

〔四一〕愈充腹　王念孫雜志史記第四：「燕策作『偷充腹』，則『愈』即『偷』字也。鄭注表記曰『偷，苟且也』。『偷薄』字，説文本作『愉』，從心俞聲，其心字或在旁，或在下，轉寫小異耳。」

〔四二〕一歲爲烏啄　「一歲」下疑脱「爲前子二歲」五字。按：廣雅釋草作「一歲爲前子，二歲爲烏啄」。

〔四三〕食烏頭　耿本、黄本、彭本、柯本、淩本、殿本此上有「飢人」二字。

〔四四〕攻得十城　疑文有脱誤。按：戰國策燕策一作「利得十城，功存危燕」。

〔四五〕而事弱燕之危王哉　「危王」，戰國策燕策一作「危主」。

〔四六〕王誠能無羞從子母弟以爲質　「從」，景祐本、紹興本、耿本、黄本、彭本、柯本、淩本、殿本作「寵」。

〔四七〕齊滅宋在前三十餘年　「滅」字原無。張文虎札記卷五：「『齊』下疑脱『滅』字。」今據正義上下文義補。

〔四八〕太山西有長城　「西」，本書卷四三趙世家「至長城」正義引太山記、卷四〇楚世家「還蓋長城以爲防」正義引太山郡記並作「西北」。

〔四九〕餘一千里　本書卷四三趙世家正義引太山記作「千餘里」，卷四〇楚世家正義引太山郡記同。

〔五〇〕然秦不信齊及蘇代　「然秦」二字原無，據黄本、彭本、柯本、淩本、殿本補。

〔五一〕當時十素不得一紫　「十」，韓非子外儲説左上作「五」。

〔五二〕接收燕趙　「接」，戰國策燕策一同。戰國縱横家書謂燕王章作「棲」。裘錫圭讀戰國縱横家書釋文注釋札記：「此句原文當作『捷收燕、趙』，『捷』當疾速講。帛書本把『捷』字錯成形近的『棲』，蘇秦列傳等本則把『捷』字錯成音近的『接』。」

〔五三〕賓音擯　「音」，原作「爲」，據耿本、黄本、彭本、柯本、凌本、殿本改。

〔五四〕記大江　張文虎札記卷五：「『記』字當誤。」按：「記」字疑衍。

〔五五〕太原者　「者」，耿本、黄本、彭本、柯本、凌本、殿本作「縣名」。

〔五六〕騆案鄳音盲　「騆案」二字原無，據耿本補。又，「鄳音盲」三字原在「徐廣曰」之前，據耿本、黄本、彭本、柯本、凌本、殿本移。

〔五七〕犀首者公孫衍也　「者」、「也」二字原無，據耿本、黄本、彭本、柯本、凌本、殿本補。

〔五八〕譙石　景祐本作「離石」，戰國策燕策二同。

〔五九〕陽馬　戰國策燕策二作「馬陵」。

〔六〇〕則劫魏魏不爲割　下「魏」字原無，張文虎札記卷五：「『不』上當重『魏』字，策有。」今據補。

史記卷七十

張儀列傳第十

張儀者，魏人也。〔一〕始嘗與蘇秦俱事鬼谷先生，學術，蘇秦自以不及張儀。

〔一〕集解呂氏春秋曰：「儀，魏氏餘子。」索隱按：晉有大夫張老，又河東有張城〔一〕，張氏爲魏人必也。而呂覽以爲魏氏餘子，則蓋魏之支庶也。又書略說餘子謂庶子也。正義左傳晉有公族、餘子、公行。杜預云：皆官卿之嫡，爲公族大夫。餘子，嫡子之母弟也。公行，庶子掌公戎行也。藝文志云「張子十篇」，在縱横流。

張儀已學而游說〔二〕諸侯。嘗從楚相飲，已而楚相亡璧，門下意張儀，曰：「儀貧無行，必此盜相君之璧。」共執張儀，掠笞數百，不服，醳〔三〕之。其妻曰：「嘻！〔三〕子毋讀書游說，安得此辱乎？」張儀謂其妻曰：「視吾舌尚在不？」其妻笑曰：「舌在也。」儀曰：「足矣。」

【一】索隱音稅。

【二】集解音釋。索隱古釋字。

【三】索隱音僖。鄭玄曰：「嘻，悲恨之聲。」

蘇秦已說趙王而得相約從親，【一】然恐秦之攻諸侯，敗約後負，念莫可使用於秦者，乃使人微感張儀曰：「子始與蘇秦善，今秦已當路，子何不往游，以求通子之願？」張儀於是之趙，上謁求見蘇秦。蘇秦乃誡門下人不爲通，又使不得去者數日。已而見之，坐之堂下，賜僕妾之食。因而數讓之【二】曰：「以子之材能，乃自令困辱至此。吾寧不能言而富貴子？子不足收也。」謝去之。張儀之來也，自以爲故人，求益，反見辱，怒，念諸侯莫可事，獨秦能苦趙，乃遂入秦。

【一】索隱從音足容反。

【二】索隱按：謂數設詞而讓之。讓亦責也。數音朔。

蘇秦已而告其舍人曰：「張儀，天下賢士，吾殆弗如也。今吾幸先用，而能用秦柄者，獨張儀可耳。然貧，無因以進。吾恐其樂小利而不遂，故召辱之，以激其意。子爲我陰奉之。」乃言趙王，發金幣車馬，使人微隨張儀，與同宿舍，稍稍近就之，奉以車馬金錢，所欲用，爲取給，而弗告。張儀遂得以見秦惠王。惠王以爲客卿，與謀伐諸侯。

蘇秦之舍人乃辭去。張儀曰：「賴子得顯，方且報德，何故去也？」舍人曰：「臣非知君，知君乃蘇君。蘇君憂秦伐趙敗從約，以爲非君莫能得秦柄，故感怒君，使臣陰奉給君資，盡蘇君之計謀。今君已用，請歸報。」張儀曰：「嗟乎，此吾在術中而不悟〔二〕，吾不及蘇君明矣！吾又新用，安能謀趙乎？爲吾謝蘇君，蘇君之時，儀何敢言。且蘇君在，儀寧渠能乎！」〔一〕張儀既相秦，爲文檄〔二〕告楚相曰：「始吾從若飲，〔三〕我不盜而璧，若笞我。若善守汝國，我顧且盜而城！」

〔一〕集解渠音詎。索隱渠音詎，古字少，假借耳。

〔二〕集解徐廣曰：「一作『尺一之檄』。」索隱按：徐廣云一作「丈二檄」〔三〕。王劭按春秋後語云「丈二尺檄」。許慎云「檄，二尺書」。

〔三〕索隱若者，汝也。下文而亦訓汝。

苴蜀相攻擊，〔一〕各來告急於秦。秦惠王欲發兵以伐蜀，以爲道險狹難至，而韓又來侵秦，秦惠王欲先伐韓，後伐蜀，恐不利，欲先伐蜀，恐韓襲秦之敝，猶豫未能決。司馬錯〔二〕與張儀爭論於惠王之前，司馬錯欲伐蜀，張儀曰：「不如伐韓。」王曰：「請聞其說。」

【一】集解徐廣曰：「譙周曰益州『天苴』讀爲『包黎』之『包』，音與『巴』相近，以爲今之巴郡。」索隱苴音巴。謂巴、蜀之夷自相攻擊也。今字作「苴」者，按巴苴是草名，今論巴，遂誤作「苴」也。或巴人、巴郡本因芭苴得名，所以其字遂以「苴」爲「巴」也。注「益州天苴讀爲芭黎」，天苴即巴苴也。譙周，蜀人也，知「天苴」之音讀爲「芭黎」之「芭」。按：芭黎即織木葺爲葦籬也，今江南亦謂葦籬曰芭籬也。正義華陽國志云：「昔蜀王封其弟于漢中，號曰苴侯，因命之邑曰葭萌。苴侯與巴王爲好，巴與蜀爲讎，故蜀王怒，伐苴。苴奔巴〔四〕，求救於秦。秦遣張儀從子午道伐蜀。蜀王自葭萌禦之〔五〕，敗績，走至武陽，爲秦軍所害。秦遂滅蜀，因取苴與巴焉。」括地志云：「苴侯都葭萌，今利州益昌縣五十里葭萌故城是。蜀侯都益州巴子城，在合州石鏡縣南五里，故墊江縣也。巴子都江州，在都之北，又峽州界也。」

【二】索隱七各反，又七故反，二音。

儀曰：「親魏善楚，下兵三川，塞什谷之口，【一】當屯留之道，【二】魏絶南陽，【三】楚臨南鄭，【四】秦攻新城、【五】宜陽，【六】以臨二周之郊，誅周王之罪，侵楚、魏之地。周自知不能救，九鼎寶器必出。據九鼎，案圖籍，挾天子以令於天下，天下莫敢不聽，此王業也。今夫蜀，西僻之國而戎翟之倫也，敝兵勞衆不足以成名，得其地不足以爲利。臣聞爭名者於朝，爭利者於市。今三川、周室，天下之朝市也，而王不爭焉，顧爭於戎翟，去王業遠

矣。」【七】

【一】集解徐廣曰：「一作『尋』，成皋鞏縣有尋口。」索隱一本作「尋谷」，尋什聲相近，故其名惑也。戰國策云「轘轅、緱氏之口」，亦其地相近也。正義括地志云：「温泉水即尋，源出洛州鞏縣西南四十里。注水經云鄩城水出北山鄩溪。又有故鄩城，在鞏縣西南五十八里。」按：洛州緱氏縣東南四十里，與鄩溪相近之地。

【二】正義屯留，潞州縣也。道即太行羊腸阪道也。

【三】正義南陽，懷州也。是當屯留之道，令魏絶斷壞羊腸、韓上黨之路也。

【四】正義是塞什谷之口也。令楚兵臨鄭南，塞轘轅鄩口，斷韓南陽之兵也。

【五】索隱此新城當在河南伊闕之左右。

【六】正義洛州福昌縣也。

【七】索隱去王遠矣。王音于放反。

司馬錯曰：「不然。臣聞之，欲富國者務廣其地，欲彊兵者務富其民，欲王者務博其德，三資者備而王隨之矣。今王地小民貧，故臣願先從事於易。夫蜀，西僻之國也，而戎翟之長也，有桀紂之亂。以秦攻之，譬如使豺狼逐羣羊。得其地足以廣國，取其財足以富民，【一】繕兵不傷衆而彼已服焉。【二】拔一國而天下不以爲暴，利盡西海【三】而天下不以爲貪，是我一舉而名實附也，【四】而又有禁暴止亂之名。今攻韓，劫天子，惡名也，而未必利也，又有不義之名，而攻天下所不欲，危矣。臣請謁其故：【五】周，天下之宗室也；齊，韓之與國也。周自知失九鼎，韓自知亡三川，【六】將二國并力合謀，以因乎齊、趙而求解乎楚、魏，以鼎與楚，以地與魏，王弗能止也。此臣之所謂危也。不如伐蜀完。」

【一】索隱遇其財。戰國策「遇」作「得」。

【二】正義繕音膳，同「饍」，具食也。

【三】索隱西海謂蜀川也。海者珍藏所聚生，猶謂秦中爲「陸海」然也。其實西亦有海也。正義海之言晦也，西夷晦昧無知，故言海也。言利盡西方羌戎。

【四】索隱按：名謂傳其德也，實謂得土地財寶〔六〕。

【五】索隱謁者，告也，陳也。故，謂陳不宜伐之端由也。

【六】正義韓自知亡三川，故與周并力合謀也。

惠王曰：「善，寡人請聽子。」卒起兵伐蜀，十月，取之，【一】遂定蜀，【二】貶蜀王更號爲侯，而使陳莊相蜀。蜀既屬秦，秦以益彊，富厚，輕諸侯。

【一】索隱六國年表在惠王二十二年十月也〔七〕。

【二】正義表云秦惠王後元年十月〔八〕，擊滅之。

秦惠王十年，使公子華【一】與張儀圍蒲陽〔九〕，【二】降之。儀因言秦復與魏，而使公子繇質於魏。儀因説魏王曰：「秦王之遇魏甚厚，魏不可以無禮。」魏因入上郡、少梁，謝秦惠王。惠王乃以張儀爲相，更名少梁曰夏陽。【三】

【一】集解徐廣曰：「一作『革』。」

【二】索隱魏邑名也。正義在隰州隰川縣，蒲邑故城是也。

【三】集解徐廣曰：「夏陽在梁山龍門。」索隱音下。夏〔一〇〕，山名也，亦曰大夏，禹所都〔一一〕。正義少梁城，同州韓城縣南二十三里。夏陽城在縣南二十里。梁山在縣東南十九里。龍門山在縣北五十里。

儀相秦四歲，立惠王爲王。【一】居一歲，爲秦將，取陝。築上郡塞。

【一】正義表云惠王之十三年，周顯王之三十四年也〔一二〕。

其後二年，使與齊、楚之相會齧桑。東還而免相，相魏以爲秦，欲令魏先事秦而諸侯效之。魏王不肯聽儀。秦王怒，伐取魏之曲沃、平周，復陰厚張儀益甚。張儀慚，無以歸報。留魏四歲而魏襄王卒，哀王立。張儀復説哀王，哀王不聽。於是張儀陰令秦伐魏。魏與秦戰，敗。

明年，齊又來敗魏於觀津。【一】秦復欲攻魏，先敗韓申差軍，斬首八萬，諸侯震恐。而張儀復說魏王曰：「魏地方不至千里，卒不過三十萬。地四平，諸侯四通輻湊，無名山大川之限。從鄭至梁二百餘里，車馳人走，不待力而至。梁南與楚境，西與韓境，北與趙境，東與齊境，卒戍四方，守亭鄣者不下十萬。梁之地勢，固戰場也。梁南與楚而不與齊，則齊攻其東；東與齊而不與趙，則趙攻其北；不合於韓，則韓攻其西；不親於楚，則楚攻其南：此所謂四分五裂之道也。

【一】集解觀音貫。

「且夫諸侯之爲從者，將以安社稷尊主彊兵顯名也。今從者一天下，約爲昆弟，刑白馬以盟洹水之上，【二】以相堅也。而親昆弟同父母，尚有爭錢財，而欲恃詐僞反覆蘇秦之餘謀，其不可成亦明矣。

【二】集解洹音桓。

「大王不事秦，秦下兵攻河外，【一】據卷、衍、燕、酸棗〔三〕，【二】劫衛取陽晉，【三】則趙不南，趙不南而梁不北，梁不北則從道絕，從道絕則大王之國欲毋危不可得也。秦折韓而攻梁，【四】韓怯於秦，秦韓爲一，梁之亡可立而須也。此臣之所爲大王患也。

【一】索隱河之西，即曲沃、平周之邑等。正義河外即卷、衍、燕、酸棗。

【二】集解卷，丘權反。衍，以善反。索隱卷縣在河南。衍，地名。正義卷、衍屬鄭州；燕，滑州胙城縣；酸棗屬滑州：皆黄河南岸地。

【三】正義故城在曹州乘氏縣西北三十七里。

【四】索隱戰國策「折」作「挾」也。

「爲大王計，莫如事秦。事秦則楚、韓必不敢動；無楚、韓之患，則大王高枕而卧，【一】國必無憂矣。

【一】正義枕，針鴆反。

「且夫秦之所欲弱者莫如楚，而能弱楚者莫如梁。楚雖有富大之名而實空虚；其卒雖多，然而輕走易北，不能堅戰。悉梁之兵南面而伐楚，勝之必矣。割楚而益梁，虧楚而適秦，嫁禍安國，此善事也。大王不聽臣，秦下甲士而東伐，雖欲事秦，不可得矣。

「且夫從人多奮辭而少可信，説一諸侯而成封侯，是故天下之游談士莫不日夜搤腕瞋目切齒以言從之便，以説人主。人主賢其辯而牽其説，豈得無眩哉。

「臣聞之，積羽沈舟，羣輕折軸，衆口鑠金，積毁銷骨，故願大王審定計議，且賜骸骨辟魏。」

哀王於是乃倍從約而因儀請成於秦。張儀歸，復相秦。三歲而魏復背秦爲從。秦攻魏，取曲沃。明年，魏復事秦。

秦欲伐齊，齊楚從親，於是張儀往相楚。楚懷王聞張儀來，虛上舍而自館之。曰：「此僻陋之國，子何以教之？」儀說楚王曰：「大王誠能聽臣，閉關絕約於齊，臣請獻商於之地六百里，[一]使秦女得爲大王箕帚之妾，秦楚娶婦嫁女，長爲兄弟之國。此北弱齊而西益秦也，計無便此者。」楚王大說而許之。羣臣皆賀，陳軫獨弔之。楚王怒曰：「寡人不興師發兵得六百里地，羣臣皆賀，子獨弔，何也？」陳軫對曰：「不然，以臣觀之，商於之地不可得而齊秦合，齊秦合則患必至矣。」楚王曰：「有說乎？」陳軫對曰：「夫秦之所以重楚者，以其有齊也。今閉關絕約於齊，則楚孤。秦奚貪夫孤國，而與之商於之地六百里？張儀至秦，必負王，是北絕齊交，西生患於秦也，而兩國之兵必俱至。善爲王計者，不若陰合而陽絕於齊，使人隨張儀。苟與吾地，絕齊未晚也；不與吾地，陰合謀計也。」楚王曰：「願陳子閉口毋復言，以待寡人得地。」乃以相印授張儀，厚賂之。於是遂閉關絕約於齊，使一將軍隨張儀。

【一】索隱劉氏云：「商即今之商州，有古商城，其西二百餘里有古於城。」

張儀至秦，詳失綏墮車，〔一〕不朝三月。楚王聞之，曰：「儀以寡人絶齊未甚邪？」乃使勇士至宋，借宋之符，北罵齊王。齊王大怒，折節而下秦。秦齊之交合，張儀乃朝，謂楚使者曰：「臣有奉邑六里，願以獻大王左右。」楚使者曰：「臣受令於王，以商於之地六百里，不聞六里。」還報楚王，楚王大怒，發兵而攻秦。陳軫曰：「軫可發口言乎？攻之不如割地反以賂秦，與之并兵而攻齊，是我出地於秦，取償於齊也，王國尚可存。」楚王不聽，卒發兵而使將軍屈匄擊秦。秦齊共攻楚，斬首八萬，殺屈匄，遂取丹陽、〔二〕漢中之地。〔三〕楚又復益發兵而襲秦，至藍田，大戰，楚大敗，於是楚割兩城以與秦平。

〔一〕正義詳音羊。

〔二〕集解徐廣曰：「在枝江。」

〔三〕正義今梁州也，在漢水北。

秦要楚〔一〕欲得黔中地，欲以武關外〔二〕易之。楚王曰：「不願易地，願得張儀而獻黔中地。」秦王欲遣之，口弗忍言。張儀乃請行。惠王曰：「彼楚王怒子之負以商於之地，是且甘心於子。」張儀曰：「秦彊楚弱，臣善靳尚，尚得事楚夫人鄭袖，袖所言皆從。且臣奉王之節使楚，楚何敢加誅。假令誅臣而爲秦得黔中之地，臣之上願。」遂使楚。楚懷王至則囚張儀，將殺之。靳尚謂鄭袖曰：「子亦知子之賤於王乎？」鄭袖曰：「何也？」靳尚曰：「秦王甚愛張儀而不欲出之，〔三〕今將以上庸之地六縣〔四〕賂楚，以美人聘楚，以宮中善歌謳者爲媵。楚王重地尊秦，秦女必貴而夫人斥矣。不若爲言而出之。」於是鄭袖日夜言懷王曰：「人臣各爲其主用。今地未入秦，秦使張儀來，至重王。王未有禮而殺張儀，秦必大怒攻楚。妾請子母俱遷江南，毋爲秦所魚肉也。」懷王後悔，赦張儀，厚禮之如故。

〔一〕正義要音腰也。

〔二〕正義即商於之地。

〔三〕索隱按：「不」字當作「必」。時張儀爲楚所囚，故必欲出之也。正義秦王不欲出張儀使楚，若欲自行，今秦欲以上庸地及美人贖儀。

〔四〕正義今房州也。

張儀既出，未去，聞蘇秦死，〔一〕乃說楚王曰：「秦地半天下，兵敵四國，被險帶河，四塞以爲固。虎賁之士百餘萬，車千乘，騎萬匹，積粟如丘山。法令既明，士卒安難樂死，主明以嚴，將智以武，雖無出甲，席卷常山之險，必折天下之脊，〔二〕天下有後服者先亡。且夫爲從者，無以異於驅羣羊而攻猛虎，虎之與羊不格明矣。今王不與猛虎而與羣羊，臣竊以爲大王之計過也。

〔一〕索隱按：此時當秦惠王之後元十四年。

【二】索隱按：常山於天下在北，有若人之背脊也。正義古之帝王多都河北、河東故也。

「凡天下彊國，非秦而楚，非楚而秦，兩國交爭，其勢不兩立。大王不與秦，秦下甲據宜陽，韓之上地不通。下河東，取成皋，韓必入臣，梁則從風而動。秦攻楚之西，韓、梁攻其北，社稷安得毋危？

「且夫從者聚羣弱而攻至彊，不料敵而輕戰，國貧而數舉兵，危亡之術也。臣聞之，兵不如者勿與挑戰，【一】粟不如者勿與持久。夫從人飾辯虛辭，高主之節，言其利不言其害，卒有秦禍，【二】無及爲已。是故願大王之孰計之。

【一】正義挑，田鳥反。

【二】正義卒，悤勿反。

「秦西有巴蜀，大船積粟，起於汶山，【一】浮江已下，至楚三千餘里。舫船【二】載卒，一舫載五十人，與三月之食，下水而浮，一日行三百餘里，里數雖多，然而不費牛馬之力，不至十日而距扞關。【三】扞關驚，則從境以東盡城守矣〔一四〕，黔中、巫郡非王之有。秦舉甲出武關，南面而伐，則北地絕。【四】秦兵之攻楚也，危難在三月之內，而楚待諸侯之救，在半歲之外，此其勢不相及也。夫待弱國之救〔一五〕，忘彊秦之禍，此臣所以爲大王患也。

【一】正義汶音泯。

【二】索隱枋船。枋音方，謂並兩船也。亦音舫。

【三】集解徐廣曰：「巴郡魚復縣有扞水關。」索隱扞關在楚之西界。復音伏。按：地理志巴郡有魚復縣。正義在硤州巴山縣界。

【四】正義楚之北境斷絶。

「大王嘗與吴人戰，五戰而三勝，陣卒盡矣；偏守新城，【一】存民苦矣。臣聞功大者易危，而民敝者怨上。夫守易危之功而逆彊秦之心，臣竊爲大王危之。

【一】索隱偏，匹連反。此云「新城」，當在吴楚之閒。正義新攻得之城，未詳所在。

「且夫秦之所以不出兵函谷十五年以攻齊、趙者，陰謀有合【一】天下之心。楚嘗與秦構難，戰於漢中，【二】楚人不勝，列侯執珪死者七十餘人，遂亡漢中。楚王大怒，興兵襲秦，戰於藍田。此所謂兩虎相搏【三】者也。夫秦楚相敝，而韓魏以全制其後，計無危於此者矣。願大王孰計之。

【一】集解徐廣曰：「一作『吞』。」

【二】索隱其地在秦南山之南，楚之西北，漢水之北，名曰漢中。

【三】集解徐廣曰：「或音『戟』。」

「秦下甲攻衞陽晉，必大關天下之匈。〔一〕大王悉起兵以攻宋，不至數月而宋可舉，舉宋而東指，則泗上十二諸侯〔二〕盡王之有也。

〔一〕集解徐廣曰：「關，一作『開』。」索隱攻衞陽晉，大關天下胷。夫以常山爲天下脊，則此衞及陽晉當天下胷，蓋其地是秦、晉、齊、楚之交道也。以言秦兵據陽晉，是大關天下胷，則他國不得動也。

〔二〕索隱謂邊近泗水之側，當戰國之時有十二諸侯，宋、魯、邾、莒之比也。

「凡天下而以信約從親相堅者蘇秦，封武安君，相燕，即陰與燕王謀伐破齊而分其地；乃詳有罪出走入齊，齊王因受而相之；居二年而覺，齊王大怒，車裂蘇秦於市。夫以一詐僞之蘇秦，而欲經營天下，混一諸侯，〔一〕其不可成亦明矣。

〔一〕索隱混，本作「棍」，同胡本反。

「今秦與楚接境壤界，固形親之國也。大王誠能聽臣，臣請使秦太子入質於楚，楚太子入質於秦，請以秦女爲大王箕帚之妾，效萬室之都以爲湯沐之邑，長爲昆弟之國，終身無相攻伐。臣以爲計無便於此者。」

於是楚王已得張儀而重出黔中地與秦，欲許之。屈原曰：「前大王見欺於張儀，張儀至，臣以爲大王烹之；今縱弗忍殺之，又聽其邪說，不可。」懷王曰：「許儀而得黔中，美利也。後而倍之，不可。」故卒許張儀，與秦親。

張儀去楚，因遂之韓，說韓王曰：「韓地險惡山居，五穀所生，非菽而麥，民之食大抵菽飯藿羹【一六】。一歲不收，民不饜糟糠。地不過九百里，無二歲之食。料大王之卒，悉之不過三十萬，而廝徒負養【一】在其中矣。除守徼亭鄣塞，見卒不過二十萬而已矣。秦帶甲百餘萬，車千乘，騎萬匹，虎賁之士跿跔科頭【二】貫頤【三】奮戟者，【四】至不可勝計。秦馬之良，戎兵之衆，探前趹後【五】蹄閒三尋【六】騰者，不可勝數。山東之士被甲蒙胄以會戰，秦人捐甲徒裼【七】以趨敵，左挈人頭，右挾生虜。夫秦卒與山東之卒，猶孟賁之與怯夫；以重力相壓，猶烏獲之與嬰兒。夫戰孟賁、烏獲之士以攻不服之弱國，無異垂千鈞之重於鳥卵之上，必無幸矣。

【一】索隱廝音斯，謂褋役之賤者。負養謂負檐以給養公家，亦賤人也。

【二】集解跿跔音徒俱，跳躍也。又云偏舉一足曰跿跔。科頭謂不著兜鍪入敵。索隱跿跔音徒俱二音。跔又音劬。劉氏云「謂跳躍也」。又韻集云「偏舉一足曰跿跔」。戰國策曰「虎摯之士跿跔」。科頭謂不著兜鍪。

【三】索隱謂兩手捧頤而直入敵，言其勇也。

【四】集解言執戟奮怒而入陳也。索隱謂又有執戟者奮怒而趨入陣。

【五】索隱謂馬前足探向前，後足趹於後。趹音烏穴反。趹謂後足抉地，言馬之走執疾也。

【六】索隱按：七尺曰尋。言馬走之疾，前後蹄閒一擲過三尋也。

【七】索隱徒者，徒跣也。裼，袒也，謂袒而見肉也。

「夫羣臣諸侯不料地之寡，而聽從人之甘言好辭，比周以相飾也，皆奮曰『聽吾計可以彊霸天下』。夫不顧社稷之長利而聽須臾之說，詿誤人主，無過此者。

「大王不事秦，秦下甲據宜陽，斷韓之上地，東取成皋、滎陽，則鴻臺之宮、桑林之苑【一】非王之有也。夫塞成皋，絕上地，則王之國分矣。先事秦則安，不事秦則危。夫造禍而求其福報，計淺而怨深，逆秦而順楚，雖欲毋亡，不可得也。

【一】集解徐廣曰：「桑，一作『栗』。」索隱按：此皆韓之宮苑，亦見戰國策。

「故爲大王計，莫如爲秦。【一】秦之所欲莫如弱楚，而能弱楚者莫如韓。非以韓能彊於楚也，其地勢然也。今王西面而事秦以攻楚，秦王必喜。夫攻楚以利其地，轉禍而說秦，計無便於此者。」

【一】集解爲，于僞反。

韓王聽儀計。張儀歸報，秦惠王封儀五邑，號曰武信君。使張儀東說齊湣王曰：「天下彊國無過齊者，大臣父兄殷衆富樂。然而爲大王計者，皆爲一時之說，不顧百世之利。從人說大王者，必曰『齊西有彊趙，南有韓與梁。齊，負海之國也，地廣民衆，兵彊士勇，雖有百秦，將無柰齊何〔七〕』。大王賢其說而不計其實。夫從人朋黨比周，莫不以從爲可。臣聞之，齊與魯三戰而魯三勝，國以危，亡隨其後，雖有戰勝之名，而有亡國之實。是何也？齊大而魯小也。今秦之與齊也，猶齊之與魯也。秦趙戰於河漳之上，再戰而趙再勝秦；戰於番吾〔一〕之下，再戰又勝秦。四戰之後，趙之亡卒數十萬，邯鄲僅存，雖有戰勝之名而國已破矣。是何也？秦彊而趙弱。

〔一〕索隱 上音盤，又音婆。趙之邑也。

「今秦楚嫁女娶婦，爲昆弟之國。韓獻宜陽；梁效河外；〔一〕趙入朝澠〔二〕池，割河閒〔三〕以事秦。大王不事秦，秦驅韓梁攻齊之南地，悉趙兵渡清河，指博關，〔四〕臨菑、即墨非王之有也。國一日見攻，雖欲事秦，不可得也。是故願大王孰計之也。」

〔一〕索隱 按：河外，河之南邑，若曲沃、平周等也。正義 謂同、華州地也。

〔二〕集解 緜善反。

〔三〕索隱 謂河漳之閒邑，暫割以事秦耳。正義 河閒，瀛州縣。

【四】正義博關在博州。趙兵從貝州度黄河〔一八〕，指博關，則漯河南臨淄、即墨危矣。

齊王曰：「齊僻陋隱居東海之上，未嘗聞社稷之長利也。」乃許張儀。

張儀去，西説趙王曰：「敝邑秦王使使臣效愚計於大王。大王收率天下以賓秦，秦兵不敢出函谷關十五年。大王之威行於山東，敝邑恐懼懾伏，繕甲厲兵，飾車騎，【一】習馳射，力田積粟，守四封之内，愁居懾處，不敢動摇，唯大王有意督過之也。【二】

【一】正義飾音勑。

【二】索隱督者，正其事而責之，督過，是深責其過也。

「今以大王之力，舉巴蜀，并漢中，包兩周，遷九鼎，守白馬之津。秦雖僻遠，然而心忿含怒之日久矣。今秦有敝甲凋兵，軍於澠池，願渡河踰漳，據番吾，會邯鄲之下，願以甲子合戰，以正殷紂之事，敬使使臣先聞左右。

「凡大王之所信爲從者恃蘇秦。蘇秦熒惑諸侯，以是爲非，以非爲是，欲反齊國，而自令車裂於市。夫天下之不可一亦明矣。今楚與秦爲昆弟之國，而韓梁稱爲東藩之臣，齊獻魚鹽之地，此斷趙之右臂也。夫斷右臂而與人鬬，失其黨而孤居，求欲毋危，豈可得乎？

「今秦發三將軍：其一軍塞午道，〔一〕告齊使興師渡清河，軍於邯鄲之東；一軍軍成皋，驅韓梁軍於河外；〔二〕一軍軍於澠池。約四國爲一以攻趙，趙服，必四分其地。是故不敢匿意隱情，先以聞於左右。臣竊爲大王計，莫如與秦王遇於澠池，面相見而口相結，請案兵無攻。願大王之定計。」

〔一〕索隱此午道當在趙之東、齊之西也。午道，地名也。鄭玄云「一縱一橫爲午」，謂交道也。

〔二〕正義河外謂鄭、滑州，北臨河。

趙王曰：「先王之時，奉陽君專權擅勢，蔽欺先王，獨擅綰事，寡人居屬師傅，不與國謀計。先王弃羣臣，寡人年幼，奉祀之日新〔九〕，心固竊疑焉，以爲一從不事秦，非國之長利也。乃且願變心易慮，割地謝前過以事秦。方將約車趨行，〔一〕適聞使者之明詔。」趙王許張儀，張儀乃去。

〔一〕正義趨音趣。

北之燕，說燕昭王曰：「大王之所親莫如趙。昔趙襄子嘗以其姊爲代王妻，欲并代，約與代王遇於句注之塞。〔一〕乃令工人作爲金斗，長其尾，〔二〕令可以擊人。與代王飲，陰告廚人曰：『即酒酣樂，進熱啜，〔三〕反斗以擊之。』〔四〕於是酒酣樂，進熱啜，廚人進斟，因反斗以擊代王，殺之，王腦塗地。其姊聞之，因摩笄以自刺，故至今有摩笄之山。〔五〕代王之亡，天下莫不聞。

〔一〕正義句注山在代州也。上音勾。

〔二〕索隱斗音主。凡方者爲斗，若安長柄，則名爲枓，音主。尾即斗之柄，其形若刀也。

〔三〕索隱音昌悦反。按：謂熱而啜之，是羹也。於下云「廚人進斟」，斟謂羹汁〔二〇〕，故因名羹曰斟〔二一〕。左氏「羊羹不斟」是也。

〔四〕正義反即倒斗柄擊也。

〔五〕集解笄，婦人之首飾，如今象牙擿。正義笄，今簪也。摩笄山在蔚州飛狐縣東北百五十里。

「夫趙王之狼戾無親〔二二〕，大王之所明見。且以趙王爲可親乎？趙興兵攻燕，再圍燕都而劫大王，大王割十城以謝。今趙王已入朝澠池，效河閒以事秦。今大王不事秦，秦下甲雲中、九原，驅趙而攻燕，則易水、長城〔一〕非大王之有也。

〔一〕正義並在易州界。

「且今時趙之於秦猶郡縣也，不敢妄舉師以攻伐。今王事秦，秦王必喜，趙不敢妄動，是西有彊秦之援，而南無齊趙之患，是故願大王孰計之。」

燕王曰：「寡人蠻夷僻處，雖大男子，裁【一】如嬰兒，言不足以采正計。今上客幸教之，請西面而事秦，獻恒山之尾【二】五城。」燕王聽儀。儀歸報，未至咸陽而秦惠王卒，武王立。武王自爲太子時不説張儀，及即位，羣臣多讒張儀曰：「無信，左右賣國以取容。秦必復用之，恐爲天下笑。」諸侯聞張儀有郤武王，皆畔衡，復合從。

【一】集解音在。

【二】索隱尾猶末也。謂獻恒山城以與秦〔三〕。

秦武王元年，羣臣日夜惡張儀未已，而齊讓又至。張儀懼誅，乃因謂秦武王曰：「儀有愚計，願效之。」王曰：「柰何？」對曰：「爲秦社稷計者，東方有大變，然後王可以多割得地也。今聞齊王甚憎儀，儀之所在，必興師伐之。故儀願乞其不肖之身之梁，齊必興師而伐梁。梁齊之兵連於城下而不能相去，王以其閒伐韓，入三川，出兵函谷而毋伐，以臨周，祭器必出。【一】挾天子，按圖籍，此王業也。」秦王以爲然，乃具革車三十乘，入儀之梁。齊果興師伐之。梁哀王恐。張儀曰：「王勿患也，請令罷齊兵。」乃使其舍人馮喜【二】之楚，借使之齊，謂齊王曰：「王甚憎張儀；雖然，亦厚矣王之託儀於秦也！」齊王曰：「寡人憎儀，儀之所在，必興師伐之，何以託儀？」對曰：「是乃王之託儀也。夫儀之出也，固與秦王約曰：『爲王計者，東方有大變，然後王可以多割得地。今齊王甚憎儀，儀之所在，必興師伐之。故儀願乞其不肖之身之梁，齊必興師伐之。齊梁之兵連於城下而不能相去，王以其閒伐韓，入三川，出兵函谷而無伐，以臨周，祭器必出。挾天子，案圖籍，此王業也。』秦王以爲然，故具革車三十乘而入之梁也。今儀入梁，王果伐之，是王內罷國而外伐與國，〔三〕廣鄰敵以內自臨，而信儀於秦王也。此臣之所謂『託儀』也。」齊王曰：「善。」乃使解兵。

〔一〕索隱凡王者大祭祀必陳設文物軒車彝器等，因謂此等爲祭器也。

〔二〕索隱此與戰國策同。舊本作「憙」者，誤也。

〔三〕索隱謂齊之伐梁也。梁之與齊，先相許與約從爲鄰，故云與國也。

張儀相魏一歲，卒〔一〕於魏也。

〔一〕索隱年表張儀以安僖王十年卒〔二四〕。紀年云梁安僖王九年五月卒。

陳軫者，游說之士。與張儀俱事秦惠王，皆貴重，爭寵。張儀惡陳軫於秦王曰：「軫重幣輕使秦楚之閒，將爲國交也。今楚不加善於秦而善軫者，軫自爲厚而爲王薄也。且軫欲去秦而之楚，王胡不聽乎？」王謂陳軫曰：「吾聞子欲去秦之楚，有之乎？」軫曰：「然。」王曰：「儀之言果信矣。」軫曰：「非獨儀知之也，行道之士盡知之矣。昔子胥忠於其君而天下爭以爲臣，曾參孝於其親而天下願以爲子。故賣僕妾不出閭巷而售者，良僕妾也；出婦嫁於鄉曲者，良婦也。今軫不忠其君，楚亦何以軫爲忠乎？忠且見弃，軫不之楚何歸乎？」王以其言爲然，遂善待之。

居秦期年，秦惠王終相張儀，而陳軫奔楚。楚未之重也，而使陳軫使於秦。過梁，欲見犀首。犀首謝弗見。軫曰：「吾爲事來，〔一〕公不見軫，軫將行，不得待異日。」犀首見之。陳軫曰：「公何好飲也？」犀首曰：「無事也。」曰：「吾請令公厭事〔二〕可乎？」曰：「柰何？」曰：「田需〔三〕約諸侯從親，楚王疑之，未信也。公謂於王曰：『臣與燕、趙之王有故，數使人來，曰「無事何不相見」，願謁行於王。』王雖許公，公請毋多車，以車三十乘，可陳之於庭，明言之燕、趙。」燕、趙客聞之，馳車告其王，使人迎犀首。楚王聞之大怒，曰：「田需與寡人約，而犀首之燕、趙，是欺我也。」怒而不聽其事。齊聞犀首之北，使人以事委焉。犀首遂行，三國相事皆斷於犀首。軫遂至秦。

〔一〕索隱軫語犀首，言我故來，欲有教汝之事，何不相見。

【二】索隱上一黶反。厭者，飽也，謂欲令其多事也。

【三】索隱需時爲魏相也。

韓魏相攻，期年不解。秦惠王欲救之，問於左右。左右或曰救之便，或曰勿救便，惠王未能爲之決。陳軫適至秦，惠王曰：「子去寡人之楚，亦思寡人不？」陳軫對曰：「王聞夫越人莊舄乎？」王曰：「不聞。」曰：「越人莊舄仕楚執珪，有頃而病。楚王曰：『舄故越之鄙細人也，今仕楚執珪，貴富矣，亦思越不？』中謝【一】對曰：『凡人之思故，在其病也。彼思越則越聲，不思越則楚聲。』使人往聽之，猶尚越聲也。今臣雖弃逐之楚，豈能無秦聲哉！」惠王曰：「善。今韓魏相攻，期年不解，或謂寡人救之便，或曰勿救便，【二】寡人不能決，願子爲子主計【三】之餘，爲寡人計之。」陳軫對曰：「亦嘗有以夫卞莊子【四】刺虎聞於王者乎？莊子欲刺虎，館豎子止之，曰：『兩虎方且食牛，食甘必爭，爭則必鬬，鬬則大者傷，小者死，從傷而刺之，一舉必有雙虎之名。』卞莊子以爲然，立須之。有頃，兩虎果鬬，大者傷，小者死。莊子從傷者而刺之，一舉果有雙虎之功。今韓魏相攻，期年不解，是必大國傷，小國亡，從傷而伐之，一舉必有兩實。此猶莊子刺虎之類也。臣主與王何異也。」【五】惠王曰：「善。」卒弗救。大國果傷，小國亡，秦興兵而伐，大剋之。此陳軫之計也。

【一】索隱蓋謂侍御之官。

【二】索隱此蓋張儀等之計策。

【三】索隱子指陳軫也。子主謂楚王。

【四】索隱館莊子〔二五〕。謂逆旅舍其人字莊子者，或作「卞莊子」也。

【五】索隱臣主，爲軫之主楚王也。王，秦惠王。以言我主與王俱宜待韓、魏之弊而擊之，亦無異也。

犀首者，魏之陰晉人也，【一】名衍，姓公孫氏。與張儀不善。

【一】集解司馬彪曰：「犀首，魏官名，若今虎牙將軍。」

張儀爲秦之魏，魏王相張儀。犀首弗利，故令人謂韓公叔曰：「張儀已合秦魏矣，其言曰【一】『魏攻南陽，秦攻三川』。魏王所以貴張子者，欲得韓地也。且韓之南陽已舉矣，子何不少委焉以爲衍功，則秦魏之交可錯矣。【二】然則魏必圖秦而弃儀，收韓而相衍。」公叔以爲便，因委之犀首以爲功。果相魏。張儀去。【三】

【一】正義此張儀合秦魏之辭也。

【二】索隱錯音措。按：錯，停止也。

【三】[集解]徐廣曰：「復相秦。」

義渠君朝於魏。犀首聞張儀復相秦，害之。犀首乃謂義渠君曰：「道遠不得復過，【一】請謁事情。」【二】曰：「中國無事，【三】秦得燒掇焚杅【四】君之國；有事，【五】秦將輕使重幣事君之國。」【六】其後五國伐秦。【七】會陳軫謂秦王曰：「義渠君者，蠻夷之賢君也，不如賂之以撫其志。」秦王曰：「善。」乃以文繡千純，【八】婦女百人遺義渠君。義渠君致羣臣而謀曰：「此公孫衍所謂邪？」【九】乃起兵襲秦，大敗秦人李伯之下。【一〇】

【一】[索隱]音戈。言義渠道遠，今日已後，不復得更過相見。

【二】[索隱]謂欲以秦之緩急告語之也。

【三】[索隱]按：謂山東諸侯齊、魏之大國等〔二六〕。[正義]中國謂關東六國。無事，不共攻秦。

【四】[集解]徐廣曰：「一孤切。」[索隱]掇音都活反。謂焚燒而侵掠。焚杅音煩、烏二音。謂焚揉而牽制也〔二七〕。戰國策云「秦且燒焫君之國」，是說其事也。

【五】[索隱]謂山東諸國共伐秦也。

【六】[索隱]謂秦求親義渠君也。[正義]有事謂六國攻秦。秦若被攻伐，則必輕使重幣，事義渠之國，欲令相助。犀首此言，令義渠君勿援秦也。

【七】[索隱]按：表秦惠王後元七年，楚、魏、齊、韓、趙五國共攻秦，是其事也。

【八】索隱 凡絲緜布帛等一段爲一純。純音屯。

【九】索隱 按：謂上文犀首云「君之國有事〔二八〕，秦將輕使重幣事君之國」，故云「衍之所謂」〔二九〕，因起兵襲秦以傷張儀也。

【一〇】索隱 入李伯之下。謂義渠破秦而收軍，而入於李伯之下，則李伯人名或邑號。戰國策「伯」作「帛」。

張儀已卒之後，犀首入相秦。嘗佩五國之相印，爲約長。【一】

【一】索隱 佩五國之印，爲約長。犀首後相五國，或從或橫，常爲約長。

太史公曰：三晉多權變之士，夫言從衡彊秦者大抵皆三晉之人也。夫張儀之行事甚於蘇秦，然世惡蘇秦者，以其先死，而儀振暴【一】其短以扶其說，【二】成其衡道。【三】要之，此兩人真傾危之士哉！

【一】索隱 下音步卜反。振謂振揚而暴露其短。

【二】索隱 按：扶謂說彼之非，成我之是，扶會己之說辭。

【三】索隱 張儀說六國，使連衡而事秦，故云「成其衡道」。然山東地形從長，蘇秦相六國，令從親而賓秦也。關西地形衡長，張儀相六國，令破其從而連秦之衡，故謂張儀爲連橫矣。

【索隱述贊】儀未遭時，頻被困辱。及相秦惠，先韓後蜀。連衡齊魏，傾危誑惑。陳軫挾權，犀首騁欲。如何三晉，繼有斯德。

校勘記

〔一〕張城　耿本、黄本、彭本、柯本、凌本、殿本此上有「西」字，疑此脱。按：本書卷五四曹相國世家「東攻魏將軍孫遫軍東張」正義引括地志：「張陽故城一名東張城。」蓋張城有二，故有東、西之分。

〔二〕此吾在術中而不悟　「吾在」，原作「在吾」，據凌本、殿本乙正。按：通志卷九三列傳六、通鑑卷二周紀二顯王三十六年亦作「吾在」。

〔三〕按徐廣云一作丈二檄　耿本、黄本、彭本、柯本、凌本、殿本無。

〔四〕苴奔巴　華陽國志蜀志「苴」下有「侯」字，疑此脱。

〔五〕蜀王自葭萌禦之　「蜀」字原無。張文虎札記卷五：「『王』上當重『蜀』字。」按：華陽國志蜀志重「蜀」字。今據補。

〔六〕實謂得土地財寶　「得」字原無，據耿本、黄本、彭本、索隱本、柯本、凌本、殿本補。

〔七〕六國年表在惠王二十二年十月也　本書卷一五六國年表秦惠王後九年云「擊蜀，滅之」，無「十月」二字。

〔八〕秦惠王後元年十月　「元年」，會注本作「九年」，疑是。本書卷五秦本紀、卷一五六國年表滅蜀在秦惠王後九年。

〔九〕公子華　本書卷一五六國年表作「公子桑」。

〔一〇〕音下夏　耿本、黄本、彭本、柯本、凌本、殿本作「夏音下」。

〔一一〕禹所都　原作「是蜀所都」，據耿本、黄本、彭本、柯本、凌本、殿本改。

〔一二〕周顯王之三十四年　「三十四年」，本書卷一五六國年表作「四十四年」。

〔一三〕卷衍燕酸棗　「燕」字原無。梁玉繩志疑卷二九：「國策『衍』下有『燕』，正義亦有，故云『燕，滑州胙城縣』。蓋傳寫失之。」按：上文「秦下兵攻河外」正義曰「河外，即卷、衍、燕、酸棗」，今據補。

〔一四〕則從境以東盡城守矣　「境」，疑當作「竟陵」。按：戰國策楚策一作「從竟陵已東盡城守矣」。

〔一五〕待弱國之救　王念孫雜志史記第四：「『待』，當爲『恃』。今作『待』者，涉上文『待諸侯之救』而誤也。上言秦之攻楚急，而諸侯之救楚緩，故曰『楚待諸侯之救，在半歲之外』，此言弱國不可恃，而彊秦不可忽，若改『恃』爲『待』，則非其指矣。楚策正作『恃弱國之救』。」

〔一六〕菽飯　原作「飯菽」。王念孫雜志史記第四：「『飯菽』，當爲『菽飯』。菽飯藿羹，相對爲文。韓策作『豆飯』。豆，亦菽也。姚宏校韓策引春秋後語亦作『菽飯』。」今據改。

〔一七〕將無柰齊何　「何」，原作「實」，據景祐本、紹興本、耿本、黃本、彭本、柯本、凌本、殿本改。按：戰國策齊策一：「雖有百秦，將無奈我何！」

〔一八〕趙兵從貝州度黃河　「黃河」，疑當作「清河」。按：通鑑卷三周紀三赧王四年「渡清河，指博關」，胡三省注引正義作「清河」，與正文合。

〔一九〕奉祀之日新　「祀」，景祐本、紹興本、耿本作「祭祀」，通志卷九三列傳六同。戰國策趙策二作「祠祭」。

〔二〇〕斟謂羹汁　「汁」，原作「勺」，據耿本、黃本、彭本、柯本、凌本、殿本改。按：方言卷三：「斟、協，汁也。北燕、朝鮮洌水之間曰斟，自關而東曰協，關西曰汁。」

〔二一〕故因名羹曰斟　耿本、黃本、彭本、柯本、凌本、殿本無「因」字。

〔二二〕狼戾　原作「很戾」，據景祐本、紹興本、耿本、黃本、彭本、凌本、殿本改。按：廣雅釋詁：「狼戾，恎，愎，鷙，忮，很也。」王念孫廣雅疏證卷三：「狼戾者，說文：『很，盭也。』卷四云：『狼、很，盭也。』盭與戾同。狼與戾一聲之轉。燕策云『趙王狼戾無親』，漢書嚴助傳云『今閩越王狼戾不仁』。」

〔二三〕恒山城　黃本、彭本、柯本、凌本作「恒山之東五城」，疑是。按：戰國策燕策一「獻常山之尾五城」，吳師道曰：「尾，猶末也。恒山之東。」耿本、殿本作「恒山之末五城」，「末」當爲「東」之譌。

〔二四〕年表張儀以安僖王十年卒　「安僖王」，本書卷一五六國年表作「哀王」，疑是。耿本、黄本、彭本、柯本、凌本、殿本作「安王」，蓋「哀王」之形譌。

〔二五〕館莊子　耿本、黄本、彭本、柯本、凌本、殿本此上有「戰國策作」四字。

〔二六〕大國等　黄本、彭本、柯本、凌本、殿本作「六國」。

〔二七〕謂焚揉而牽制也　「謂」，原作「按」，據耿本、黄本、彭本、柯本、凌本、殿本改。

〔二八〕君之國有事　疑文有脱誤。按：傳文犀首曰：「中國無事，秦得燒掇焚杅君之國；有事，秦將輕使重幣事君之國。」

〔二九〕故云衍之所謂　耿本、黄本、彭本、柯本、凌本、殿本「衍」上有「公孫」二字。

史記卷七十一

樗里子甘茂列傳第十一

樗里子者，名疾，秦惠王之弟也，〔一〕與惠王異母。母，韓女也。樗里子滑稽多智，〔二〕秦人號曰「智囊」。

〔一〕索隱按：樗，木名也，音攄。高誘曰「其里有大樗樹，故曰樗里」。然疾居渭南陰鄉之樗里，故號曰樗里子。又按：紀年則謂之「楮里疾」也。

〔二〕索隱滑音骨。稽音雞。鄒誕解云「滑，亂也。稽，同也。謂辨捷之人，言非若是，言是若非，謂能亂同異也」。一云滑稽，酒器，可轉注吐酒不已。以言俳優之人出口成章，詞不窮竭，如滑稽之吐酒不已也。正義滑讀爲淈，水流自出。稽，計也。言其智計宣吐如泉，流出無盡，故楊雄酒賦云「鴟夷滑稽，腹大如壺」是也。顏師古云：「滑稽，轉利之稱也。滑，亂也。稽，礙也。其變無留也〔一〕。」一説稽，考也，言其滑亂不可考較。

秦惠王八年，爵樗里子右更，【一】使將而伐曲沃，【二】盡出其人，【三】取其城，地入秦。秦惠王二十五年，使樗里子爲將伐趙，虜趙將軍莊豹，拔藺。【四】明年，助魏章攻楚，敗楚將屈丐，取漢中地。秦封樗里子，號爲嚴君。【五】

【一】索隱按：右更，秦之第十四爵名也。

【二】正義故城在陝州陝縣西南三十二里也〔二〕。

【三】索隱按：年表云十一年拔魏曲沃，歸其人。又秦本紀惠文王後元八年〔三〕，五國共圍秦，使庶長疾與戰脩魚，斬首八萬。十一年，樗里疾攻魏焦，降之。則焦與曲沃同在十一年拔明矣〔四〕。而傳云八年拔之，不同。王劭按：本紀、年表及此傳，三處記秦伐國並不同，又與紀年不合，今亦殆不可考。

【四】正義藺縣在石州。

【五】索隱按：嚴君是爵邑之號，當是封之嚴道。

秦惠王卒，太子武王立，逐張儀、魏章，而以樗里子、甘茂爲左右丞相。秦使甘茂攻韓，拔宜陽。使樗里子以車百乘入周。周以卒迎之，意甚敬。楚王怒，讓周，以其重秦客。游騰【一】爲周說楚王曰：「知伯之伐仇猶，【二】遺之廣車，【三】因隨之以兵，仇猶遂亡。何則？無備故也。齊桓公伐蔡，號曰誅楚，其實襲蔡。今秦，虎狼之國，使樗里子以車百乘入周，周以仇猶、蔡觀焉，故使長戟居前，彊弩在後，名曰衞疾，【四】而實囚之。且夫周豈能無憂其社稷哉？恐一旦亡國以憂大王。」楚王乃悅。

【一】索隱 游，姓；騰，名也。

【二】集解 許慎曰：「仇猶，夷狄之國〔五〕。」

【三】集解 戰國策曰：「智伯欲伐仇猶，遺之大鍾，載以廣車。」周禮曰：「廣車之萃。」鄭玄曰：「廣車，橫陳之車〔六〕。」 索隱 戰國策云「智伯欲伐仇猶，遺之大鍾，載以廣車」。以「仇猶」爲「厹由」。韓子作「仇由」。地理志臨淮有厹猶縣也。 正義 括地志云：「并州盂縣外城俗名原仇山，亦名仇猶，夷狄之國也。韓子云『智伯欲伐仇猶國，道險難不通，乃鑄大鐘遺之，載以廣車。仇猶大悅，除塗內之。赤章曼支諫曰：「不可，此小所以事大，而今大以遺小，卒必隨，不可。」不聽，遂內之。曼支因斷轂而馳。至十九日而仇猶亡也〔七〕』。」

【四】正義 防衞樗里子。

秦武王卒，昭王立，樗里子又益尊重。

昭王元年，樗里子將伐蒲。【一】蒲守恐，請胡衍。【二】胡衍爲蒲謂樗里子曰：「公之攻蒲，爲秦乎？爲魏乎？爲魏則善矣，爲秦則不爲賴矣。【三】夫衞之所以爲衞者，以蒲也。【四】今伐蒲入於魏，衞必折而從之。【五】魏亡西河之外〔六〕而無以取者，兵弱也。今并衞於魏，魏必彊。魏彊之日，西河之外必危矣。且秦王將觀公之事，害秦而利魏，王必罪公。」樗里子曰：「柰何？」胡衍曰：「公釋蒲勿攻，臣試爲公入言之，以德衞君。」樗里子曰：「善。」胡衍入蒲，謂其守曰：「樗里子知蒲之病矣，其言曰必拔蒲。衍能令釋蒲勿攻。」蒲守恐，因再拜曰：「願以請。」因效金三百斤，曰：「秦兵苟退，請必言子於衞君，使子爲南面。」故胡衍受金於蒲以自貴於衞。於是遂解蒲而去。還擊皮氏，【七】皮氏未降，又去。

【一】索隱按：紀年云「楮里疾圍蒲不克，而秦惠王薨」，事與此合。正義蒲故城在滑州匡城縣北十五里，即子路作宰地。

【二】索隱人姓名也。

【三】集解賴，利也。

【四】正義蒲是衞國之鄣衞。

【五】索隱戰國策云「今蒲入於秦，衞必折而入於魏」，與此文相反。

【六】正義謂同、華等州。

【七】正義故城在絳州龍門縣西百四十步，魏邑。

昭王七年，樗里子卒，葬于渭南章臺之東。【一】曰：「後百歲，是當有天子之宮夾我墓。」樗里子疾室在於昭王廟西渭南陰鄉樗里，故俗謂之樗里子。至漢興，長樂宮在其東，未央宮在其西，〔二〕武庫正直其墓。〔三〕秦人諺曰：「力則任鄙，智則樗里。」

〔一〕索隱 按黄圖，在漢長安故城西。

〔二〕正義 漢長樂宮在長安縣西北十五里，未央在縣西北十四里，皆在長安故城中也。

〔三〕索隱 直如字讀，直猶當也。

甘茂者，下蔡人也。〔一〕事下蔡史舉先生，〔二〕學百家之説〔八〕。因張儀、樗里子而求見秦惠王。王見而説之，使將，而佐魏章略定漢中地。

〔一〕索隱 地理志下蔡縣屬汝南也。正義 今潁州縣，即州來國。

〔二〕索隱 戰國策及韓子皆云史舉，上蔡監門。

惠王卒，武王立。張儀、魏章去，東之魏。蜀侯煇、相壯反，〔一〕秦使甘茂定蜀。還，而以甘茂爲左丞相，以樗里子爲右丞相。

〔一〕索隱 煇，音暉，又音胡昆反，秦之公子，封蜀也。華陽國志作「暉」。壯，音側狀反。姓陳也。

秦武王三年，謂甘茂曰：「寡人欲容車通三川，以窺周室，而寡人死不朽矣。」甘茂曰：「請之魏，約以伐韓，而令向壽〔一〕輔行。」甘茂至，謂向壽曰：「子歸，言之於王曰『魏聽臣矣，然願王勿伐』。事成，盡以爲子功。」向壽歸，以告王，王迎甘茂於息壤。〔二〕甘茂至，王問其故。對曰：「宜陽，大縣也，上黨、南陽積之久矣。〔三〕名曰縣，其實郡也。今王倍數險，〔四〕行千里攻之，難。昔曾參之處費，〔五〕魯人有與曾參同姓名者殺人，人告其母曰『曾參殺人』，其母織自若也。頃之，一人又告之曰『曾參殺人』，其母尚織自若也。頃又一人告之曰『曾參殺人』，其母投杼下機，踰牆而走。夫以曾參之賢與其母信之也，三人疑之，其母懼焉。今臣之賢不若曾參，王之信臣又不如曾參之母信曾參也，疑臣者非特三人，臣恐大王之投杼也。始張儀西并巴蜀之地，北開西河之外，南取上庸，天下不以多張子而以賢先王。魏文侯令樂羊將而攻中山，三年而拔之。樂羊返而論功，文侯示之謗書一篋。樂羊再拜稽首曰：『此非臣之功也，主君之力也。』今臣，羈旅之臣也。樗里子、公孫奭〔六〕二人者挾韓而議之，王必聽之，是王欺魏王而臣受公仲侈〔七〕之怨也。」王曰：「寡人不聽也，請與子盟。」卒使丞相甘茂將兵伐宜陽。五月而不拔，樗里子、公孫奭果爭之。武王召甘茂，欲罷兵。甘茂曰：「息壤在彼。」〔八〕王曰：「有之。」因大悉起兵，使甘茂擊之。斬首六萬，遂拔宜陽。韓襄王使公仲侈入謝，與秦平。

【一】正義 餉受二音，人姓名。

【二】索隱 按：山海經、啓筮云「昔伯鮌竊帝之息壤以堙洪水」，或是此也。正義 秦邑。

【三】索隱 謂上黨、南陽並積貯日久矣。正義 韓之北三郡積貯在河南宜陽縣之日久矣〔九〕。

【四】索隱 數音率腴反。正義 謂函谷及三崤、五谷。

【五】集解 音祕。

【六】索隱 按：戰國策作「公孫衍」。正義 音釋。

【七】集解 徐廣曰：「一作『馮』。」

【八】正義 甘茂歸至息壤，與秦王盟，恐後樗里子、公孫奭伐韓，今二子果爭之。武王召茂欲罷兵，故甘茂云息壤在彼邑也。

武王竟至周，而卒於周。其弟立，爲昭王。【一】王母宣太后，楚女也。楚懷王怨前秦敗楚於丹陽而韓不救，乃以兵圍韓雍氏。【二】韓使公仲侈告急於秦。秦昭王新立，太后楚人，不肯救。公仲因甘茂，茂爲韓言於秦昭王曰：「公仲方有得秦救，故敢扞楚也。今雍氏圍，秦師不下殽，公仲且仰首而不朝〔一〇〕，公叔且以國南合於楚。楚、韓爲一，魏氏不敢不聽，然則伐秦之形成矣。不識坐而待伐孰與伐人之利？」秦王曰：「善。」乃下師於殽以救韓。楚兵去。

【一】索隱按：趙系家昭王名稷。系本云名側也。

【二】索隱按：秦惠王二十六年，楚圍雍氏，至昭王七年，又圍雍氏，韓求救於秦，是再圍也。劉氏云「此是前圍雍氏，當赧王之三年」。戰國策及紀年與此並不同。正義故城在洛州洛陽縣東北二十里。

秦使向壽平宜陽，而使樗里子、甘茂伐魏皮氏。向壽者，宣太后外族也，而與昭王少相長，故任用。向壽如楚，【一】楚聞秦之貴向壽，而厚事向壽。向壽爲秦守宜陽，將以伐韓。韓公仲使蘇代謂向壽曰：「禽困覆車。【二】公破韓，辱公仲，公仲收國復事秦，自以爲必可以封。【三】今公與楚解口地，【四】封小令尹以杜陽。【五】秦楚合，復攻韓，韓必亡。韓亡，公仲且躬率其私徒以閼【六】於秦。【七】願公孰慮之也。」向壽曰：「吾合秦楚非以當韓也，子爲壽謁之公仲，【八】曰秦韓之交可合也。」蘇代對曰：「願有謁於公。【九】人曰貴其所以貴者貴。王之愛習公也，不如公孫奭；其智能公也，不如甘茂。今二人者皆不得親於秦事，而公獨與王主斷於國者何？彼有以失之也。【一〇】公孫奭黨於韓，而甘茂黨於魏，故王不信也。今秦楚爭彊而公黨於楚，是與公孫奭、甘茂同道也，公何以異之？【一一】人皆言楚之善變也，而公必亡之，是自爲責也。【一二】公不如與王謀其變也，善韓以備楚，【一三】如此則無患矣。韓氏必先以國從公孫奭而後委國於甘茂。韓，公之讎也。〔一四〕今公言善韓以備楚，是外舉不辟讎也。」向壽曰：「然，吾甚欲韓合。」對曰：「甘茂許公仲以武遂，〔一五〕反宜陽之民，〔一六〕今公徒收之，甚難。」〔一七〕向壽曰：「然則柰何？武遂終不可得也？」對曰：「公奚不以秦爲韓求潁川於楚？〔一八〕此韓之寄地也。公求而得之，是令行於楚而以其地德韓也。公求而不得，是韓楚之怨不解〔一九〕而交走秦也。〔二〇〕秦楚爭彊，而公徐過楚〔二一〕以收韓，此利於秦。」〔二二〕向壽曰：「柰何？」對曰：「此善事也。甘茂欲以魏取齊，公孫奭欲以韓取齊。今公取宜陽以爲功，收楚韓以安之，而誅齊魏之罪，〔二三〕是以公孫奭、甘茂無事也。」

〔一〕集解徐廣曰：「如，一作『和』。」

〔二〕集解譬禽獸得困急，猶能抵觸傾覆人車。

〔三〕正義公仲自以爲必可得秦封。

〔四〕索隱解口，秦地名，近韓，今將與楚也。　正義上紀買反。公，向壽也。解口猶開口得言。向壽於秦開口，則楚人必得封地也。

〔五〕索隱又封楚之小令尹以杜陽。杜陽亦秦地，今以封楚令尹，是秦楚合也。

〔六〕集解音烏曷反。

【七】正義公仲恐韓亡，欲將私徒往宜陽鬭向壽也。

【八】正義子，蘇代也。向壽恐，令蘇代謁報公仲，云「秦韓交可合」。

【九】正義公，向壽也。言向壽亦黨於楚，與公孫奭、甘茂黨韓、魏同也。

【一〇】索隱彼，公孫奭及甘茂也。有以失之，謂不見委任，情有所失。正義言秦王雖愛習公孫奭、甘茂，秦事不親委者，爲黨韓、魏也。今國事獨與向壽主斷者，不知壽黨於楚以事秦王者，以失之也。

【一一】正義蘇氏云：「向壽與公孫奭、甘茂皆有黨，言無異也。」又一云改異黨楚之意。

【一二】正義楚善變改，不可信。若變改，向壽必亡敗，是自爲責。

【一三】正義令秦親韓而備楚之變改，則向壽無患矣。

【一四】正義韓氏必先委二人，故韓爲向壽之讎。

【一五】集解徐廣曰：「秦昭王元年予韓武遂。」

【一六】正義武遂，宜陽，本韓邑也，秦伐取之。今欲還韓，令其民得反歸居之。

【一七】正義蘇代言甘茂許公仲以武遂，又歸宜陽之民，今向壽徒擬收之，甚難事也。

【一八】正義潁川，許州也。楚侵韓潁川，蘇代令向壽以秦威重爲韓就楚求索潁川，是親向壽。

【一九】集解已買反。

【二〇】索隱韓楚怨不解，二國交走向秦也。

【二】集解徐廣曰：「過，一作『適』。」

【三】正義若二國皆事秦，公則漸説楚之過失以收韓，此利於秦也。

【三】正義言公孫奭、甘茂皆欲以秦挾韓魏而取齊，今向壽取宜陽爲功，收楚韓安以事秦，而責齊魏之罪，是公孫奭、甘茂不得同合韓魏於秦以伐齊也。

甘茂竟言秦昭王，以武遂復歸之韓。【一】向壽、公孫奭爭之，不能得。向壽、公孫奭由此怨，讒甘茂，茂懼，輟伐魏蒲阪，亡去。【二】樗里子與魏講，罷兵。【三】

【一】正義年表云秦昭王元年予韓武遂也。

【二】集解徐廣曰：「昭王元年，擊魏皮氏，未拔，去。」

【三】索隱鄒氏云：「講讀曰媾。媾猶和也。」

甘茂之亡秦奔齊，逢蘇代。代爲齊使於秦。甘茂曰：「臣得罪於秦，懼而遯逃，無所容跡。臣聞貧人女與富人女會績，貧人女曰：『我無以買燭，而子之燭光幸有餘，子可分我餘光，無損子明而得一斯便焉。』今臣困而君方使秦而當路矣。茂之妻子在焉，願君以餘光振之。」蘇代許諾。遂致使於秦。已，因説秦王曰：「甘茂，非常士也。其居於秦，累世重矣。自殽塞【一】及至鬼谷，【二】其地形險易皆明知之。彼以齊約韓魏反以圖秦，非秦之利也。」秦王曰：「然則柰何？」蘇代曰：「王不若重其贄，厚其禄以迎之，使彼來則置之鬼谷，【三】終身勿出。」秦王曰：「善。」即賜之上卿，以相印迎之於齊。甘茂不往。蘇代謂齊湣王曰：「夫甘茂，賢人也。今秦賜之上卿，以相印迎之。甘茂德王之賜，好爲王臣，故辭而不往。今王何以禮之？」齊王曰：「善。」即位之上卿而處之。【四】秦因復甘茂之家【五】以市於齊。

【一】正義三殽在洛州永寧縣西北。

【二】集解徐廣曰：「在陽城。」

【三】索隱案：徐廣云在陽城。劉氏云此鬼谷在關内雲陽，是矣。正義劉伯莊云：「此鬼谷，關内雲陽，非陽城者也。」案：陽城鬼谷時屬韓，秦不得言置之。

【四】索隱案：處猶留也。

【五】正義復音福。

齊使甘茂於楚，楚懷王新與秦合婚而驩。【一】而秦聞甘茂在楚，使人謂楚王曰：「願送甘茂於秦。」楚王問於范蜎【二】曰：「寡人欲置相於秦，孰可？」對曰：「臣不足以識之。」楚王曰：「寡人欲相甘茂，可乎？」對曰：「不可。夫史舉，下蔡之監門也，大不爲事君，小不爲家室，以苟賤不廉聞於世，甘茂事之順焉。故惠王之明，武王之察，張儀之辯，而甘茂事之，取十官而無罪。茂誠賢者也，然不可相於秦。夫秦之有賢相，非楚國之利也。且王前嘗用召滑於越，【三】而內行章義之難，【四】越國亂，故楚南塞厲門【五】而郡江東。【六】計王之功所以能如此者，越國亂而楚治也。今王知用諸越而忘用諸秦，臣以王爲鉅過矣。然則王若欲置相於秦，則莫若向壽者可。夫向壽之於秦王，親也，少與之同衣，長與之同車，以聽事。王必相向壽於秦，則楚國之利也。」於是使使請秦相向壽於秦。秦卒相向壽。而甘茂竟不得復入秦，卒於魏。

【一】集解徐廣曰：「昭王二年時迎婦於楚。」

【二】集解徐廣曰：「一作『蠉』。」索隱音休緣反，又休軟反。注「一作蠉」〔一〕，休緣反。戰國策云作「蝝」也。正義許緣反。

【三】集解徐廣曰：「滑，一作『涓』。」

【四】集解徐廣曰：「一云『內句章，昧之難』。」索隱謂召滑內心猜詐，外則佯章恩義，而卒包藏禍心，搆難於楚也。注「一云內句章昧之難」。案：戰國策云「納句章，昧之難〔二〕」。

【五】集解徐廣曰：「一作『瀨湖』。」正義劉伯莊云：「厲門，度嶺南之要路。」

【六】正義吴越之城皆爲楚之都邑。

甘茂有孫曰甘羅。

甘羅者，甘茂孫也。茂既死後，甘羅年十二，事秦相文信侯呂不韋。【一】

【一】索隱 戰國策云甘羅事呂不韋爲庶子。

秦始皇帝使剛成君蔡澤於燕，三年而燕王喜使太子丹入質於秦。秦使張唐往相燕，欲與燕共伐趙以廣河閒之地。張唐謂文信侯曰：「臣嘗爲秦昭王伐趙，趙怨臣，曰：『得唐者與百里之地。』今之燕必經趙，臣不可以行。」文信侯不快，未有以彊也。甘羅曰：「君侯何不快之甚也？」文信侯曰：「吾令剛成君蔡澤事燕三年，燕太子丹已入質矣，吾自請張卿【一】相燕而不肯行。」甘羅曰：「臣請行之。」文信侯叱曰：「去！我身自請之而不肯，女焉能行之？」【二】甘羅曰：「大項橐【三】生七歲爲孔子師【三】。今臣生十二歲於茲矣，君其試臣，何遽叱乎？」於是甘羅見張卿曰：「卿之功孰與武安君？」卿曰：「武安君南挫彊楚，北威燕、趙，戰勝攻取，破城墮邑，不知其數，臣之功不如也。」甘羅曰：「應侯【四】之用於秦也，孰與文信侯專？」張卿曰：「應侯不如文信侯專。」甘羅曰：「卿明知其不如文信侯專與？」曰：「知之。」甘羅曰：「應侯欲攻趙，武安君難之，去咸陽七里而立死於杜郵。今文信侯自請卿相燕而不肯行，臣不知卿所死處矣。」張唐曰：「請因孺子行。」令裝治行。

【一】索隱 即張唐也。卿，字也。

【二】正義女音汝。焉，乙連反。

【三】索隱音託。尊其道德，故云「大項槖」。

【四】索隱范雎。

行有日，甘羅謂文信侯曰：「借臣車五乘，請爲張唐先報趙。」文信侯乃入言之於始皇曰：「昔甘茂之孫甘羅，年少耳，然名家之子孫，諸侯皆聞之。今者張唐欲稱疾不肯行，甘羅說而行之。今願先報趙，請許遣之。」始皇召見，使甘羅於趙。趙襄王郊迎甘羅。甘羅說趙王曰：「王聞燕太子丹入質秦歟？」曰：「聞之。」曰：「聞張唐相燕歟？」曰：「聞之。」「燕太子丹入秦者，燕不欺秦也。張唐相燕者，秦不欺燕也。燕、秦不相欺者，伐趙，危矣。燕、秦不相欺，無異故，欲攻趙而廣河閒。王不如齎臣五城【一】以廣河閒，請歸燕太子，與彊趙攻弱燕。」趙王立自割五城以廣河閒。秦歸燕太子。趙攻燕，得上谷三十城，【二】令秦有十一。【三】

【一】索隱齎音側奚反，一音賫。並謂割五城與臣也。

【二】索隱戰國策云得三十六縣。正義上谷，今嬀州也，在幽州西北。

【三】索隱謂以十一城與秦也。

甘羅還報秦，乃封甘羅以爲上卿，復以始甘茂田宅賜之。

太史公曰：樗里子以骨肉重，固其理，而秦人稱其智，故頗采焉。甘茂起下蔡閭閻，顯名諸侯，重彊齊楚。〔一〕甘羅年少，然出一奇計，聲稱後世。雖非篤行之君子，然亦戰國之策士也。方秦之彊時，天下尤趨謀詐哉。

〔一〕集解徐廣曰：「恐或疑此當云『見重彊齊』，誤脱一字。」正義甘茂爲彊齊楚所重。

【索隱述贊】嚴君名疾，厥號「智囊」。既親且重，稱兵外攘。甘茂並相，初佐魏章。始推向壽，乃攻宜陽。甘羅妙歲，卒起張唐。

校勘記

〔一〕其變無留也　漢書卷五八公孫弘卜式兒寬傳「滑稽則東方朔、枚皋」顔師古注作「言其變亂無留礙也」。

〔三〕陝州陝縣　下「陝」字原無。本書卷四一越王句踐世家「北圍曲沃」、卷四四魏世家「圍我焦、曲沃」正義引括地志皆云曲沃故城在陝縣西，今據補。

〔三〕惠文王後元八年　「八年」，疑當作「七年」。按：本書卷五秦本紀：「（後元）七年，樂池相秦。韓、趙、魏、燕、齊帥匈奴共攻秦。」卷一五六國年表秦惠王七年「五國共擊秦，不勝而還」，八年「與韓、趙戰，斬首八萬」。

〔四〕同在十一年拔明矣　「拔」字原無，據耿本、黄本、彭本、柯本、凌本、殿本補。

〔五〕此條集解原在「遺之廣車」之下，據景祐本、紹興本、耿本、黄本、彭本、柯本、凌本、殿本移。

〔六〕此條集解原誤作正義，在「遺之廣車」正義「仇猶亡也」下，據景祐本、紹興本、耿本、黄本、彭本、柯本、凌本、殿本移。參見下條。

〔七〕至十九日而仇猶亡也　原本此下正義尚有「戰國策曰智伯欲伐仇猶遺之大鍾載以廣車周禮曰廣車之萃鄭玄曰廣車横陳之車」三十四字，據黄本、彭本、柯本、凌本、殿本删。又，「至十九日」，韓非子説林下作「至於齊七月」，疑此有脱誤。

〔八〕學百家之説　「説」，原作「術」，據景祐本、紹興本、耿本、黄本、彭本、柯本、凌本、殿本改。

〔九〕三郡　據水澤利忠校補，南化、楓、三本作「二郡」，疑是。按：戰國策秦策二「上黨、南陽積之久矣」鮑彪曰：「二縣財賦歸之。」

〔一〇〕公仲且仰首而不朝　「仰首」，戰國策韓策二作「抑首」。

〔一一〕注一作　此三字原無，據索隱本補。

〔一二〕戰國策云納句章昧之難　「句章」，原作「章句」，「昧」字原無，據耿本、黄本、彭本、柯本、凌本、殿本補正。按：戰國策楚策一：「且王嘗用滑於越而納句章，昧之難，越亂，故楚南察瀨胡而野江東。」

〔三〕大項橐　「大」，景祐本、紹興本、耿本、黄本、彭本、柯本、凌本、殿本作「夫」，戰國策秦策五同，疑是。

史記卷七十二

穰侯列傳第十二

穰侯魏冄者，秦昭王母宣太后弟也。〔一〕其先楚人，姓芈氏。〔二〕

〔一〕索隱宣太后之異父長弟也，姓魏，名冄，封之穰。地理志穰縣在南陽。宣太后者，惠王之妃，姓芈氏，曰芈八子者是也。

〔二〕正義芈，亡爾反。

秦武王卒，無子，立其弟，爲昭王。昭王母故號爲芈八子，及昭王即位，芈八子號爲宣太后。宣太后非武王母。武王母號曰惠文后，先武王死。〔一〕宣太后二弟：其異父長弟曰穰侯，姓魏氏，名冄；同父弟曰芈戎，爲華陽君。〔二〕而昭王同母弟曰高陵君、〔三〕涇陽君。〔四〕而魏冄最賢，自惠王、武王時任職用事。武王卒，諸弟爭立，唯魏冄力爲能立昭王。昭王即位，以冄爲將軍，衞咸陽。誅季君之亂，〔五〕而逐武王后出之魏，昭王諸兄弟不善者皆滅之，威振秦國。昭王少，宣太后自治，任魏冄爲政。

【一】索隱秦本紀云：「昭王二年，庶長壯與大臣公子爲逆【一】，皆誅，及惠文后皆不得良死。」又按：紀年云「秦内亂，殺其太后及公子雍、公子壯」是也。

【二】索隱華陽，韓地，後屬秦。芈戎後又號新城君。正義司馬彪云：「華陽，亭名，在洛州密縣。」又故華城在鄭州管城縣南三十里【二】，即此。

【三】索隱名顯。

【四】索隱名悝。

【五】集解徐廣曰：「年表曰『季君爲亂，誅』。本紀曰『庶長壯與大臣公子謀反，伏誅』。」索隱按：季君即公子壯，僭立而號曰季君。穰侯力能立昭王，爲將軍，衞咸陽，誅季君及惠文后，故本紀言「伏誅」。又云「及惠文后皆不得良死」，蓋謂惠文后時黨公子壯，欲立之，及壯誅而太后憂死，故云「不得良死」，亦史諱之也。又逐武王后出之魏，亦事勢然也。

昭王七年，樗里子死，而使涇陽君質於齊。趙人樓緩來相秦，趙不利，乃使仇液【一】之秦，請以魏冄爲秦相。仇液將行，其客宋公【二】謂液曰：「秦不聽公，樓緩必怨公。公不若謂樓緩曰『請爲公毋急秦』。秦王見趙請相魏冄之不急，且不聽公。公言而事不成，以德樓子；事成，魏冄故德公矣。」於是仇液從之。而秦果免樓緩而魏冄相秦。

【一】索隱 戰國策作「仇郝」，蓋是一人而記別也。 正義 音亦。姓名。

【二】索隱 戰國策作「宋交」。

欲誅呂禮，禮出奔齊。昭王十四年，魏冄舉白起，使代向壽將而攻韓、魏，敗之伊闕，斬首二十四萬，虜魏將公孫喜。明年，又取楚之宛、葉。魏冄謝病免相，以客卿壽燭爲相。其明年，燭免，復相冄，乃封魏冄於穰，復益封陶，【一】號曰穰侯。

【一】集解 徐廣曰：「一作『陰』。」 索隱 陶即定陶也。徐廣云作「陰」，「陶」「陰」字本易惑也。

王劭按：定陶見有魏冄冢，作「陰」，誤也。

穰侯封四歲，爲秦將攻魏。魏獻河東方四百里。拔魏之河内，取城大小六十餘。昭王十九年，秦稱西帝，齊稱東帝。月餘，呂禮來，而齊、秦各復歸帝爲王。魏冄復相秦，六歲而免。免二歲，復相秦。四歲，而使白起拔楚之郢，秦置南郡。乃封白起爲武安君。白起者，穰侯之所任舉也，相善。於是穰侯之富，富於王室。

昭王三十二年，穰侯爲相國，將兵攻魏，走芒卯，【一】入北宅，【二】遂圍大梁。梁大夫須賈說穰侯曰：「臣聞魏之長吏謂魏王曰：『昔梁惠王伐趙，戰勝三梁，【三】拔邯鄲；趙氏不割，而邯鄲復歸。齊人攻衞，拔故國，殺子良；〔四〕衞人不割，而故地復反。衞、趙之所以國全兵勁而地不并於諸侯者，以其能忍難而重出地也。宋、中山數伐割地，而國隨以亡。臣以爲衞、趙可法，而宋、中山可爲戒也。秦，貪戾之國也，而毋親。蠶食魏氏，又盡晉國，〔五〕戰勝暴子，〔六〕割八縣，地未畢入，兵復出矣。夫秦何厭之有哉！今又走芒卯，入北宅，此非敢攻梁也，且劫王以求多割地。王必勿聽也。今王背楚、趙而講秦，〔七〕楚、趙怒而去王，與王爭事秦，秦必受之。秦挾楚、趙之兵以復攻梁，則國求無亡，不可得也。願王之必無講也。王若欲講，少割而有質；不然，必見欺。』〔八〕此臣之所聞於魏也，〔九〕願君之以是慮事也〔三〕。周書曰『惟命不于常』，此言幸之不可數也。夫戰勝暴子，割八縣，此非兵力之精也，又非計之工也，天幸爲多矣。今又走芒卯，入北宅，以攻大梁，是以天幸自爲常也，智者不然。臣聞魏氏悉其百縣勝甲以上戍大梁，臣以爲不下三十萬。以三十萬之衆守梁七仞之城，〔一〇〕臣以爲湯、武復生，不易攻也。夫輕背楚、趙之兵，陵七仞之城，戰三十萬之衆，而志必舉之，臣以爲自天地始分以至于今，未嘗有者也。攻而不拔，秦兵必罷，陶邑必亡，〔一一〕則前功必弃矣。今魏氏方疑，可以少割收也。〔一二〕願君逮楚、趙之兵未至於梁，亟以少割收魏。魏方疑而得以少割爲利〔四〕，必欲之，則君得所欲矣。楚、趙怒於魏之先己也，必爭事秦，從以此散，〔一三〕而君後擇焉。且君之得地豈必以兵哉！割晉國，秦兵不攻，而魏必效絳、安邑。又爲陶開兩道，[一四]幾盡故宋，[一五]衞必效單父。秦兵可全，[五]而君制之，何索而不得，何爲而不成！願君熟慮之而無行危。」[一六]穰侯曰：「善。」乃罷梁圍。[一七]

【一】集解上莫卬反。下陌飽反。

【二】集解徐廣曰：「魏惠王五年，與韓會宅陽。」正義竹書云：「宅陽，一名北宅。」括地志云：「宅陽故城在鄭州滎陽縣西南十七里。」

【三】集解徐廣曰：「田完世家云魏伐趙，趙不利，戰於南梁。」

【四】索隱衞之故國，蓋楚丘也。下文「故地」，亦同謂楚丘也。索隱三梁即南梁也。戰國策「衞」字皆作「燕」，「子良」作「子之」，恐非也。

【五】索隱河東、河西、河内並是魏地，即故晉國。今言秦蠶食魏氏，盡晉國之地也。

【六】集解徐廣曰：「韓將暴鳶。」

【七】索隱講，和也。

【八】索隱謂與秦欲講，少割地而求秦質子；恐不然必被秦欺也。

【九】索隱須賈説穰侯，言魏人謂梁王若少割地而求秦質，必是欺我，即聞魏見欺於秦也。

【一〇】集解爾雅曰：「四尺謂之仞，倍仞謂之尋。」[六]

【一一】索隱陶，一作「魏」。言秦前攻得魏之城邑，秦罷則亡而還於魏也。正義定陶近大梁，穰侯攻梁兵疲，定陶必爲魏伐。

【一二】索隱賈引魏人之説不許王講于秦，是言魏氏方疑，可以少割地而收魏也。

【一三】索隱楚、趙怒魏之與秦講，皆爭事秦，是東方從國於是解散也，故云「從以此散」。正義從，足松反。

【一四】索隱穰侯封陶，魏效絳與安邑，是得河東地。言從秦適陶，開河西、河東之兩道。正義穰故封定陶，故宋及單父是陶之南道也，魏之安邑及絳是陶北道。

【一五】索隱上音祈。此時宋已滅，是秦將盡得宋地也。

【一六】索隱言莫行圍梁之危事。

【一七】正義表云魏安釐王二年，秦軍大梁城，韓來救，與秦温以和也。

明年，魏背秦，與齊從親。秦使穰侯伐魏，斬首四萬，走魏將暴鳶，得魏三縣。穰侯益封。

明年，穰侯與白起、客卿胡陽復攻趙、韓、魏，破芒卯於華陽下，斬首十萬〔七〕，取魏之卷、〔一〕蔡陽、長社，趙氏觀津。且與趙觀津，益趙以兵，伐齊。〔二〕齊襄王懼，使蘇代爲齊陰遺穰侯書曰：「臣聞往來者言曰『秦將益趙甲四萬以伐齊』，臣竊必之〔三〕敝邑之王曰〔四〕『秦王明而熟於計，穰侯智而習於事，必不益趙甲四萬以伐齊』。是何也？夫三晉之相與也，秦之深讎也。百相背也，百相欺也，不爲不信，不爲無行。今破齊以肥趙。趙，秦之深讎，不利於秦。此一也。秦之謀者，必曰『破齊，弊晉、楚，【五】而後制晉、楚之勝』。夫齊，罷國也，以天下攻齊，如以千鈞之弩決潰癰也，必死，安能弊晉、楚？此二也。秦少出兵，則晉、楚不信也；多出兵，則晉、楚爲制於秦。齊恐，不走秦，必走晉、楚。此三也。秦割齊以啖晉、楚，晉、楚案之以兵，秦反受敵。此四也。是晉、楚以秦謀齊，以齊謀秦也，何晉、楚之智而秦、齊之愚？此五也。故得安邑以善事之，亦必無患矣。秦有安邑，韓氏必無上黨矣。取天下之腸胃，與出兵而懼其不反也，孰利？臣故曰秦王明而熟於計，穰侯智而習於事，必不益趙甲四萬以伐齊矣。」於是穰侯不行，引兵而歸。

【一】集解 丘權反。

【二】索隱 既得觀津，仍令趙伐齊，而秦又以兵益助趙也。

【三】索隱 告齊王，言秦必定不益兵以助趙。 正義 臣，蘇代也。必知秦與趙甲四萬以伐齊。

【四】正義 謂齊王也。

【五】正義 今晉、楚伐齊，晉、楚之國亦弊敗。

昭王三十六年，相國穰侯言客卿竈，欲伐齊取剛、壽，【一】以廣其陶邑。於是魏人范睢自謂張禄先生，譏穰侯之伐齊，乃越三晉以攻齊也，以此時奸說秦昭王。昭王於是用范睢。范睢言宣太后專制，穰侯擅權於諸侯，涇陽君、高陵君之屬太侈，富於王室。於是秦昭王悟，乃免相國，令涇陽之屬皆出關，就封邑。穰侯出關，輜車千乘有餘。

【一】集解徐廣曰：「濟北有剛縣。」正義故剛城在兗州龔丘縣界。壽張，鄆州縣也。

穰侯卒於陶，而因葬焉。秦復收陶爲郡。

太史公曰：穰侯，昭王親舅也。而秦所以東益地，弱諸侯，嘗稱帝於天下，天下皆西鄉稽首者，穰侯之功也。及其貴極富溢，一夫開說，身折勢奪而以憂死，況於羈旅之臣乎？

【索隱述贊】穰侯智識，應變無方。内倚太后，外輔昭王。四登相位，再列封疆。摧齊撓楚，破魏圍梁。一夫開說，憂憤而亡。

校勘記

〔一〕庶長壯與大臣公子爲逆　本書卷五秦本紀「公子」上有「諸侯」二字。

〔二〕管城縣南三十里　「三十里」，本書卷四五韓世家「魏攻我華陽」正義作「四十里」，卷四周本紀「秦破華陽約」、卷四三趙世家「秦將白起破我華陽」正義引括地志同。

〔三〕願君之以是慮事也　「君」下原有「王」字。張文虎札記卷五：「『君』指穰侯，下文屢稱『君』可證，『王』字衍。」按：戰國策魏策三、戰國縱橫家書須賈說穰侯章皆無「王」字。今據刪。

〔四〕魏方疑而得以少割爲利　「利」，戰國策魏策三、戰國縱橫家書須賈說穰侯章作「和」。

〔五〕秦兵可全　「可全」，戰國縱橫家書須賈說穰侯章作「苟全」，裘錫圭讀戰國縱橫家書釋文注釋札記：「（可全）當從帛書作『苟全』。『苟』、『句』古通。史記『可』字應是『句』的形近誤字。」

〔六〕爾雅曰四尺謂之仞倍仞謂之尋　張文虎札記卷五：「所引文見小爾雅。」

〔七〕斬首十萬　「十萬」，疑當作「十五萬」。按：本書卷五秦本紀、卷一五六國年表秦昭王三十四年皆云「斬首十五萬」，卷七三白起王翦列傳：「昭王三十四年，白起攻魏，拔華陽，走芒卯，而虜三晉將，斬首十三萬。與趙將賈偃戰，沈其卒二萬人於河中。」

史記卷七十三

白起王翦列傳第十三

白起者，郿人也。〔一〕善用兵，事秦昭王。昭王十三年，而白起爲左庶長，將而擊韓之新城。〔二〕是歲，穰侯相秦，舉任鄙以爲漢中守。其明年，白起爲左更，攻韓、魏於伊闕，〔三〕斬首二十四萬，又虜其將公孫喜，拔五城。起遷爲國尉。〔四〕涉河取韓安邑以東，到乾河。〔五〕明年，白起爲大良造。攻魏，拔之，取城小大六十一。明年，起與客卿錯攻垣城，〔六〕拔之。後五年，白起攻趙，拔光狼城。〔七〕後七年，白起攻楚，拔鄢、鄧五城。〔八〕其明年，攻楚，拔郢，燒夷陵，〔九〕遂東至竟陵。〔一〇〕楚王亡去郢，東走徙陳。秦以郢爲南郡。白起遷爲武安君。武安君因取楚，定巫、黔中郡。昭王三十四年，白起攻魏，拔華陽，走芒卯，而虜三晉將，斬首十三萬〔一一〕。與趙將賈偃戰，沈其卒二萬人於河中。昭王四十三年，白起攻韓陘城，〔一二〕拔五城，斬首五萬。四十四年，白起攻南陽太行道，絶之。〔一三〕

【一】正義郿音眉，岐州縣。

【二】索隱在河南也。　正義今洛州伊闕。

【三】正義今洛州南十九里伊闕山，號曰龍門是也。

【四】正義言太尉。

【五】集解徐廣曰：「音干。」駰案：郭璞曰〔二〕：「今河東聞喜縣東北有乾河口，因名乾河里，但有故溝處，無復水也。」　索隱魏以安邑入秦，然安邑以東至乾河皆韓故地，故云取韓安邑。

【六】集解徐廣曰：「河東垣縣。」

【七】索隱地理志不載光狼城，蓋屬趙國。　正義光狼故城在澤州高平縣西二十五里也〔三〕。

【八】集解徐廣曰：「昭王二十八年。」　正義鄢鄧二邑在襄州。

【九】正義夷陵，今峽州郭下縣。

【一〇】正義故城在郢州長壽縣南百五十里，今復州亦是其地也。

【一一】正義陘庭故城在曲沃縣西北二十里，在絳州東北三十五里也。

【一二】集解徐廣曰：「此南陽，河内脩武是也。」　正義案：南陽屬韓，秦攻之，則韓太行羊腸道絶矣。

四十五年，伐韓之野王。【一】野王降秦，上黨道絶。其守馮亭與民謀曰：「鄭道已絶，【二】韓必不可得爲民。秦兵日進，韓不能應，不如以上黨歸趙。趙若受我，秦怒，必攻趙。趙被兵，必親韓。韓趙爲一，則可以當秦。」因使人報趙。趙孝成王與平陽君、【三】平原君計之。平陽君曰：「不如勿受。受之，禍大於所得。」平原君曰：「無故得一郡，受之便。」趙受之，因封馮亭爲華陽君。【四】

【一】索隱 地理志野王縣屬河内，在太行東南。孟康曰「古邢國也〔四〕」。

【二】集解 徐廣曰：「河南新鄭，韓之國都是也。」 索隱 鄭國即韓之都，在河南。秦伐野王，是上黨歸韓之道絶也。

【三】索隱 平陽君未詳何人。

【四】正義 常山一名華陽，解在趙世家。

四十六年，秦攻韓緱氏、藺，【一】拔之。

【一】集解 徐廣曰：「屬潁川。」 索隱 今其地闕。西河别有藺縣也。 正義 按：檢諸地記，潁川無藺。括地志云：「洛州嵩縣本夏之綸國也〔五〕，在緱氏東南六十里。」地理志云：綸氏屬潁川郡。按：既攻緱氏、藺，二邑合相近，恐「綸」「藺」聲相似，字隨音而轉作「藺」。

四十七年，秦使左庶長王齕【一】攻韓，取上黨。上黨民走趙。趙軍長平，【二】以按據上黨民。【三】四月，齕因攻趙。趙使廉頗將。趙軍士卒犯秦斥兵，【四】秦斥兵斬趙裨將茄。【五】

六月，陷趙軍，取二鄣四尉。【六】七月，趙軍築壘壁而守之。秦又攻其壘，取二尉，敗其陣，【七】奪西壘壁。【八】廉頗堅壁以待秦，秦數挑戰，【九】趙兵不出。趙王數以爲讓。而秦相應侯又使人行千金於趙爲反間，【一〇】曰：「秦之所惡，獨畏馬服子趙括將耳，廉頗易與，且降矣。」趙王既怒廉頗軍多失亡，軍數敗，又反堅壁不敢戰，而又聞秦反間之言，因使趙括代廉頗將以擊秦。秦聞馬服子將，乃陰使武安君白起爲上將軍，而王齕爲尉裨將，令軍中有敢泄武安君將者斬。趙括至，則出兵擊秦軍。秦軍詳敗而走，【一一】張二奇兵以劫之。趙軍逐勝，追造秦壁。【一二】壁堅拒不得入，而秦奇兵二萬五千人絶趙軍後，又一軍五千騎絶趙壁閒，趙軍分而爲二，糧道絶。而秦出輕兵擊之。趙戰不利，因築壁堅守，【一三】以待救至。秦王聞趙食道絶，王自之河内，【一四】賜民爵各一級，發年十五以上悉詣長平，【一五】遮絶趙救及糧食。

【一】集解音紇。

【二】集解徐廣曰：「在泫氏。」　索隱地理志泫氏今在上黨郡也。　正義長平故城在澤州高平縣西二十一里也。

【三】索隱謂屯兵長平，以據援上黨。

【四】索隱謂犯秦之斥候兵也。

【五】索隱音加，裨將名也。

【六】索隱鄣，堡城。尉，官也。正義括地志云：「趙鄣故城一名都尉城，今名趙東城，在澤州高平縣西二十五里。又有故穀城。此二城即二鄣也。」

【七】集解徐廣曰：「一作『乘』。」

【八】正義趙西壘在澤州高平縣北六里是也。即廉頗堅壁以待秦，王齕奪趙西壘壁者。

【九】正義數音朔。挑，田鳥反。

【一〇】正義紀莧反。

【一一】正義詳音羊。

【一二】正義秦壁一名秦壘，今亦名秦長壘。

【一三】正義趙壁今名趙東壘，亦名趙東長壘，在澤州高平縣北五里，即趙括築壁敗處。

【一四】正義時已屬秦，故發其兵。

【一五】索隱時已屬秦，故發其兵。

至九月，趙卒不得食四十六日，皆内陰相殺食。來攻秦壘，欲出。爲四隊，四五復之，不能出。其將軍趙括出鋭卒自搏戰，秦軍射殺趙括。括軍敗，卒四十萬人降武安君。武安君計曰：「前秦已拔上黨，上黨民不樂爲秦而歸趙。趙卒反覆，非盡殺之，恐爲亂。」乃挾詐而盡阬殺之，遺其小者二百四十人歸趙。前後斬首虜四十五萬人。趙人大震。

四十八年十月，秦復定上黨郡。【一】秦分軍爲二：王齕攻皮牢，【二】拔之；司馬梗定太原。【三】韓、趙恐，使蘇代厚幣説秦相應侯曰：「武安君禽馬服子乎？」曰：「然。」又曰：「即圍邯鄲乎？」曰：「然。」「趙亡則秦王王矣，武安君爲三公。武安君所爲秦戰勝攻取者七十餘城，南定鄢、郢、漢中，【四】北禽趙括之軍，雖周、召、呂望之功不益於此矣。今趙亡，秦王王，則武安君必爲三公，君能爲之下乎？雖無欲爲之下，固不得已矣。秦嘗攻韓，圍邢丘，〔六〕【五】困上黨，上黨之民皆反爲趙，天下不樂爲秦民之日久矣。今亡趙，北地入燕，東地入齊，南地入韓、魏，則君之所得民亡幾何人。【六】故不如因而割之，【七】無以爲武安君功也。」於是應侯言於秦王曰：「秦兵勞，請許韓、趙之割地以和，且休士卒。」王聽之，割韓垣雍、【八】趙六城以和。正月，皆罷兵。武安君聞之，由是與應侯有隙。

【一】索隱 秦前攻趙已破上黨，今迴兵復定其郡，其餘城猶屬趙也。

【二】正義 故城在絳州龍門縣西一里。

【三】正義 太原，趙地，秦定取也。

【四】正義 鄢在襄州率道縣南九里。郢在荆州江陵縣東六里〔七〕。漢中，今梁州之地。

【五】集解 徐廣曰：「平皋有邢丘。」正義 邢丘，今懷州武德縣東南二十里平皋縣城是也。

【六】集解徐廣曰：「亡音無也。」

【七】正義因白起之攻，割取韓、趙之地。

【八】集解徐廣曰：「卷縣有垣雍城。」正義釋地名云：「卷縣所理垣雍城。」按：今在鄭州原武縣西北七里也。

其九月，秦復發兵，使五大夫王陵攻趙邯鄲。是時武安君病，不任行。【一】四十九年正月，陵攻邯鄲，少利，秦益發兵佐陵。陵兵亡五校。武安君病愈，秦王欲使武安君代陵將。武安君言曰：「邯鄲實未易攻也。且諸侯救日至，彼諸侯怨秦之日久矣。今秦雖破長平軍，而秦卒死者過半，國内空。遠絶河山而爭人國都，趙應其内，諸侯攻其外，破秦軍必矣。不可。」秦王自命，不行，乃使應侯請之，武安君終辭不肯行，遂稱病。

【一】正義任，入針反，堪也。

秦王使王齕代陵將，八九月圍邯鄲，不能拔。楚使春申君及魏公子將兵數十萬攻秦軍，秦軍多失亡。武安君言曰：「秦不聽臣計，今如何矣！」秦王聞之，怒，彊起武安君，【一】武安君遂稱病篤。應侯請之，不起。於是免武安君爲士伍，遷之陰密。【二】武安君病，未能行。居三月，諸侯攻秦軍急，秦軍數卻，使者日至。秦王乃使人遣白起，不得留咸陽中。

武安君既行，出咸陽西門十里，至杜郵。【三】秦昭王與應侯羣臣議曰：「白起之遷，其意尚怏怏不服，有餘言。」秦王乃使使者賜之劍自裁。武安君引劍將自剄，曰：「我何罪于天而至此哉？」良久，曰：「我固當死。長平之戰，趙卒降者數十萬人，我詐而盡阬之，是足以死。」遂自殺。武安君之死也，以秦昭王五十年十一月。死而非其罪，秦人憐之，鄉邑皆祭祀焉。【四】

【一】正義彊，其兩反。

【二】集解徐廣曰：「屬安定。」正義故城在涇州鶉觚縣城西，即古陰密國〔八〕，密康公國也。

【三】索隱按：故咸陽城在渭北。杜郵，今在咸陽城中。正義說文云「郵，境上行舍〔九〕」，道路所經過。今咸陽縣城，本秦之郵也〔一〇〕，在雍州西北三十五里。

【四】集解何晏曰：「白起之降趙卒，詐而阬其四十萬，豈徒酷暴之謂乎！後亦難以重得志矣。向使衆人皆豫知降之必死，則張虛捲猶可畏也，況於四十萬被堅執銳哉！天下見降秦之將頭顱似山，歸秦之衆骸積成丘，則後日之戰，死當死耳，何衆肯服，何城肯下乎？是爲雖能裁四十萬之命而適足以彊天下之戰，欲以要一朝之功而乃更堅諸侯之守，故兵進而自伐其勢，軍勝而還喪其計。何者？設使趙衆復合，馬服更生，則後日之戰必非前日之對也，況今皆使天下爲後日乎！其所以終不敢復加兵於邯鄲者，非但憂平原君之補袒，患諸侯之捄至也，徒諱之而不言耳。若不悟而不諱，則毋所以遠智也，可謂善戰而拙勝。長平之事，秦民之十五以上者皆荷戟而向趙矣，秦王又親自賜民爵於河內。夫以秦之彊，而十五以上死傷過半者，此爲破趙之功小，傷秦之敗大，又何以稱奇哉！若後之役戍不豫其論者，則秦衆多矣，降者可致也；必不可致者，本自當戰殺，不當受降詐也。戰殺雖難，降殺雖易，然降殺之爲害，禍大於劇戰也。」【索隱】捲音拳。袒音濁莧反，字亦作「綻」。捄音救。

王翦者，頻陽東鄉人也。【一】少而好兵，事秦始皇。始皇十一年，翦將攻趙閼與，【二】破之，拔九城。十八年，翦將攻趙。歲餘，遂拔趙，趙王降，盡定趙地爲郡。明年，燕使荆軻爲賊於秦，秦王使王翦攻燕。燕王喜走遼東，翦遂定燕薊而還。【三】秦使翦子王賁擊荆，【四】荆兵敗。還擊魏，魏王降，遂定魏地。

【一】【索隱】地理志頻陽縣屬左馮翊，應劭曰「在頻水之陽也」。【正義】故城在雍州東同官縣界也。

【二】【正義】音預。

【三】【正義】薊音計。

【四】【集解】徐廣曰：「秦諱『楚』，故云荆也。」【索隱】賁音奔。

秦始皇既滅三晉，走燕王，而數破荊師。秦將李信者，年少壯勇，嘗以兵數千逐燕太子丹至於衍水中，卒破得丹，始皇以爲賢勇。於是始皇問李信：「吾欲攻取荊，於將軍度用幾何人而足？」李信曰：「不過用二十萬人。」始皇問王翦，王翦曰：「非六十萬人不可。」始皇曰：「王將軍老矣，何怯也！李將軍果勢壯勇〔一〕，【一】其言是也。」遂使李信及蒙恬將二十萬南伐荊。王翦言不用，因謝病，歸老於頻陽。李信攻平與，【二】蒙恬攻寢，【三】大破荊軍。信又攻鄢、郢，破之，於是引兵而西，與蒙恬會城父。【四】荊人因隨之，三日三夜不頓舍，大破李信軍，入兩壁，殺七都尉，秦軍走。

【一】集解徐廣曰：「勢，一作『斷』〔二〕。」

【二】集解音余。正義在預東北五十四里。

【三】集解徐廣曰：「今固始寢丘。」索隱徐廣云固始寢丘。固始，縣，屬淮陽。寢丘，地名也。

【四】索隱在汝南，即應鄉。正義言引兵而會城父，則是汝州郟城縣東父城者也。括地志云：「汝州郟城縣東四十里有父城故城，即服虔云『城父，楚北境』者也。又許州葉縣東北四十五里亦有父城故城〔三〕，即杜預云『襄城城父縣』者也。此二城，父城之名耳，服虔城父是誤也。左傳及注水經云楚大城城父，使太子建居之。十三州志云『太子建所居城父，謂今亳州城父是也』。」此三家之說，是城父之名。地理志云潁川父城縣，沛郡城父縣。據縣屬郡，其名自分。古先儒多惑，故使其名錯亂。

始皇聞之，大怒，自馳如頻陽，見謝王翦曰：「寡人以不用將軍計，李信果辱秦軍。今聞荆兵日進而西，將軍雖病，獨忍弃寡人乎！」王翦謝曰：「老臣罷病悖亂，【一】唯大王更擇賢將。」始皇謝曰：「已矣，將軍勿復言！」王翦曰：「大王必不得已用臣，非六十萬人不可。」始皇曰：「爲聽將軍計耳。」於是王翦將兵六十萬人，始皇自送至灞上。王翦行，請美田宅園池甚衆。始皇曰：「將軍行矣，何憂貧乎？」王翦曰：「爲大王將，有功終不得封侯，故及大王之嚮臣，臣亦及時以請園池爲子孫業耳。」始皇大笑。王翦既至關，使使還請善田者五輩。【二】或曰：「將軍之乞貸，亦已甚矣。」王翦曰：「不然。夫秦王怚【三】而不信人。今空秦國甲士而專委於我，【四】我不多請田宅爲子孫業以自堅，顧令秦王坐而疑我邪【一四】？」

【一】正義 罷音皮。悖音背。

【二】集解 徐廣曰：「善，一作『菑』。」索隱 謂使者五度請也。

【三】集解 音麄。徐廣曰：「怚，一作『粗』。」

【四】集解 徐廣曰：「專，亦作『摶』，又作『剸』。」

王翦果代李信擊荆。荆聞王翦益軍而來，乃悉國中兵以拒秦。王翦至，堅壁而守之，不肯戰。荆兵數出挑戰，終不出。王翦日休士洗沐，而善飲食撫循之，親與士卒同食。久之，王翦使人問軍中戲乎？對曰：「方投石超距。」【一】於是王翦曰：「士卒可用矣。」荊數挑戰而秦不出，乃引而東。翦因舉兵追之，令壯士擊，大破荊軍。至蘄南，【二】殺其將軍項燕，荊兵遂敗走。秦因乘勝略定荊地城邑。歲餘，虜荊王負芻，竟平荊地爲郡縣。因南征百越之君。而王翦子王賁，與李信破定燕、齊地。

【一】集解徐廣曰：「超，一作『拔』。」駰案〔一五〕：漢書云：「甘延壽投石拔距，絕於等倫。」張晏曰：「范蠡兵法飛石重十二斤，爲機發行三百步。延壽有力，能以手投之。拔距，超距也。」索隱超距猶跳躍也。

【二】正義徐州縣也。

秦始皇二十六年，盡并天下，王氏、蒙氏功爲多，名施於後世。

秦二世之時，王翦及其子賁皆已死，而又滅蒙氏。陳勝之反秦，秦使王翦之孫王離擊趙，圍趙王及張耳鉅鹿城。【一】或曰：「王離，秦之名將也。今將彊秦之兵，攻新造之趙，舉之必矣。」客曰：「不然。夫爲將三世者必敗。必敗者何也？以其所殺伐多矣〔一六〕，其後受其不祥。今王離已三世將矣。」居無何，項羽救趙，擊秦軍，果虜王離，王離軍遂降諸侯。

【一】正義今邢州平鄉縣城本秦鉅鹿郡城也。

太史公曰：鄙語云「尺有所短，寸有所長」。白起料敵合變，出奇無窮，聲震天下，然不能救患於應侯。王翦爲秦將，夷六國，當是時，翦爲宿將，始皇師之，然不能輔秦建德，固其根本，偷合取容，以至歿身。【一】及孫王離爲項羽所虜，不亦宜乎！彼各有所短也。

【一】集解徐廣曰：「歿音没。」

【索隱述贊】白起、王翦，俱善用兵。遞爲秦將，拔齊破荆。趙任馬服，長平遂阬。楚陷李信，霸上卒行。賁、離繼出，三代無名。

校勘記

〔一〕斬首十三萬　「十三萬」，疑當作「十五萬」。按：本書卷五秦本紀、卷一五六國年表並云「斬首十五萬」，卷四六魏世家云「殺十五萬人」。水經注卷二二洧水云「史記秦昭王三十三年，白起攻魏，拔華陽，走芒卯，斬首十五萬」，當是引白起傳文，唯「三十三年」當作「三十四年」。

〔二〕駰案郭璞曰　「駰案」，原作「集解」，據耿本、黄本、彭本、柯本、凌本、殿本改。

〔三〕二十五里　通鑑卷四周紀四赧王三十五年「取代光狼城」胡三省注引正義作「二十里」，本書卷五秦本紀「取代光狼城」正義引括地志同。

〔四〕古邢國也　「邢國」，疑當作「邘國」。按：漢書卷二八上地理志上河內郡「壄王，莽曰平壄」顏師古注引孟康曰：「故邘國也，今邘亭是也。」

〔五〕洛州嵩縣　「嵩縣」，疑當作「嵩陽縣」。按：舊唐書卷三八地理志一洛州有嵩陽縣，無嵩縣。

〔六〕邢丘　王念孫雜志史記第三：「邢邱，魏地，非韓地。此本作『攻韓，圍邢』，『邢』下『邱』字，衍文耳。秦策作『秦嘗攻韓邢，困於上黨』，是其證。『邢』即『陘』之借字也。」

〔七〕江陵縣東六里　本書卷二三禮書「鄢、郢舉」、卷四〇楚世家「城郢」、卷六九蘇秦列傳「鄢郢動矣」正義皆云郢在江陵縣東北六里，卷五秦本紀「取郢爲南郡」正義引括地志同。

〔八〕陰密國　疑當作「密須國」。按：本書卷五秦本紀「遷陰密」正義引括地志：「陰密故城在涇州鶉觚縣西，即古密須國也。」左傳昭公十五年「密須之鼓」杜預注：「密須，姞姓國也，在安定陰密縣。」

〔九〕郵境上行舍　「舍」上疑脱「書」字。按：説文邑部：「郵，境上行書舍。」

〔一〇〕本秦之郵也　「郵」上疑脱「杜」字。按：通鑑卷五周紀五赧王五十八年「至杜郵」胡三省注引正義作「杜郵」。本書卷五秦本紀「作爲咸陽」正義：「今咸陽縣，古之杜郵，白起死處。」

〔二〕果勢　御覽卷二七四引史記作「果斷」。

〔三〕一作斷　「斷」，原作「新」。張文虎札記卷五：「御覽二百七十四引作『果斷』，義長。『新』與『斷』同從斤而誤。」今據改。

〔三〕許州葉縣　「葉縣」，原作「華縣」，據黄本、彭本、柯本、凌本、殿本改。

〔四〕疑我邪　「邪」，景祐本、紹興本、耿本、黄本、彭本、柯本作「矣」。

〔五〕駰案　此二字原無，據耿本、黄本、彭本、柯本、凌本、殿本補。

〔六〕以其所殺伐多矣　「以」，原作「必」，據景祐本、紹興本、耿本、黄本、彭本、柯本、凌本、殿本改。

史記卷七十四

孟子荀卿列傳第十四

索隱按：序傳孟嘗君第十四，而此傳爲第十五，蓋後人差降之矣。

太史公曰：余讀孟子書，至梁惠王問「何以利吾國」，未嘗不廢書而歎也。曰：嗟乎，利誠亂之始也！夫子罕言利者，常防其原也。故曰「放於利而行，多怨」。自天子至於庶人，好利之弊何以異哉！

孟軻，騶人也。〔一〕受業子思之門人。〔二〕道既通，游事齊宣王，宣王不能用。適梁，梁惠王不果所言，則見以爲迂遠而闊於事情。當是之時，秦用商君，富國彊兵；楚、魏用吳起，戰勝弱敵；齊威王、宣王用孫子、田忌之徒，而諸侯東面朝齊。天下方務於合從連衡，以攻伐爲賢，而孟軻乃述唐、虞、三代之德，是以所如者不合。退而與萬章之徒〔三〕序詩書，述仲尼之意，作孟子七篇。其後有騶子之屬。

【一】索隱 軻音苦何反，又苦賀反。鄒，魯地名。又云「邾」，邾人徙鄒故也。正義 軻字子輿，爲齊卿。鄒，兗州縣。

【二】索隱 王劭以「人」爲衍字，則以軻親受業孔伋之門也。今言「門人」者，乃受業於子思之弟子也。

【三】索隱 孟子有萬章、公明高等，蓋並軻之門人也。萬，姓；章，名。

齊有三騶子。其前騶忌，以鼓琴干威王，因及國政，封爲成侯而受相印，先孟子。

其次騶衍，後孟子。騶衍睹有國者益淫侈不能尚德，若大雅整之於身，施及黎庶矣，乃深觀陰陽消息而作怪迂之變，終始、大聖之篇十餘萬言。其語閎大不經，必先驗小物，推而大之，至於無垠。先序今以上至黃帝，學者所共術，大並世盛衰，【一】因載其機祥度制，推而遠之，至天地未生，窈冥不可考而原也。先列中國名山大川通谷禽獸水土所殖、物類所珍，因而推之，及海外人之所不能睹。稱引天地剖判以來，五德轉移，治各有宜，而符應若茲。以爲儒者所謂中國者，於天下乃八十一分居其一分耳。【二】中國名曰赤縣神州。赤縣神州內自有九州，禹之序九州是也，不得爲州數。中國外如赤縣神州者九，乃所謂九州也。於是有裨海環之，【三】人民禽獸莫能相通者，如一區中者，乃爲一州。如此者九，乃有大瀛海環其外，天地之際焉。其術皆此類也。然要其歸，必止乎仁義節儉、君臣上下、六親之施，始也濫耳。【四】王公大人初見其術，懼然顧化，【五】其後不能行之。

【一】集解並，蒲浪反。索隱言其大體隨代盛衰，觀時而說事。

【二】索隱桓寬、王充並以衍之所言迂怪虛妄，干惑六國之君〔一〕，因納其異說，所謂「匹夫而營惑諸侯」者是也。

【三】索隱裨音脾。裨海，小海也。九州之外，更有大瀛海，故知此裨是小海也。且將有裨將，裨是小義也。

【四】索隱濫即濫觴，是江源之初始，故此文意以濫爲初也。謂衍之術言君臣上下六親之際，行事之所施所始，皆可爲後代之宗本，故云濫耳。

【五】索隱懼音劬。謂衍之術皆動人心，見者莫不懼然駐想，又內心留顧而已化之，謂欲從其術也。按：化者，是易常聞而貴異術也。

是以騶子重於齊。適梁，惠王郊迎，執賓主之禮。適趙，平原君側行撇席。【一】如燕，昭王擁彗先驅，【二】請列弟子之座而受業，築碣石宮，【三】身親往師之。作主運。【四】其游諸侯見尊禮如此，豈與仲尼菜色陳蔡，孟軻困於齊梁同乎哉！【五】故武王以仁義伐紂而王，伯夷餓不食周粟；衛靈公問陳，而孔子不答；梁惠王謀欲攻趙，孟軻稱大王去邠。【六】

此豈有意阿世俗苟合而已哉！持方枘欲内圜鑿，其能入乎？【七】或曰，伊尹負鼎而勉湯以王，百里奚飯牛車下而繆公用霸，作先合，然後引之大道。騶衍其言雖不軌，儻亦有牛鼎之意乎？【八】

【一】索隱按：字林曰「撇音疋結反」。韋昭曰「敷蔑反」。張揖三蒼訓詁云「撇，拂也」。謂側而行，以衣撇席爲敬，不敢正坐當賓主之禮也。

【二】索隱按：彗，帚也。謂爲之埽地，以衣袂擁帚而卻行，恐塵埃之及長者，所以爲敬也。

【三】正義碣石宫在幽州薊縣西三十里寧臺之東。

【四】索隱按：劉向別録云鄒子書有主運篇。

【五】索隱按：仲尼、孟子法先王之道，行仁義之化，且菜色困窮；而鄒衍執詭怪營惑諸侯，其見禮重如此，可爲長太息哉。

【六】索隱今按：孟子「太王去邠」是軻對滕文公語，今云梁惠王謀攻趙，與孟子不同。

【七】索隱按：方枘是筍也，圜鑿是孔也。謂工人斲木，以方筍而内之圜孔，不可入也。故楚詞云「以方枘而内圜鑿，吾固知其鉏鋙而不入」是也。謂戰國之時，仲尼、孟軻以仁義干世主，猶方枘圜鑿然。

【八】索隱按：吕氏春秋云「函牛之鼎不可以烹雞」，是牛鼎言衍之術迂大，儻若大用之，是有牛鼎之意。而譙周亦云「觀太史公此論，是其愛奇之甚」。

自騶衍與齊之稷下先生，【一】如淳于髡、慎到、環淵、【二】接子、【三】田駢、【四】騶奭之徒〔三〕，【五】各著書言治亂之事，以干世主，豈可勝道哉！

【一】索隱 稷下，齊之城門也。或云稷下〔三〕，山名。謂齊之學士集於稷門之下。

【二】索隱 按：劉向別録「環」作姓也。

【三】索隱 古著書人之稱號。

【四】索隱 步堅、步經反二音。

【五】正義 慎子十卷，在法家，則戰國時處士。接子二篇。田子二十五篇，齊人，游稷下，號「天口」。接、田二人，道家。騶奭十二篇，陰陽家。

淳于髡，齊人也。博聞彊記，學無所主。其諫説，慕晏嬰之爲人也，然而承意觀色爲務。客有見髡於梁惠王，惠王屏左右，獨坐而再見之，終無言也。惠王怪之，以讓客曰：「子之稱淳于先生，管、晏不及，及見寡人，寡人未有得也。豈寡人不足爲言邪？何故哉？」客以謂髡。髡曰：「固也。吾前見王，王志在驅逐；後復見王，王志在音聲：吾是以默然。」客具以報王，王大駭，曰：「嗟乎，淳于先生誠聖人也！前淳于先生之來，人有獻善馬者，寡人未及視，會先生至。後先生之來，人有獻謳者，未及試，亦會先生來。寡人雖屏人，然私心在彼，有之。」【一】後淳于髡見，壹語連三日三夜無倦。惠王欲以卿相位待之，髡因謝去。於是送以安車駕駟，束帛加璧，黃金百鎰。終身不仕。

【一】索隱 謂私心實在彼馬與謳也。有之，謂我實有此二事也。

慎到，趙人。田駢、接子，齊人。環淵，楚人。皆學黃老道德之術，因發明序其指意。故慎到著十二論，【一】環淵著上下篇，而田駢、接子皆有所論焉。

【一】集解 徐廣曰：「今慎子，劉向所定，有四十一篇。」

騶奭者，齊諸騶子，亦頗采騶衍之術以紀文。

於是齊王嘉之，自如淳于髡以下，皆命曰列大夫，爲開第康莊之衢，【一】高門大屋，尊寵之。覽天下諸侯賓客，言齊能致天下賢士也。

【一】集解 爾雅曰：「四達謂之衢，五達謂之康，六達謂之莊。」

荀卿，趙人。【一】年五十始來游學於齊。騶衍之術迂大而閎辯；奭也文具難施；淳于髡久與處，時有得善言。故齊人頌曰：「談天衍，雕龍奭，炙轂【二】過髡。」【三】田駢之屬皆已死。齊襄王時，【四】而荀卿最爲老師。齊尚脩列大夫之缺，而荀卿三爲祭酒焉。【五】齊人或讒荀卿，荀卿乃適楚，而春申君以爲蘭陵令。【六】春申君死而荀卿廢，因家蘭陵。李斯嘗爲弟子，已而相秦。荀卿嫉濁世之政，亡國亂君相屬，不遂大道而營於巫祝，信禨祥，鄙儒小拘，如莊周等又滑稽亂俗，於是推儒、墨、道德之行事興壞，序列著數萬言而卒。因葬蘭陵。

【一】索隱名況。卿者，時人相尊而號爲卿也。仕齊爲祭酒，仕楚爲蘭陵令。後亦謂之孫卿子者，避漢宣帝諱改也。

【二】集解徐廣曰：「一作『亂謁』。」

【三】集解劉向別録曰：「騶衍之所言五德終始，天地廣大，盡言天事，故曰『談天』。騶奭脩衍之文，飾若雕鏤龍文，故曰『雕龍』。」別録曰「過」字作「輠」【四】。輠者，車之盛膏器也。炙之雖盡，猶有餘流者。言淳于髡智不盡如炙輠也。左思齊都賦注曰「言其多智難盡，如炙膏過之有潤澤也」。索隱按：劉向別録「過」字作「輠」。輠，車之盛膏器也。炙之雖盡，猶有餘津，言髡智不盡如炙輠也。按：劉氏云「轂，衍字也」。今按：文稱「炙轂過」，則過是器名，音如字讀，謂盛脂之器名過。「過」與「鍋」字相近，蓋即脂器也。轂即車轂，過爲潤轂之物，則「轂」非衍字矣。

【四】索隱按襄王名法章，湣王子，莒人所立者。

【五】索隱按：禮食必祭先，飲酒亦然，必以席中之尊者一人當祭耳，後因以爲官名，故吴王濞爲劉氏祭酒是也。而卿三爲祭酒者，謂荀卿出入前後三度處列大夫康莊之位，而皆爲其所尊，故云「三爲祭酒」也。

【六】正義蘭陵，縣，屬東海郡，今沂州承縣有蘭陵山。

而趙亦有公孫龍【一】爲堅白同異之辯，【二】劇子之言；【三】魏有李悝，盡地力之教；【四】楚有尸子、長盧；【五】阿之吁子焉。【六】自如孟子至于吁子，世多有其書，故不論其傳云。

【一】索隱按：即仲尼弟子名也。此云趙人，弟子傳作衞人【五】，鄭玄云楚人，各不能知其真也。又下文云「並孔子同時，或曰在其後」，所以知非別人也。

【二】集解晉太康地記云：「汝南西平縣有龍淵水，可用淬刀劍，特堅利，故有堅白之論，云『黃，所以爲堅也；白，所以爲利也』。或辯之曰『白，所以爲不堅；黃，所以爲不利』。」正義藝文志公孫龍子十四篇，顏師古云即爲堅白之辯。按平原君傳，騶衍同時。括地志云「西平縣，豫州西北百四十里，有龍淵水」也。

【三】集解徐廣曰：「按應劭氏姓注直云『處子』也。」索隱按：著書之人姓劇氏而稱「子」也，前史不記其名也，故趙有劇孟及劇辛也。

【四】正義藝文志：「李子三十二篇。李悝相魏文侯，富國彊兵。」

【五】集解劉向別録曰：「楚有尸子，疑謂其在蜀。今按尸子書，晉人也，名佼，秦相衞鞅客也。衞鞅商君謀事畫計，立法理民，未嘗不與佼規之也。商君被刑，佼恐并誅，乃亡逃入蜀。自爲造此二十篇書，凡六萬餘言。卒，因葬蜀。」索隱按：尸子，名佼。音絞，晉人，事具別録。長盧，未詳。正義長盧九篇，楚人。

【六】集解徐廣曰：「阿者，今之東阿。」索隱阿，齊之東阿也。吁音芊。別録作「芊子」，今「吁」亦如字也。正義按：東齊州也。藝文志云「吁子十八篇，名嬰，齊人，七十子之後」。顔師古云音弭。按：是齊人，阿又屬齊，恐顔公誤也。

蓋墨翟，宋之大夫，善守禦，爲節用。【一】或曰並孔子時，或曰在其後。【二】

【一】集解墨子曰：「公輸般爲雲梯之械成，將以攻宋。墨子聞之，至於郢，見公輸般。墨子解帶爲城，以牒爲械。公輸般九設攻城之機變，墨子九距之。公輸般之攻械盡，墨子之守固有餘〔六〕。公輸般詘，而言曰：『吾知所以距子矣，吾不言。』墨子亦曰：『吾知子之所以距我者，吾不言。』楚王問其故。墨子曰：『公輸子之意不過欲殺臣，殺臣，宋莫能守，可攻也。然臣之弟子禽滑釐等三百人已持臣守國之器在宋城上而待楚寇矣〔七〕，雖殺臣，不能絶也。』楚王曰：『善哉，吾請無攻宋城矣！』」索隱注「公輸爲雲梯之械」者〔八〕，按梯者，構木瞰高也；雲者，言其昇高入雲，故曰雲梯。械者，器也。謂攻城之樓櫓也。注「墨子解帶爲城」者，謂墨子爲術，解身上革帶以爲城也。注「以牒爲械」者，按牒者，小木札也；械者，樓櫓等也。注「公輸般之攻械盡」者，劉氏云「械謂飛梯、撞車、飛石車弩之具」。注「般詘」〔九〕。詘，音丘勿反。謂般技已盡，墨守有餘。「禽滑釐」者，墨子弟子之姓字也。釐音里。

【二】索隱按：別録云「今按墨子書有文子，文子即子夏之弟子，問於墨子」。如此，則墨子在七十子之後也。

【索隱述贊】六國之末，戰勝相雄。軻游齊、魏，其説不通。退而著述，稱吾道窮。蘭陵事楚，騶衍談空。康莊雖列，莫見收功。

校勘記

〔一〕干惑　黄本、彭本、柯本、凌本、殿本、會注本作「熒惑」。

〔二〕自騶衍與齊之稷下先生如淳于髡慎到環淵接子田駢騶奭之徒　王念孫雜志史記第四：「此本作『自如騶衍與齊之稷下先生淳于髡、慎到、環淵、接子、田駢、騶奭之徒』，自如者，統下之詞。後人移『如』字於淳于髡諸人之上，則文不成義矣。」

〔三〕或云稷下　「下」，耿本、黄本、彭本、柯本、凌本、殿本無，疑此衍。按：本書卷四六田敬仲完世家「是以齊稷下學士復盛」索隱：「又虞喜曰『齊有稷山，立館其下以待游士』，亦異説也。」

〔四〕別録曰　張文虎札記卷五：「警云『曰』字疑衍。」

〔五〕弟子傳作衞人　「弟子傳」，疑當作「家語」。按：本書卷六七仲尼弟子列傳：「公孫龍字子石。」索隱：「鄭玄云楚人，家語衞人。」

〔六〕守固有餘　「固」，墨子公輸作「圉」。

〔七〕守國之器　「國」，墨子公輸作「圉」。

〔八〕注公輸爲雲梯之械者　「公輸」二字原無，據耿本、黄本、彭本、柯本、凌本、殿本補。又，索隱本無「者」字。

〔九〕注般謳　此三字原無，據索隱本補。

史記卷七十五

孟嘗君列傳第十五

孟嘗君名文，姓田氏。文之父曰靖郭君田嬰。田嬰者，齊威王少子而齊宣王庶弟也。【一】田嬰自威王時任職用事，與成侯鄒忌及田忌將而救韓伐魏。成侯與田忌爭寵，成侯賣田忌。田忌懼，襲齊之邊邑，不勝，亡走。會威王卒，宣王立，知成侯賣田忌，乃復召田忌以爲將。宣王二年，田忌與孫臏、田嬰俱伐魏，敗之馬陵，虜魏太子申而殺魏將龐涓。【二】宣王七年，田嬰使於韓、魏，韓、魏服於齊。嬰與韓昭侯、魏惠王會齊宣王東阿南，【三】盟而去。【四】明年，復與梁惠王會甄。【五】是歲，梁惠王卒。宣王九年，田嬰相齊。齊宣王與魏襄王會徐州而相王也。【六】楚威王聞之，怒田嬰。明年，楚伐敗齊師於徐州，而使人逐田嬰。田嬰使張丑說楚威王，威王乃止。田嬰相齊十一年，宣王卒，湣王即位。即位三年，而封田嬰於薛。【七】

【一】索隱按：戰國策及諸書並無此言，蓋諸田之別子也，故戰國策每稱「嬰子」、「盼子」，高誘注云「田盼」、「田嬰」也。王劭又按：戰國策云齊貌辯謂宣王曰：王方爲太子時，辯謂靖郭君，不若廢太子，更立郊師。靖郭君不忍。宣王太息曰：「寡人少，殊不知。」以此言之，嬰非宣王弟明也。

【二】索隱紀年當梁惠王二十八年，至三十六年改爲後元也。

【三】正義東阿，濟州縣也。

【四】索隱紀年當惠王之後元十一年。彼文作「平阿」。又云「十三年會齊威王于鄄」，與此明年齊宣王與梁惠王會鄄文同。但齊之威宣二王，文舛互並不同。

【五】集解音絹。

【六】正義紀年云「梁惠王三十年〔一〕，下邳遷于薛，改名徐州」。

【七】索隱紀年以爲梁惠王後元十三年四月，齊威王封田嬰于薛。十月，齊城薛。十四年，薛子嬰來朝。十五年，齊威王薨，嬰初封彭城。皆與此文異也。正義薛故城在今徐州滕縣南四十四里也。

初，田嬰有子四十餘人，其賤妾有子名文，文以五月五日生。嬰告其母曰：「勿舉也。」其母竊舉生之。【一】及長，其母因兄弟而見其子文於田嬰。田嬰怒其母曰：「吾令若去此子，而敢生之，何也？」文頓首，因曰：「君所以不舉五月子者，何故？」嬰曰：「五月子者，長與户齊，將不利其父母。」〔三〕文曰：「人生受命於天乎？將受命於户邪？」嬰默然。文曰：「必受命於天，君何憂焉。必受命於户，則可高其户耳，誰能至者！」嬰曰：「子休矣。」

〔二〕索隱按：上「舉」謂初誕而舉之，下「舉」謂浴而乳之。生謂長養之也。

〔三〕索隱按：風俗通云「俗説五月五日生子，男害父，女害母」。

久之，文承閒問其父嬰曰：「子之子爲何？」曰：「爲孫。」「孫之孫爲何？」曰：「爲玄孫。」「玄孫之孫爲何？」曰：「不能知也。」〔一〕文曰：「君用事相齊，至今三王矣，齊不加廣而君私家富累萬金，門下不見一賢者。文聞將門必有將，相門必有相。今君後宫蹈綺縠而士不得短褐，〔二〕僕妾餘粱肉而士不厭糟糠。今君又尚厚積餘藏，欲以遺所不知何人，〔三〕而忘公家之事日損，文竊怪之。」於是嬰迺禮文，使主家待賓客。賓客日進，名聲聞於諸侯。諸侯皆使人請薛公田嬰以文爲太子，嬰許之。嬰卒，謚爲靖郭君。〔四〕而文果代立於薛，是爲孟嘗君。

〔一〕索隱按：爾雅云「玄孫之子爲來孫，來孫之子爲昆孫，昆孫之子爲仍孫，仍孫之子爲雲孫」。又有耳孫，亦是玄孫之子，不同也。

【二】索隱短亦音豎。豎褐，謂褐衣而豎裁之，以其省而便事也。

【三】索隱遺音唯季反。猶言不知欲遺與何人也。

【四】集解皇覽曰：「靖郭君冢在魯國薛城中東南陬。」索隱按：謂死後別號之曰「靖郭」耳，則「靖郭」或封邑號，故漢齊王舅父駟鈞封靖郭侯是也。陬音鄒，亦音緅。陬者，城隅也。

孟嘗君在薛，招致諸侯賓客及亡人有罪者，皆歸孟嘗君。孟嘗君舍業厚遇之，【一】以故傾天下之士。食客數千人，無貴賤一與文等。孟嘗君待客坐語，而屏風後常有侍史，主記君所與客語，問親戚居處。客去，孟嘗君已使使存問，獻遺其親戚。孟嘗君曾待客夜食，有一人蔽火光。客怒，以飯不等，輟食辭去。孟嘗君起，自持其飯比之。客慚，自剄。士以此多歸孟嘗君。孟嘗君客無所擇，皆善遇之。人人各自以爲孟嘗君親己。

【一】索隱按：舍業者，捨弃其家産而厚事賓客也〔三〕。劉氏云「舍音赦。謂爲之築舍立居業也」。

秦昭王聞其賢，乃先使涇陽君爲質於齊，以求見孟嘗君。孟嘗君將入秦，賓客莫欲其行，諫，不聽。蘇代謂曰：「今旦代從外來，見木禺人與土禺人相與語。【二】木禺人曰：

『天雨，子將敗矣。』土禺人曰：『我生於土，敗則歸土。今天雨，流子而行，未知所止息也。』今秦，虎狼之國也，而君欲往，如有不得還，君得無爲土禺人所笑乎？」孟嘗君乃止。

【一】索隱 音偶，又音寓。謂以土木爲之偶，類於人也。蘇代以土偶比涇陽君，木偶比孟嘗君也。

齊湣王二十五年，復卒使孟嘗君入秦，昭王即以孟嘗君爲秦相。人或說秦昭王曰：「孟嘗君賢，而又齊族也，今相秦，必先齊而後秦，秦其危矣。」於是秦昭王乃止。囚孟嘗君，謀欲殺之。孟嘗君使人抵昭王幸姬求解。【一】幸姬曰：「妾願得君狐白裘。」【二】此時孟嘗君有一狐白裘，直千金，天下無雙，入秦獻之昭王，更無他裘。孟嘗君患之，徧問客，莫能對。最下坐有能爲狗盜者，曰：「臣能得狐白裘。」乃夜爲狗，以入秦宮臧中，【三】取所獻狐白裘至，以獻秦王幸姬。幸姬爲言昭王，昭王釋孟嘗君。孟嘗君得出，即馳去，更封傳，變名姓以出關。【四】夜半至函谷關。【五】秦昭王後悔出孟嘗君，求之已去，即使人馳傳逐之。孟嘗君至關，關法雞鳴而出客，孟嘗君恐追至，客之居下坐者有能爲雞鳴，而雞齊鳴，遂發傳出。出如食頃，秦追果至關，已後孟嘗君出，乃還。始孟嘗君列此二人於賓客，賓客盡羞之，及孟嘗君有秦難，卒此二人拔之。自是之後，客皆服。

【一】索隱 抵音丁禮反。按：抵謂觸冒而求之也。

【二】集解 韋昭曰：「以狐之白毛爲裘。謂集狐腋之毛，言美而難得者。」

【三】正義 臧，在浪反。

【四】索隱 更者，改也。改前封傳而易姓名，不言是孟嘗之名。封傳猶今之驛券。

【五】正義 關在陝州桃林縣西南十三里。

孟嘗君過趙，趙平原君客之。趙人聞孟嘗君賢，出觀之，皆笑曰：「始以薛公爲魁然也，今視之，乃眇小丈夫耳。」孟嘗君聞之，怒。客與俱者下，斫擊殺數百人，遂滅一縣以去。

齊湣王不自得，【一】以其遣孟嘗君。孟嘗君至，則以爲齊相，任政。

【一】索隱 不自德。是愍王遣孟嘗君，自言己無德也。

孟嘗君怨秦，將以齊爲韓、魏攻楚，因與韓、魏攻秦，【一】而借兵食於西周。蘇代爲西周謂曰：【二】「君以齊爲韓、魏攻楚九年，取宛、葉以北以彊韓、魏，【三】今復攻秦以益之。韓、魏南無楚憂，西無秦患，則齊危矣。韓、魏必輕齊畏秦，臣爲君危之。君不如令敝邑深合於秦，而君無攻，又無借兵食。君臨函谷而無攻，令敝邑以君之情謂秦昭王曰『薛公必不破秦以彊韓、魏。其攻秦也，欲王之令楚王割東國以與齊，【四】而秦出楚懷王以爲和』。

君令敝邑以此惠秦，秦得無破而以東國自免也，秦必欲之。楚王得出，必德齊。齊得東國益彊，而薛世世無患矣。秦不大弱，而處三晉之西，三晉必重齊。」薛公曰：「善。」因令韓、魏賀秦，使三國無攻，而不借兵食於西周矣。是時，楚懷王入秦，秦留之，故欲必出之。秦不果出楚懷王。

【一】集解徐廣曰：「年表曰韓、魏、齊共擊秦軍於函谷。」

【二】索隱戰國策作「韓慶爲西周謂薛公」。

【三】正義宛在鄧州，葉在許州。二縣以北舊屬楚，二國共没以入韓、魏。

【四】正義東國，齊、徐夷。

孟嘗君相齊，其舍人魏子【一】爲孟嘗君收邑入，【二】三反而不致一入。孟嘗君問之，對曰：「有賢者，竊假與之，以故不致入。」孟嘗君怒而退魏子。居數年，人或毁孟嘗君於齊湣王曰：「孟嘗君將爲亂。」及田甲劫湣王，湣王意疑孟嘗君，孟嘗君迺奔。【三】魏子所與粟賢者聞之，乃上書言孟嘗君不作亂，請以身爲盟，遂自剄宫門以明孟嘗君。湣王乃驚，而蹤跡驗問，孟嘗君果無反謀，乃復召孟嘗君。孟嘗君因謝病，歸老於薛。湣王許之。

【一】索隱舍人官微，記姓而略其名，故云魏子。

【二】索隱收其國之租稅也。

【三】集解徐廣曰：「湣王三十四年，田甲劫王，薛文走【四】。」

其後，秦亡將呂禮相齊，欲困蘇代。代乃謂孟嘗君曰：「周最於齊，至厚也，【一】而齊王逐之，而聽親弗【二】相呂禮者，欲取秦也。齊、秦合，則親弗與呂禮重矣。有用，齊、秦必輕君。君不如急北兵，趨趙以和秦、魏，收周最以厚行，且反齊王之信，【三】又禁天下之變。【四】齊無秦，則天下集齊，親弗必走，則齊王孰與爲其國也！」於是孟嘗君從其計，而呂禮嫉害於孟嘗君。

【一】正義周最，周之公子。

【二】集解親弗，人姓名。索隱親，姓；弗，名也。戰國策作「祝弗」，蓋「祝」爲得之。

【三】索隱周最本厚於齊，今欲逐之而相秦之亡將。蘇代謂孟嘗君，令齊收周最以自厚其行，又且得反齊王之有信，以不逐周最也。

【四】索隱變謂齊、秦合則親弗、呂禮用，用則秦、齊輕孟嘗君也。

孟嘗君懼，乃遺秦相穰侯魏冄書曰：「吾聞秦欲以呂禮收齊，齊，天下之彊國也，子必輕矣。齊秦相取以臨三晉，呂禮必并相矣，是子通齊以重呂禮也。若齊免於天下之兵，其讎子必深矣。子不如勸秦王伐齊。齊破，吾請以所得封子。齊破，秦畏晉之彊，秦必重子以取晉。晉國敝於齊而畏秦，晉必重子以取秦。是子破齊以爲功，挾晉以爲重；是子破齊定封，秦、晉交重子。若齊不破，呂禮復用，子必大窮。」於是穰侯言於秦昭王伐齊，而呂禮亡。

後齊湣王滅宋，益驕，欲去孟嘗君。孟嘗君恐，迺如魏。魏昭王以爲相，西合於秦、趙，與燕共伐破齊。齊湣王亡在莒，遂死焉。齊襄王立，而孟嘗君中立於諸侯，無所屬。齊襄王新立，畏孟嘗君，與連和，復親薛公。文卒，謚爲孟嘗君。【一】諸子爭立，而齊魏共滅薛。孟嘗絕嗣無後也。

【一】集解皇覽曰：「孟嘗君冢在魯國薛城中向門東。向門，出北邊門也。」詩云「居常與許」，鄭玄曰「『常』或作『嘗』，在薛之南〔五〕」。孟嘗邑于薛城也。索隱按：孟嘗襲父封薛，而號曰孟嘗君，此云謚，非也。孟，字也；嘗，邑名。詩云「居常與許」，鄭箋云「『常』或作『嘗』，嘗邑在薛之旁」是也。正義括地志云：「孟嘗君墓在徐州滕縣五十二里〔六〕。卒在齊襄王之時也。」

初，馮驩【一】聞孟嘗君好客，躡蹻而見之。【二】孟嘗君曰：「先生遠辱，何以教文也？」

馮驩曰：「聞君好士，以貧身歸於君。」孟嘗君置傳舍十日，【三】孟嘗君問傳舍長曰：「客何所爲？」答曰：「馮先生甚貧，猶有一劍耳，又蒯緱。【四】彈其劍而歌曰『長鋏歸來乎，食無魚』。」孟嘗君遷之幸舍，食有魚矣。五日，又問傳舍長。答曰：「客復彈劍而歌曰『長鋏歸來乎，出無輿』。」孟嘗君遷之代舍，出入乘輿車矣。五日，孟嘗君復問傳舍長。舍長答曰：「先生又嘗彈劍而歌曰『長鋏歸來乎，無以爲家』。」孟嘗君不悦。

【一】集解音歡。復作「煖」，音許袁反。索隱音歡。字或作「諼」，音況遠反。

【二】索隱蹻音脚。字亦作「繑」，又作「屩」，亦作「僑」。

【三】索隱傳音逐緣反。按：傳舍、幸舍及代舍，並當上、中、下三等之客所舍之名耳。

【四】集解蒯音苦怪反，茅之類，可爲繩。言其劍把無物可裝，以小繩纏之也。緱音侯，亦作「候」，謂把劍之處。索隱蒯，草名，音「蒯聵」之「蒯」。緱音侯，字亦作「候」，謂把劍之物。言其劍無物可裝，但以蒯繩纏之，故云「蒯緱」。

居朞年，馮驩無所言。孟嘗君時相齊，封萬户於薛。其食客三千人，邑入不足以奉客，【一】使人出錢於薛。歲餘不入，貸錢者多不能與其息，【二】客奉將不給。孟嘗君憂之，問左右：「何人可使收債於薛者？」傳舍長曰：「代舍客馮公形容狀貌甚辯，長者，無他伎【三】能，宜可令收債。」孟嘗君乃進馮驩而請之曰：「賓客不知文不肖，幸臨文者三千餘人，邑入不足以奉賓客，故出息錢於薛。薛歲不入，民頗不與其息。今客食恐不給，願先生責之。」馮驩曰：「諾。」辭行，至薛，召取孟嘗君錢者皆會，得息錢十萬。迺多釀酒，買肥牛，召諸取錢者，能與息者皆來，不能與息者亦來，皆持取錢之券書合之。齊爲會，日殺牛置酒。酒酣，乃持券如前合之，能與息者，與爲期；貧不能與息者，取其券而燒之。曰：「孟嘗君所以貸錢者，爲民之無者以爲本業也〔七〕；所以求息者，爲無以奉客也。今富給者以要期，貧窮者燔券書以捐之。諸君彊飲食。有君如此，豈可負哉！」坐者皆起，再拜。

【一】正義奉，符用反。

【二】索隱按：與猶還也。息猶利也。

【三】集解亦作「技」。

孟嘗君聞馮驩燒券書，怒而使使召驩。驩至，孟嘗君曰：「文食客三千人，故貸錢於薛。文奉邑少，【一】而民尚多不以時與其息，客食恐不足，故請先生收責之。聞先生得錢，即以多具牛酒而燒券書，何？」馮驩曰：「然。不多具牛酒即不能畢會，無以知其有餘不足。有餘者，爲要期。不足者，雖守而責之十年，息愈多，急，即以逃亡自捐之。若急，終無以償，上則爲君好利不愛士民，下則有離上抵負之名，非所以厲士民彰君聲也。焚無用虛債之券，捐不可得之虛計，令薛民親君而彰君之善聲也，君有何疑焉！」孟嘗君乃拊手而謝之。

【一】索隱言文之奉邑少，故令出息於薛。

齊王惑於秦、楚之毁，以爲孟嘗君名高其主而擅齊國之權，遂廢孟嘗君。諸客見孟嘗君廢，皆去。馮驩曰：「借臣車一乘，可以入秦者，必令君重於國而奉邑益廣，可乎？」孟嘗君乃約車幣而遣之。馮驩乃西説秦王曰：「天下之游士馮軾結靷西入秦者，無不欲彊秦而弱齊；馮軾結靷東入齊者，無不欲彊齊而弱秦。此雄雌之國也，勢不兩立爲雄，雄者得天下矣。」秦王跽而問之曰：「何以使秦無爲雌而可？」馮驩曰：「王亦知齊之廢孟嘗君乎？」秦王曰：「聞之。」馮驩曰：「使齊重於天下者，孟嘗君也。今齊王以毁廢之，其心怨，必背齊；背齊入秦，則齊國之情，人事之誠，盡委之秦，齊地可得也，豈直爲雄也！君急使使載幣陰迎孟嘗君，不可失時也。如有齊覺悟，復用孟嘗君，則雌雄之所在未可知也。」秦王大悦，迺遣車十乘黄金百鎰以迎孟嘗君。馮驩辭以先行，至齊，説齊王曰：「天下之游士馮軾結靷東入齊者，無不欲彊齊而弱秦者；馮軾結靷西入秦者，無不欲彊秦而弱齊者。夫秦齊雄雌之國，秦彊則齊弱矣，此勢不兩雄。今臣竊聞秦遣使車十乘載黄金百鎰以迎孟嘗君。孟嘗君不西則已，西入相秦則天下歸之，秦爲雄而齊爲雌，雌則臨淄、即墨危矣。王何不先秦使之未到，復孟嘗君，而益與之邑以謝之？孟嘗君必喜而受之。秦雖彊國，豈可以請人相而迎之哉！折秦之謀，而絶其霸彊之略。」齊王曰：「善。」乃使人至境候秦使。秦使車適入齊境，使還馳告之，王召孟嘗君而復其相位，而與其故邑之地，又益以千户。秦之使者聞孟嘗君復相齊，還車而去矣。

自齊王毀廢孟嘗君，諸客皆去。後召而復之，馮驩迎之。未到，孟嘗君太息歎曰：「文常好客，遇客無所敢失，食客三千有餘人，先生所知也。客見文一日廢，皆背文而去，莫顧文者。今賴先生得復其位，客亦有何面目復見文乎？如復見文者，必唾其面而大辱之。」馮驩結轡下拜。孟嘗君下車接之，曰：「先生爲客謝乎？」馮驩曰：「非爲客謝也，爲君之言失。夫物有必至，事有固然，君知之乎？」孟嘗君曰：「愚不知所謂也。」曰：「生者必有死，物之必至也；富貴多士，貧賤寡友，事之固然也。君獨不見夫趣市朝者乎〔八〕？【一】明旦，側肩爭門而入；日暮之後，過市朝者掉臂而不顧。【二】非好朝而惡暮，所期物忘其中。【三】今君失位，賓客皆去，不足以怨士而徒絶賓客之路。願君遇客如故。」孟嘗君再拜曰：「敬從命矣。聞先生之言，敢不奉教焉。」

【一】索隱趣音娶。趣，向也。

【二】索隱過音光卧反。朝音潮。謂市之行位有如朝列〔九〕，因言市朝耳。

【三】索隱按：期物謂入市心中所期之物利，故平明側肩爭門而入，今日暮〔一〇〕，所期忘其中。忘者，無也。其中，市朝之中。言日暮物盡，故掉臂不顧也。

太史公曰：吾嘗過薛，其俗閭里率多暴桀子弟，與鄒、魯殊。問其故，曰：「孟嘗君招致天下任俠，姦人入薛中蓋六萬餘家矣。」世之傳孟嘗君好客自喜，名不虛矣。

【索隱述贊】靖郭之子，威王之孫。既彊其國，實高其門。好客喜士，見重平原。雞鳴狗盜，魏子、馮煖。如何承睫，薛縣徒存！

校勘記

〔一〕紀年云梁惠王三十年　水經注卷二五泗水引竹書紀年云遷薛改名徐州在梁惠成王三十一年，本書卷三三魯周公世家「取徐州」索隱引紀年亦在三十一年。

〔二〕士不得短褐　本書卷六秦始皇本紀「夫寒者利裋褐」索隱：「謂褐布豎裁，爲勞役之衣，短而且狹，故謂之短褐，亦曰豎褐。」按：「短」、「裋」通。

〔三〕捨弃其家產　耿本、黄本、彭本、索隱本、柯本、凌本、殿本此下有「業」字。

〔四〕湣王三十四年田甲劫王薛文走　「四」字疑衍。按：本書卷一五六國年表湣王三十年「田甲劫王，相薛文走」。卷四六田敬仲完世家：「二十九年，趙殺其主父。齊佐趙滅中山。」集解引徐廣曰：「三十年，田甲劫王，相薛文走。」世家、列傳注，蓋同本於表。

〔五〕在薛之南　「南」，索隱引作「旁」，疑是。按：詩魯頌閟宮「居常與許」鄭玄箋：「『常』或作『嘗』，在薛之旁。」

〔六〕孟嘗君墓在徐州滕縣五十二里　「滕縣」下疑有脱文。按：集解引皇覽云「孟嘗君冢在魯國薛城中向門東」，本卷「而封田嬰於薛」正義云「薛故城在今徐州滕縣南四十四里」。元和志卷九河南道五徐州滕縣：「故薛城，在縣東南四十三里。」

〔七〕爲民之無者以爲本業也　張文虎札記卷五：「『者』字疑衍。下云『爲無以奉客也』，兩『無以』相對爲文。」

〔八〕趣市朝　原作「朝趣市」。王念孫雜志史記第四：「引之曰：『朝趨市』，當作『趨市朝』，下文『過市朝者』正承此文言之。」今據改。

〔九〕謂市之行位有如朝列　耿本、黄本、彭本、柯本、凌本、殿本作「謂市之行列有如朝位」。

〔一〇〕今日暮　「今」，黄本、彭本、柯本、凌本、殿本作「至」。

史記卷七十六

平原君虞卿列傳第十六

平原君趙勝者，【一】趙之諸公子也。【二】諸子中勝最賢，喜賓客，賓客蓋至者數千人。平原君相趙惠文王及孝成王，三去相，三復位，封於東武城。【三】

【一】正義勝，式證反。

【二】集解徐廣曰：「魏公子傳曰趙惠文王弟。」

【三】集解徐廣曰：「屬清河。」正義今貝州武城縣也。

平原君家樓臨民家。民家有躄者，槃散【一】行汲。平原君美人居樓上，臨見，大笑之。明日，躄者至平原君門，請曰：「臣聞君之喜士，士不遠千里而至者，以君能貴士而賤妾也。臣不幸有罷癃之病，【二】而君之後宮臨而笑臣，臣願得笑臣者頭。」平原君笑應曰：「諾。」躄者去，平原君笑曰：「觀此豎子，乃欲以一笑之故殺吾美人，不亦甚乎！」終不殺。居歲餘，賓客門下舍人稍稍引去者過半。平原君怪之，曰：「勝所以待諸君者未嘗敢失禮，而去者何多也？」門下一人前對曰：「以君之不殺笑躄者，以君爲愛色而賤士，士即去耳。」於是平原君乃斬笑躄者美人頭，自造門進躄者，因謝焉。其後門下乃復稍稍來。是時齊有孟嘗，魏有信陵，楚有春申，故爭相傾以待士。【三】

【一】集解亦作「蹣」。索隱躄音壁。散音先寒反，亦作「蹣」，同音。正義躄，跛也。

【二】集解徐廣曰：「癃音隆。癃，病也。」索隱罷音皮。癃音呂宮反。罷癃謂背疾，言腰曲而背隆高也。

【三】集解徐廣曰：「待，一作『得』。」

秦之圍邯鄲，【一】趙使平原君求救，合從於楚，約與食客門下有勇力文武備具者二十人偕。平原君曰：「使文能取勝，則善矣。文不能取勝，則歃血於華屋之下，必得定從而還。士不外索，取於食客門下足矣。」得十九人，餘無可取者，無以滿二十人。門下有毛遂者，前，自贊於平原君曰：「遂聞君將合從於楚，約與食客門下二十人偕，不外索。今少一人，願君即以遂備員而行矣。」平原君曰：「先生處勝之門下幾年於此矣？」毛遂曰：「三年於此矣。」平原君曰：「夫賢士之處世也，譬若錐之處囊中，其末立見。今先生處勝之門下三年於此矣，左右未有所稱誦，勝未有所聞，是先生無所有也。先生不能，先生留。」毛遂曰：「臣乃今日請處囊中耳。使遂蚤得處囊中，乃穎脱而出，【二】非特其末見而已。」平原君竟與毛遂偕。十九人相與目笑之而未廢也〔一〕。【三】

【一】正義 趙惠文王九年，秦昭王十五年〔二〕。

【二】索隱 按：鄭玄曰「穎，環也」。脱音吐活反。

【三】索隱 按：鄭玄曰「皆目視而輕笑之，未能即廢弃之也〔三〕」。

毛遂比至楚，與十九人論議，十九人皆服。平原君與楚合從，言其利害，日出而言之，日中不決。十九人謂毛遂曰：「先生上。」毛遂按劍歷階而上，謂平原君曰：「從之利害，兩言而決耳。今日出而言從，日中不決，何也？」楚王謂平原君曰：「客何爲者也？」平原君曰：「是勝之舍人也。」楚王叱曰：「胡不下！吾乃與而君言，汝何爲者也！」毛遂按劍而前曰：「王之所以叱遂者，以楚國之衆也。今十步之内，王不得恃楚國之衆也，王之命縣於遂手。吾君在前，叱者何也？且遂聞湯以七十里之地王天下，文王以百里之壤而臣諸侯，豈其士卒衆多哉，誠能據其勢而奮其威。今楚地方五千里，持戟百萬，此霸王之資也。以楚之彊，天下弗能當。白起，小豎子耳，率數萬之衆，興師以與楚戰，一戰而舉鄢郢，再戰而燒夷陵，三戰而辱王之先人。此百世之怨而趙之所羞，而王弗知惡焉。【一】合從者爲楚，非爲趙也。吾君在前，叱者何也？」楚王曰：「唯唯，誠若先生之言，謹奉社稷而以從。」毛遂曰：「從定乎？」楚王曰：「定矣。」毛遂謂楚王之左右曰：「取雞狗馬之血來。」【二】毛遂奉銅槃【三】而跪進之楚王曰：「王當歃血而定從，次者吾君，次者遂。」遂定從於殿上。毛遂左手持槃血而右手招十九人曰：「公相與歃此血於堂下。【四】公等録録，【五】所謂因人成事者也。」

【一】正義惡，烏故反。

【二】索隱按：盟之所用牲貴賤不同，天子用牛及馬，諸侯用犬及豭，大夫已下用雞。今此總言盟之用血，故云「取雞狗馬之血來」耳。

【三】索隱奉，敷奉反。若周禮則用珠盤也。

【四】索隱啑此血。音所甲反。

【五】集解音禄。索隱音禄。按：王劭云「録，借字耳」。又説文云「録録，隨從之貌」。

平原君已定從而歸，歸至於趙，曰：「勝不敢復相士。勝相士多者千人，寡者百數，自以爲不失天下之士，今乃於毛先生而失之也。毛先生一至楚，而使趙重於九鼎大呂。【一】毛先生以三寸之舌，彊於百萬之師。勝不敢復相士。」遂以爲上客。

【一】索隱九鼎大呂，國之寶器。言毛遂至楚，使趙重於九鼎大呂，言爲天下所重也。正義大呂，周廟大鍾。

平原君既返趙，楚使春申君將兵赴救趙，魏信陵君亦矯奪晉鄙軍往救趙，皆未至。秦急圍邯鄲，邯鄲急，且降，平原君甚患之。邯鄲傳舍吏子李同〔一〕說平原君曰：「君不憂趙亡邪？」平原君曰：「趙亡則勝爲虜，何爲不憂乎？」李同曰：「邯鄲之民，炊骨易子而食，可謂急矣，而君之後宮以百數，婢妾被綺縠，餘粱肉，而民裼衣不完，糟穅不厭。民困兵盡，或剡木爲矛矢，而君器物鍾磬自若。使秦破趙，君安得有此？使趙得全，君何患無有？今君誠能令夫人以下編於士卒之閒，分功而作，家之所有盡散以饗士，士方其危苦之時，易德耳。」〔二〕於是平原君從之，得敢死之士三千人。李同遂與三千人赴秦軍，秦軍爲之卻三十里。亦會楚、魏救至，秦兵遂罷，邯鄲復存。李同戰死，封其父爲李侯。〔三〕

〔一〕正義名談，太史公諱改也。

〔二〕正義言士方危苦之時，易有恩德。

〔三〕集解徐廣曰：「河内成皋有李城。」正義懷州温縣，本李城也，李同父所封。隋煬帝從故温城移縣於此。

虞卿欲以信陵君之存邯鄲爲平原君請封。公孫龍聞之，夜駕見平原君曰：「龍聞虞卿欲以信陵君之存邯鄲爲君請封，有之乎？」平原君曰：「然。」龍曰：「此甚不可。且王舉君而相趙者，非以君之智能爲趙國無有也。割東武城而封君者，非以君爲有功也，而以國人無勳，乃以君爲親戚故也。君受相印不辭無能，割地不言無功者，亦自以爲親戚故也。今信陵君存邯鄲而請封，是親戚受城而國人計功也。【一】此甚不可。且虞卿操其兩權，事成，操右券以責；【二】事不成，以虛名德君。君必勿聽也。」平原君遂不聽虞卿。

【一】集解徐廣曰：「一本『是親戚受城而以國許人』。」

【二】索隱言虞卿論平原君取封事成，則操其右券以責其報德也。

平原君以趙孝成王十五年卒。【一】子孫代，後竟與趙俱亡。

【一】索隱按：六國年表及世家並云十四年卒〔四〕，與此不同。

平原君厚待公孫龍。公孫龍善爲堅白之辯，及鄒衍過趙【一】言至道，乃絀公孫龍。【二】

【一】索隱過音戈。

【二】集解劉向別録曰：「齊使鄒衍過趙，平原君見公孫龍及其徒綦毋子之屬，論『白馬非馬』之辯，以問鄒子。鄒子曰：『不可。彼天下之辯有五勝三至，而辭正爲下。辯者，別殊類使不相害，序異端使不相亂，杼意通指，明其所謂，使人與知焉，不務相迷也。故勝者不失其所守，不勝者得其所求。若是，故辯可爲也。及至煩文以相假，飾辭以相惇，巧譬以相移，引人聲使不得及其意。如此，害大道。夫繳紛爭言而競後息，不能無害君子。』坐皆稱善。」索隱注「杼意通指」〔五〕。杼音墅。杼者，舒也。注「繳紛」〔六〕。繳音叫〔七〕。謂繳繞紛亂，爭言而競後息，不能無害也。

虞卿者，游説之士也。躡蹻檐簦〔一〕説趙孝成王。一見，賜黃金百鎰，白璧一雙；再見，爲趙上卿，故號爲虞卿。〔二〕

〔一〕集解徐廣曰：「蹻，草履也。簦，長柄笠，音登。笠有柄者謂之簦。」索隱蹻，亦作「屩」，音脚。徐廣云：「屩，草履也。」

〔二〕集解譙周曰：「食邑於虞。」索隱趙之虞在河東大陽縣，今之虞鄉縣是也。

秦趙戰於長平，趙不勝，亡一都尉。趙王召樓昌與虞卿曰：「軍戰不勝，尉復死，〔一〕寡人使束甲而趨之，何如？」樓昌曰：「無益也，不如發重使爲媾。」〔二〕虞卿曰：「昌言媾者，以爲不媾軍必破也。而制媾者在秦。且王之論秦也，欲破趙之軍乎，不邪？」王曰：「秦不遺餘力矣，必且欲破趙軍。」虞卿曰：「王聽臣，發使出重寶以附楚、魏，楚、魏欲得王之重寶，必內吾使。趙使入楚、魏，秦必疑天下之合從，且必恐。如此，則媾乃可爲也。」趙王不聽，與平陽君爲媾，發鄭朱入秦。秦內之。趙王召虞卿曰：「寡人使平陽君爲媾於秦，秦已內鄭朱矣，卿以爲奚如？」虞卿對曰：「王不得媾，軍必破矣。天下賀戰勝者皆在秦矣。鄭朱，貴人也，入秦，秦王與應侯必顯重以示天下。楚、魏以趙爲媾，必不救王。秦知天下不救王，則媾不可得成也。」應侯果顯鄭朱以示天下賀戰勝者，終不肯媾。長平大敗，遂圍邯鄲，爲天下笑。

【一】集解徐廣曰：「復，一作『係』。」

【二】集解古后反。求和曰媾。索隱古候反。按：求和曰媾。媾亦講，講亦和也。

秦既解邯鄲圍，而趙王入朝，使趙郝【一】約事於秦，割六縣而媾。虞卿謂趙王曰：「秦之攻王也，倦而歸乎？王以其力尚能進，愛王而弗攻乎？」王曰：「秦之攻我也，不遺餘力矣，必以倦而歸也。」虞卿曰：「秦以其力攻其所不能取，倦而歸，王又以其力之所不能取以送之，是助秦自攻也。來年秦復攻王，王無救矣。」王以虞卿之言告趙郝。趙郝曰：「虞卿誠能盡秦力之所至乎？誠知秦力之所不能進，此彈丸之地弗予，令秦來年復攻王，王得無割其內而媾乎？」王曰：「請聽子割矣，子能必使來年秦之不復攻我乎？」趙郝對曰：「此非臣之所敢任也。他日三晉之交於秦，相善也。今秦善韓、魏而攻王，王之所以事秦必不如韓、魏也。今臣爲足下解負親之攻，〔二〕開關通幣，齊交韓、魏，至來年而王獨取攻於秦，此王之所以事秦必在韓、魏之後也。此非臣之所敢任也。」

〔一〕集解音釋。徐廣曰：「一作『赦』。」索隱音釋。

〔二〕索隱言爲足下解其負擔，而親自攻之也。

王以告虞卿。虞卿對曰：「郝言『不媾，來年秦復攻王，王得無割其内而媾乎』。今媾，郝又以不能必秦之不復攻也。今雖割六城，何益！來年復攻，又割其力之所不能取而媾，此自盡之術也，不如無媾。秦雖善攻，不能取六縣；趙雖不能守，終不失六城。秦倦而歸，兵必罷。我以六城收天下以攻罷秦，是我失之於天下而取償於秦也。吾國尚利，孰與坐而割地，自弱以彊秦哉？今郝曰『秦善韓、魏而攻趙者，必王之事秦不如韓、魏也〔八〕』，是使王歲以六城事秦也，即坐而城盡。來年秦復求割地，王將與之乎？弗與，是弃前功而挑秦禍也；與之，則無地而給之。語曰『彊者善攻，弱者不能守』。今坐而聽秦，秦兵不獘而多得地，是彊秦而弱趙也。以益彊之秦而割愈弱之趙，其計故不止矣。且王之地有盡而秦之求無已，以有盡之地而給無已之求，其勢必無趙矣。」

趙王計未定，樓緩從秦來，趙王與樓緩計之，曰：「予秦地何如毋予，孰吉〔九〕？」緩辭讓曰：「此非臣之所能知也。」王曰：「雖然，試言公之私。」〔一〕樓緩對曰：「王亦聞夫公甫文伯母乎？【二】公甫文伯仕於魯，病死，女子爲自殺於房中者二人。其母聞之，弗哭也。其相室曰：【三】『焉有子死而弗哭者乎？』其母曰：『孔子，賢人也，逐於魯，而是人不隨也。今死而婦人爲之自殺者二人，若是者必其於長者薄而於婦人厚也。』故從母言之，是爲賢母；從妻言之，是必不免爲妒妻。故其言一也，言者異則人心變矣。今臣新從秦來而言勿予，則非計也；言予之，恐王以臣爲爲秦也：故不敢對。使臣得爲大王計，不如予之。」王曰：「諾。」

【一】索隱 按：私謂私心也。

【二】正義 季康子從祖母。文伯名歜，康子從父昆弟。

【三】正義 謂傅姆之類也。

虞卿聞之，入見王曰：「此飾説也，王眘【一】勿予！」樓緩聞之，往見王。王又以虞卿之言告樓緩。樓緩對曰：「不然。虞卿得其一，不得其二。夫秦趙構難而天下皆説，何也？曰『吾且因彊而乘弱矣』。今趙兵困於秦，天下之賀戰勝者則必盡在於秦矣。故不如亟割地爲和，以疑天下而慰秦之心。不然，天下將因秦之彊怒，乘趙之獘，瓜分之。趙且亡，何秦之圖乎？故曰虞卿得其一，不得其二。願王以此決之，勿復計也。」

【一】集解 徐廣曰：「音慎。」

虞卿聞之，往見王曰：「危哉樓子之所以爲秦者，是愈疑天下，而何慰秦之心哉？獨不言其示天下弱乎？且臣言勿予者，非固勿予而已也。秦索六城於王，而王以六城賂齊。齊，秦之深讎也，得王之六城，并力西擊秦，齊之聽王，不待辭之畢也。則是王失之於齊而取償於秦也。而齊、趙之深讎可以報矣，而示天下有能爲也。王以此發聲，兵未窺於境，臣見秦之重賂至趙而反媾於王也。從秦爲媾，韓、魏聞之，必盡重王；重王，必出重寶以先於王。則是王一舉而結三國之親，而與秦易道也。」【一】趙王曰：「善。」則使虞卿東見齊王，與之謀秦。虞卿未返，秦使者已在趙矣。樓緩聞之，亡去。趙於是封虞卿以一城。

【一】正義 前取秦攻，今得賂，是易道也。易音亦。

居頃之，而魏請爲從。趙孝成王召虞卿謀。過平原君，【一】平原君曰：「願卿之論從也。」虞卿入見王。王曰：「魏請爲從。」對曰：「魏過。」【二】王曰：「寡人固未之許。」對曰：「王過。」王曰：「魏請從，卿曰魏過，寡人未之許，又曰寡人過，然則從終不可乎？」對曰：「臣聞小國之與大國從事也，有利則大國受其福，有敗則小國受其禍。今魏以小國請其禍，而王以大國辭其福，臣故曰王過，魏亦過。竊以爲從便。」王曰：「善。」乃合魏爲從。

【一】索隱 過音戈。

【二】集解 光臥反。

虞卿既以魏齊之故，不重萬户侯卿相之印，與魏齊閒行，卒去趙，困於梁。魏齊已死，不得意，乃著書，【一】上采春秋，下觀近世，曰節義、稱號、揣摩、政謀，凡八篇。以刺譏國家得失，世傳之曰虞氏春秋。【二】

【一】索隱魏齊，魏相，與應侯有仇，秦求之急，乃抵虞卿。卿弃相印，乃與齊閒行亡歸梁，以託信陵君。信陵君疑未決，齊自殺。故虞卿失相，乃窮愁而著書也。

【二】正義藝文志云十五篇。

太史公曰：平原君，翩翩濁世之佳公子也，然未睹大體。鄙語曰「利令智昏」，平原君貪馮亭邪説，使趙陷長平兵四十餘萬衆，邯鄲幾亡。【一】虞卿料事揣情，爲趙畫策，何其工也！及不忍魏齊，卒困於大梁，庸夫且知其不可，況賢人乎？然虞卿非窮愁，亦不能著書以自見於後世云。

【一】集解譙周曰：「長平之陷，乃趙王信閒易將之咎，何怨平原受馮亭哉？」

【索隱述贊】翩翩公子，天下奇器。笑姬從戮，義士增氣。兵解李同，盟定毛遂。虞卿躡蹻，受賞料事。及困魏齊，著書見意。

校勘記

〔一〕而未廢也　「廢」，景祐本、紹興本、耿本、黄本、彭本、柯本、凌本、殿本作「發」。王念孫雜志史記第四：「『廢』即『發』之借字，謂目笑之而未發於口也。」

〔二〕趙惠文王九年秦昭王十五年　「十五年」，疑當作「五十年」。按：本書卷一五六國年表秦圍邯鄲在孝成王九年，趙惠文王九年無其事。卷四〇楚世家秦圍邯鄲在考烈王六年，卷四四魏世家、卷七七魏公子列傳在魏安釐王二十年，皆當秦昭王五十年。卷八五呂不韋列傳亦在秦昭王五十年。

〔三〕會注本此下有正義：「言十九人相與目視之，竊笑未敢發聲也，『發』字或作『廢』者，非也。毛遂不由十九人而得廢棄也。」據水澤利忠校補，南化、幻、梅、狩、野、高本皆有此條，文字大同。

〔四〕六國年表及世家並云十四年卒　本書卷一五六國年表平原君卒在趙孝成王十五年，與傳同。

〔五〕注杅意通指　此五字原無，據索隱本補。

〔六〕注繳紛　此三字原無，據索隱本補。

〔七〕繳音叫　「叫」，黄本、彭本、柯本、凌本、殿本作「糾」，通鑑卷三周紀三赧王十七年「夫繳紉」胡三省注引索隱同。

〔八〕必王之事秦不如韓魏也　「必」下原有「以爲韓魏不救趙也而王之軍必孤有以」十六字。王念孫雜志史記第四：「此不知何處錯簡，與上下文皆不相屬。趙策及新序善謀篇竝無此十六字。」今據删。

〔九〕予秦地何如毋予孰吉　王念孫雜志史記第四：「如者，與也。趙策作『與秦城，何如不與』，『何』與『孰』同義，趙策言『何如』，則不言『孰吉』，此言『孰吉』，則不言『何如』，後人又加『何』字，斯爲謬矣。」按：新序善謀上作「予秦地與無予孰吉」。

史記卷七十七

魏公子列傳第十七

魏公子無忌者，魏昭王少子而魏安釐王異母弟也。昭王薨，安釐王即位，封公子爲信陵君。〔一〕是時范雎亡魏相秦，以怨魏齊故，秦兵圍大梁，破魏華陽下軍，走芒卯。魏王及公子患之。

〔一〕索隱按：地理志無信陵，或是鄉邑名也。

公子爲人仁而下士，士無賢不肖皆謙而禮交之，不敢以其富貴驕士。士以此方數千里爭往歸之，致食客三千人。當是時，諸侯以公子賢，多客，不敢加兵謀魏十餘年。

公子與魏王博，而北境傳舉烽，言「趙寇至，且入界」。〔二〕魏王釋博，欲召大臣謀。公子止王曰：「趙王田獵耳，非爲寇也。」〔三〕復博如故。王恐，心不在博。居頃，復從北方來傳言曰：「趙王獵耳，非爲寇也。」魏王大驚，曰：「公子何以知之？」公子曰：「臣之客有能深得趙王陰事[三]者[一]，趙王所爲，客輒以報臣，臣以此知之。」是後魏王畏公子之賢能，不敢任公子以國政。

[一]集解文穎曰：「作高木櫓[二]，櫓上作桔槔，桔槔頭兜零，以薪置其中，謂之烽[三]。常低之，有寇即火然舉之以相告。」

[二]正義爲，于僞反。

[三]索隱按：譙周作「探得趙王陰事」。

魏有隱士曰侯嬴，[一]年七十，家貧，爲大梁夷門監者。公子聞之，往請，欲厚遺之。不肯受，曰：「臣脩身絜行數十年，終不以監門困故而受公子財。」公子於是乃置酒大會賓客。坐定，公子從車騎，虛左，自迎夷門侯生。侯生攝敝衣冠，直上載公子上坐，不讓，欲以觀公子。公子執轡愈恭。侯生又謂公子曰：「臣有客在市屠中，願枉車騎過之。」公子引車入市，侯生下見其客朱亥，俾倪，[二]故久立與其客語，微察公子。公子顏色愈和。當是時，魏將相宗室賓客滿堂，待公子舉酒。市人皆觀公子執轡。從騎皆竊罵侯生。侯生視公子色終不變，乃謝客就車。至家，公子引侯生坐上坐，偏贊賓客，[三]賓客皆驚。酒酣，公子起，爲壽侯生前。侯生因謂公子曰：「今日嬴之爲公子亦足矣。[四]嬴乃夷門抱關者也，而公子親枉車騎，自迎嬴於衆人廣坐之中，不宜有所過，今公子故過之。然嬴欲就公子之名，故久立公子車騎市中，過客以觀公子，公子愈恭。市人皆以嬴爲小人，而以公子爲長者能下士也。」於是罷酒，侯生遂爲上客。

【一】索隱 音盈。又曹植音「羸瘦」之「羸」。

【二】索隱 上音浦計反，下音五計反。鄒誕云又上音疋未反，下音五弟反。正義 不正視也。

【三】索隱 徧音遍。贊者，告也。謂以侯生遍告賓客。

【四】集解 徐廣曰：「爲，一作『羞』。」

侯生謂公子曰：「臣所過屠者朱亥，此子賢者，世莫能知，故隱屠閒耳。」公子往數請之，朱亥故不復謝，公子怪之。

魏安釐王二十年，秦昭王已破趙長平軍，又進兵圍邯鄲。公子姊爲趙惠文王弟平原君夫人，數遺魏王及公子書，請救於魏。魏王使將軍晉鄙【一】將十萬衆救趙。秦王使使者告魏王曰：「吾攻趙旦暮且下，而諸侯敢救者，已拔趙，必移兵先擊之。」魏王恐，使人止晉鄙，留軍壁鄴，名爲救趙，實持兩端以觀望。平原君使者冠蓋相屬於魏，讓魏公子曰：「勝所以自附爲婚姻者，以公子之高義，爲能急人之困。今邯鄲旦暮降秦而魏救不至，安在公子能急人之困也！且公子縱輕勝，弃之降秦，獨不憐公子姊邪？」公子患之，數請魏王，及賓客辯士說王萬端。魏王畏秦，終不聽公子。公子自度終不能得之於王，計不獨生而令趙亡，乃請賓客，約車騎百餘乘，欲以客往赴秦軍，與趙俱死。

【一】索隱 魏將姓名也。

行過夷門，見侯生，具告所以欲死秦軍狀。辭決而行，侯生曰：「公子勉之矣，老臣不能從。」公子行數里，心不快，曰：「吾所以待侯生者備矣，天下莫不聞，今吾且死而侯生曾無一言半辭送我，我豈有所失哉？」復引車還，問侯生。侯生笑曰：「臣固知公子之還也。」曰：「公子喜士，名聞天下。今有難，無他端而欲赴秦軍，譬若以肉投餒虎，何功之有哉？尚安事客？然公子遇臣厚，公子往而臣不送，以是知公子恨之復返也。」公子再拜，因問。侯生乃屏人閒語，【一】曰：「嬴聞晉鄙之兵符常在王卧內，而如姬最幸，出入王卧內，力能竊之。嬴聞如姬父爲人所殺，如姬資之三年，【二】自王以下欲求報其父仇，莫能得。如姬爲公子泣，公子使客斬其仇頭，敬進如姬。如姬之欲爲公子死，無所辭，顧未有路耳。公子誠一開口請如姬，如姬必許諾，則得虎符奪晉鄙軍，北救趙而西卻秦，此五霸之伐也。」公子從其計，請如姬。如姬果盜晉鄙兵符與公子。

【一】索隱 閒音閑。閒語謂靜語也〔四〕。

【二】索隱 舊解資之三年謂服齊衰也。今案：資者，畜也。謂欲爲父復讎之資畜於心已得三年矣。

公子行，侯生曰：「將在外，主令有所不受，以便國家。公子即合符，而晉鄙不授公子兵而復請之，事必危矣。臣客屠者朱亥可與俱，此人力士。晉鄙聽，大善；不聽，可使擊之。」於是公子泣。侯生曰：「公子畏死邪？何泣也？」公子曰：「晉鄙嚄唶〔一〕宿將，往恐不聽，必當殺之，是以泣耳，豈畏死哉？」於是公子請朱亥。朱亥笑曰：「臣迺市井鼓刀屠者，而公子親數存之，所以不報謝者，以爲小禮無所用。今公子有急，此乃臣效命之秋也。」遂與公子俱。公子過謝侯生。侯生曰：「臣宜從，老不能。請數公子行日，以至晉鄙軍之日，北鄉自剄，以送公子。」公子遂行。

〔一〕集解上音烏百反，下音莊白反。索隱上烏白反，下爭格反。案：嚄唶謂多詞句也。正義聲類云：「嚄，大笑。唶，大呼。」

至鄴，矯魏王令代晉鄙。晉鄙合符，疑之，舉手視公子曰：「今吾擁十萬之衆，屯於境上，國之重任，今單車來代之，何如哉？」欲無聽。朱亥袖四十斤鐵椎，椎殺晉鄙，公子遂將晉鄙軍。勒兵下令軍中曰：「父子俱在軍中，父歸；兄弟俱在軍中，兄歸；獨子無兄弟，歸養。」得選兵八萬人，進兵擊秦軍。秦軍解去，遂救邯鄲，存趙。趙王及平原君自迎公子於界，平原君負韊矢〔一〕爲公子先引。趙王再拜曰：「自古賢人未有及公子者也。」當此之時，平原君不敢自比於人。公子與侯生決，至軍，侯生果北鄉自剄。

【一】集解呂忱曰：「韊盛弩矢。」索隱韊音蘭。謂以盛矢，如今之胡簏而短也。呂，姓；忱，名，作字林者。言韊盛弩矢之器。

魏王怒公子之盜其兵符矯殺晉鄙，公子亦自知也。已卻秦存趙，使將將其軍歸魏，而公子獨與客留趙。趙孝成王德公子之矯奪晉鄙兵而存趙，乃與平原君計以五城封公子。公子聞之，意驕矜而有自功之色。客有說公子曰：「物有不可忘，或有不可不忘。夫人有德於公子，公子不可忘也；公子有德於人，願公子忘之也。且矯魏王令，奪晉鄙兵以救趙，於趙則有功矣，於魏則未爲忠臣也。公子乃自驕而功之，竊爲公子不取也。」於是公子立自責，似若無所容者。趙王埽除自迎，執主人之禮，引公子就西階。公子側行辭讓，從東階上。【一】自言辠過，以負於魏，【二】無功於趙。趙王侍酒至暮，口不忍獻五城，以公子退讓也。公子竟留趙。趙王以鄗【三】爲公子湯沐邑，魏亦復以信陵奉公子。公子留趙。

【一】集解禮記曰：「主人就東階，客就西階。客若降等，則就主人之階。」

【二】索隱負音佩。

【三】索隱音臛，趙邑名，屬常山。

公子聞趙有處士毛公藏於博徒，薛公藏於賣漿家，【一】公子欲見兩人，兩人自匿不肯見公子。公子聞所在，乃閒步往從此兩人游，甚歡。平原君聞之，謂其夫人曰：「始吾聞夫人弟公子天下無雙，今吾聞之，乃妄從博徒賣漿者游，公子妄人耳。」夫人以告公子。公子乃謝夫人去，曰：「始吾聞平原君賢，故負魏王而救趙，以稱平原君。平原君之游，徒豪舉耳，【二】不求士也。無忌自在大梁時，常聞此兩人賢，至趙，恐不得見。以無忌從之游，尚恐其不我欲也，今平原君乃以爲羞，其不足從游。」乃裝爲去。夫人具以語平原君。平原君乃免冠謝，固留公子。平原君門下聞之，半去平原君歸公子，天下士復往歸公子，公子傾平原君客。

【一】集解徐廣曰：「漿，一作『醪』。」索隱按：別録云「漿，或作『醪』字」。

【二】索隱謂豪者舉之。舉亦音據也。

公子留趙十年不歸。秦聞公子在趙，日夜出兵東伐魏。魏王患之，使使往請公子。公子恐其怒之，乃誡門下：「有敢爲魏王使通者，死。」賓客皆背魏之趙，莫敢勸公子歸。毛公、薛公【一】兩人往見公子曰：「公子所以重於趙，名聞諸侯者，徒以有魏也。今秦攻魏，魏急而公子不恤，使秦破大梁而夷先王之宗廟，公子當何面目立天下乎？」語未及卒，公子立變色，告車趣駕歸救魏。

【一】索隱史不記其名。

魏王見公子，相與泣，而以上將軍印授公子，公子遂將。魏安釐王三十年，公子使使遍告諸侯。諸侯聞公子將，各遣將將兵救魏。公子率五國之兵破秦軍於河外，走蒙驁。遂乘勝逐秦軍至函谷關，抑秦兵，【一】秦兵不敢出。當是時，公子威振天下，諸侯之客進兵法，公子皆名之，【二】故世俗稱魏公子兵法。【三】

【一】索隱抑音憶。按：抑謂以兵壓之。

【二】索隱言公子所得進兵法而必稱其名，以言其恕也。

【三】集解劉歆七略有魏公子兵法二十一篇，圖七卷。

秦王患之，乃行金萬斤於魏，求晉鄙客，令毀公子於魏王曰：「公子亡在外十年矣，今爲魏將，諸侯將皆屬，諸侯徒聞魏公子，不聞魏王。公子亦欲因此時定南面而王，諸侯畏公子之威，方欲共立之。」秦數使反閒，僞賀公子得立爲魏王未也。魏王日聞其毀，不能不信，後果使人代公子將。公子自知再以毀廢，乃謝病不朝，與賓客爲長夜飲，飲醇酒，多近婦女。日夜爲樂飲者四歲，竟病酒而卒。其歲，魏安釐王亦薨。

秦聞公子死，使蒙驁攻魏，拔二十城，初置東郡。其後秦稍蠶食魏，十八歲而虜魏王，【一】屠大梁。

【一】索隱魏王名假。

高祖始微少時，數聞公子賢。及即天子位，每過大梁，常祠公子。高祖十二年，從擊黥布還，爲公子置守冢五家，世世歲以四時奉祠公子。

太史公曰：吾過大梁之墟，求問其所謂夷門。夷門者，城之東門也。天下諸公子亦有喜士者矣，然信陵君之接巖穴隱者，不恥下交，有以也。名冠諸侯，不虛耳。高祖每過之而令民奉祠不絕也。

【索隱述贊】信陵下士，鄰國相傾。以公子故，不敢加兵。頗知朱亥，盡禮侯嬴。遂卻晉鄙，終辭趙城。毛、薛見重，萬古希聲。

校勘記

〔一〕深得　景祐本、耿本、黄本、彭本、柯本、凌本、殿本作「探得」。

〔二〕木櫓　疑當作「土櫓」。按：漢書卷四八賈誼傳「斥候望烽燧不得卧」顏師古注、通鑑卷一五漢紀七文帝後六年「烽火通於甘泉、長安」胡三省注引文穎皆作「土櫓」。張文虎札記卷五：

「中統本作『土櫓』。宋本、毛本『土』又譌爲『士』。」

〔三〕謂之烽　漢書卷四八賈誼傳顏師古注、後漢書卷一下光武帝紀下李賢注、通鑑卷一五漢紀七文帝後六年胡三省注引文穎皆作「曰烽」，在「舉之以相告」之下。

〔四〕閒語謂靜語也　「閒」字原無，據正文及索隱本補。

史記卷七十八

春申君列傳第十八

春申君者，楚人也，名歇，姓黄氏。游學博聞，事楚頃襄王。〔一〕頃襄王以歇爲辯，使於秦。秦昭王使白起攻韓、魏，敗之於華陽，禽魏將芒卯，韓、魏服而事秦。秦昭王方令白起與韓、魏共伐楚，未行，而楚使黄歇適至於秦，聞秦之計。當是之時，秦已前使白起攻楚，取巫、黔中之郡，拔鄢郢，東至竟陵，〔二〕楚頃襄王東徙治於陳縣。〔三〕黄歇見楚懷王之爲秦所誘而入朝，遂見欺，留死於秦，頃襄王，其子也，秦輕之，恐壹舉兵而滅楚。歇乃上書説秦昭王曰：

〔一〕索隱名横，考烈王完之父。

〔二〕正義竟陵屬江夏郡也。

〔三〕正義今陳州也。

天下莫彊於秦、楚。今聞大王欲伐楚，此猶兩虎相與鬭。兩虎相與鬭而駑犬受其獘，【一】不如善楚。臣請言其說：臣聞物至則反，冬夏是也；【二】致至則危，【三】累棊是也。今大國之地，徧天下有其二垂，【四】此從生民已來，萬乘之地未嘗有也。先帝文王、莊王之身，三世不妄接地於齊〔一〕，以絶從親之要。【五】今王使盛橋守事於韓，【六】盛橋以其地入秦，是王不用甲，不信威，【七】而得百里之地。王可謂能矣。王又舉甲而攻魏，杜大梁之門，舉河內，拔燕、酸棗、虚、【八】桃，入邢，【九】魏之兵雲翔而不敢捄〔二〕。王之功亦多矣。王休甲息衆，二年而後復之；又并蒲、衍、首、垣，【一〇】以臨仁、平丘，【一一】黄、濟陽嬰城，【一二】而魏氏服；王又割濮磿之北，【一三】注齊秦之要，絶楚趙之脊，【一四】天下五合六聚而不敢救。王之威亦單矣。【一五】

【一】索隱按：謂兩虎鬭乃受獘於駑犬也。劉氏云受猶承也。

【二】正義至，極也，極則反也。冬至，陰之極；夏至，陽之極。

【三】集解徐廣曰：「致，或作『安』。」

【四】正義言極東西〔三〕。

【五】索隱音腰。以言山東從，韓、魏是其腰。

【六】索隱按：秦使盛橋守事於韓，亦如楚使召滑相趙然也〔四〕，並內行章義之難。

【七】索隱信音申。

【八】集解徐廣曰：「秦始皇五年，取酸棗、燕、虛。蘇代曰『決宿胥之口，魏無虛、頓丘』。」

【九】集解徐廣曰：「燕縣有桃城，平皋有邢丘。」正義邢丘在懷州武德縣東南二十里。

【一〇】集解徐廣曰：「蘇秦云『北有河外卷、衍』。長垣縣有蒲鄉。」索隱此蒲在衞之長垣蒲鄉也。衍在河南，與卷相近。首蓋牛首，垣即長垣，非河東之垣也。垣音圓。

【一一】集解徐廣曰：「屬陳留。」索隱仁及平丘，二縣名。謂以兵臨此二縣，則黃及濟陽等自嬰城而守也。按：地理志平丘屬陳留。今不知所在〔五〕。

【一二】集解徐廣曰：「蘇代云『決白馬之口，魏無黃、濟陽』。」正義故黃城在曹州考城縣東。濟陽故城在曹州宛句縣西南。嬰城，未詳。

【一三】集解徐廣曰：「濮水北於鉅野入濟。」索隱地名，蓋地近濮也。

【一四】正義劉伯莊云：「言秦得魏地，楚、趙之從絶〔六〕。」

【一五】集解徐廣曰：「單，亦作『殫』。」索隱單音丹。單者，盡也。言王之威盡行矣。

王若能持功守威，絀攻取之心而肥仁義之地，使無後患，三王不足四，五伯不足六也。王若負人徒之衆，仗兵革之彊，乘毀魏之威，而欲以力臣天下之主，臣恐其有後患也。詩曰「靡不有初，鮮克有終」。易曰「狐涉水，濡其尾」。【一】此言始之易，終之難也。何以知其然也？昔智氏見伐趙之利而不知榆次之禍，【二】吳見伐齊之便而不知干隧之敗。【三】此二國者，非無大功也，没利於前而易患於後也。【四】吳之信越也，從而伐齊，【五】既勝齊人於艾陵，【六】還爲越王禽三渚之浦。【七】智氏之信韓、魏也，從而伐趙，攻晉陽城，【八】勝有日矣，韓、魏叛之，殺智伯瑶於鑿臺之下。【九】今王妒楚之不毁也，而忘毁楚之彊韓、魏也，臣爲王慮而不取也。

【一】正義言狐惜其尾，每涉水，舉尾不令濕，比至極困，則濡之。譬不可力臣之。

【二】索隱智伯敗於榆次也。地理志屬太原，有梗陽鄉。正義榆次，并州縣也。注水經云：「榆次縣南洞渦水側有鑿臺。」

【三】索隱干隧，吳之敗處，地名。干，水邊也。隧，道路也。正義干隧，吳地名也。出萬安山西南一里太湖，即吳王夫差自剄處，在蘇州西北四十里。

【四】索隱謂智伯及吳王没伐趙及伐齊之利於前，而自易其患於後。後即榆次、干隧之難也。

【五】索隱從音絶用反。劉氏云：「從猶領也。」

【六】正義艾山在兗州博縣南六十里也【七】。

【七】集解戰國策曰「三江之浦」。正義吳俗傳云：「越軍得子胥夢，從東入伐吳，越王即從三江北岸立壇，殺白馬祭子胥，杯動酒盡，乃開渠曰示浦，入破吳王於姑蘇，敗干隧也。」

【八】正義并州城。

【九】集解徐廣曰：「鑿臺在榆次。」

詩曰「大武遠宅而不涉」。【一】從此觀之，楚國，援也；鄰國，敵也。詩云「趯趯毚兔，遇犬獲之。【二】他人有心，余忖度之」。今王中道而信韓、魏之善王也，此正吳之信越也。臣聞之，敵不可假，時不可失。臣恐韓、魏卑辭除患而實欲欺大國也。【三】何則？王無重世之德【四】於韓、魏，而有累世之怨焉。夫韓、魏父子兄弟接踵而死於秦者將十世矣。本國殘，社稷壞，宗廟毀。刳腹絕腸，折頸摺頤〔八〕，【五】首身分離，暴骸骨於草澤，頭顱僵仆，相望於境，父子老弱係脰束手爲羣虜者相及於路。鬼神孤傷，無所血食。人民不聊生，族類離散，流亡爲僕妾者，盈滿海內矣。故韓、魏之不亡，秦社稷之憂也，今王資之與攻楚，不亦過乎！

【一】正義言大軍不遠跋涉攻伐。

【二】集解韓嬰章句曰：「趯趯，往來貌。獲，得也。言趯趯之毚兔。謂狡兔數往來逃匿其跡，有時遇犬得之。」毛傳曰：「毚兔，狡兔也。」鄭玄曰：「遇犬，犬之馴者，謂田犬。」索隱趯，作「躍」。躍，天歷反。毚音讒。

【三】索隱大國謂秦也。

【四】索隱重世猶累世也〔九〕。

【五】集解徐廣曰：「一作『顛』。」　索隱上音拉，下音夷。

且王攻楚，將惡出兵？【一】王將借路於仇讎之韓、魏乎？　兵出之日而王憂其不返也，是王以兵資於仇讎之韓、魏也。　王若不借路於仇讎之韓、魏，必攻隨水右壤。隨水右壤，此皆廣川大水，山林谿谷，不食之地也，【二】王雖有之，不爲得地。　是王有毀楚之名而無得地之實也。

【一】正義惡音烏。

【二】索隱楚都陳，隨水之右壤蓋在隨之西〔一〇〕，即今鄧州之西，其地多山林者矣〔一一〕。

且王攻楚之日，四國必悉起兵以應王。　秦、楚之兵構而不離，魏氏將出而攻留、方與、銍、湖陵、碭、蕭、相，故宋必盡。【一】齊人南面攻楚，泗上必舉。【二】此皆平原四達，膏腴之地，而使獨攻。【三】王破楚以肥韓、魏於中國而勁齊。　韓、魏之彊，足以校於秦。【四】齊南以泗水爲境，東負海，北倚河，而無後患，天下之國莫彊於齊、魏，齊、魏得地葆利而詳事下吏，一年之後，爲帝未能，其於禁王之爲帝有餘矣。【五】

【一】正義徐州西，宋州東，兗州南，並故宋地。

【二】正義此時徐、泗屬齊也。

【三】索隱若秦楚構兵不休，則魏盡故宋，齊取泗上，是使齊魏獨攻伐而得其利也。

【四】索隱校音教。謂足以與秦爲敵也。一云校者，報也，言力能報秦。

【五】索隱言齊一年之後，未即能爲帝，而能禁秦爲帝有餘力矣。然「禁」字作「楚」者，誤也。

夫以王壤土之博，人徒之衆，兵革之彊，壹舉事而樹怨於楚，遲令【一】韓、魏歸帝重於齊，是王失計也。【二】臣爲王慮，莫若善楚。秦、楚合而爲一以臨韓，韓必斂手。王施以東山之險【三】，帶以曲河之利，韓必爲關內之侯。若是而王以十萬戍鄭，梁氏寒心，許、鄢陵嬰城，而上蔡、召陵不往來也，如此而魏亦關內侯矣。王壹善楚，而關內兩萬乘之主注地於齊，【三】齊右壤可拱手而取也。【四】王之地一經兩海，【五】要約天下，是燕、趙無齊、楚，齊、楚無燕、趙也。然後危動燕、趙，直搖齊、楚，此四國者不待痛而服矣。

【一】集解徐廣曰：「遲，一作『還』。」索隱遲音值。值猶乃也。令音力呈反。

【二】索隱謂韓、魏重齊，令歸帝號，此秦之計失。

【三】索隱注謂以兵裁之也。

【四】正義右壤謂濟州之南北也。

【五】索隱謂西海至東海皆是秦地。正義廣言横度中國東西也。

昭王曰：「善。」於是乃止白起而謝韓、魏。發使賂楚，約爲與國。

黄歇受約歸楚，楚使歇與太子完入質於秦，秦留之數年。楚頃襄王病，太子不得歸。而楚太子與秦相應侯善，於是黄歇乃説應侯曰：「相國誠善楚太子乎？」應侯曰：「然。」歇曰：「今楚王恐不起疾，秦不如歸其太子。太子得立，其事秦必重而德相國無窮，是親與國而得儲萬乘也。若不歸，則咸陽一布衣耳；楚更立太子，必不事秦。夫失與國而絶萬乘之和，非計也。願相國孰慮之。」應侯以聞秦王。秦王曰：「令楚太子之傅先往問楚王之疾，返而後圖之。」黄歇爲楚太子計曰：「秦之留太子也，欲以求利也。今太子力未能有以利秦也，歇憂之甚。而陽文君子二人在中，王若卒大命，太子不在，陽文君子必立爲後，太子不得奉宗廟矣。不如亡秦，與使者俱出；臣請止，以死當之。」楚太子因變衣服爲楚使者御以出關，而黄歇守舍，常爲謝病。度太子已遠，秦不能追，歇乃自言秦昭王曰：「楚太子已歸，出遠矣。歇當死，願賜死。」昭王大怒，欲聽其自殺也。應侯曰：「歇爲人臣，出身以徇其主，太子立，必用歇，故不如無罪而歸之，以親楚。」秦因遣黄歇。

歇至楚三月，楚頃襄王卒，〔二〕太子完立，是爲考烈王。考烈王元年，以黄歇爲相，封爲春申君，〔三〕賜淮北地十二縣。後十五歲，黄歇言之楚王曰：「淮北地邊齊，其事急，請以爲郡便。」因并獻淮北十二縣，請封於江東。考烈王許之。春申君因城故吴墟，【三】以自爲都邑。

【一】集解徐廣曰：「三十六年。」

【二】正義然四君封邑檢皆不獲〔三〕，唯平原有地，又非趙境，並蓋號謚，而孟嘗是謚。

【三】正義墟音虚。闔閭，今蘇州也。於城内小城西北别築城居之，今圮毁也。又大内北瀆，四從五横，至今猶存。又改破楚門爲昌門。

春申君既相楚，是時齊有孟嘗君，趙有平原君，魏有信陵君，方爭下士，招致賓客，以相傾奪，輔國持權。

春申君爲楚相四年，秦破趙之長平軍四十餘萬。五年，圍邯鄲。邯鄲告急於楚，楚使春申君將兵往救之，秦兵亦去，春申君歸。春申君相楚八年，爲楚北伐滅魯，【一】以荀卿爲蘭陵令。當是時，楚復彊。

【一】索隱按：年表云八年「取魯，封魯君於莒」，十四年而滅也。

趙平原君使人於春申君，春申君舍之於上舍。趙使欲夸楚，爲瑇瑁簪，刀劍室以珠玉飾之，請命春申君客。春申君客三千餘人，其上客皆躡珠履以見趙使，趙使大慙。

春申君相十四年，秦莊襄王立，以吕不韋爲相，封爲文信侯。取東周。

春申君相二十二年，諸侯患秦攻伐無已時，乃相與合從，西伐秦，【一】而楚王爲從長，春申君用事。至函谷關，秦出兵攻，諸侯兵皆敗走。楚考烈王以咎春申君，春申君以此益疏。

【一】集解徐廣曰：「始皇六年。」

客有觀津人朱英，【一】謂春申君曰：「人皆以楚爲彊而君用之弱，其於英不然。先君時善秦二十年而不攻楚，何也？秦踰黽隘之塞而攻楚，【二】不便；假道於兩周，背韓、魏而攻楚，不可。今則不然，魏旦暮亡，不能愛許、鄢陵，其許魏割以與秦。秦兵去陳百六十里，【三】臣之所觀者，見秦、楚之日鬬也。」楚於是去陳徙壽春；而秦徙衞野王，作置東郡。【四】春申君由此就封於吴，行相事。

【一】正義觀音館。今魏州觀城縣也。

【二】正義黽隘之塞在申州。黽音盲也。

【三】集解徐廣曰：「在許東南。」

【四】正義濮、滑州兼河北置東郡。濮州本衞都，而徙野王也。

楚考烈王無子，春申君患之，求婦人宜子者進之，甚衆，卒無子。趙人李園持其女弟，欲進之楚王，聞其不宜子，恐久毋寵。李園求事春申君爲舍人，已而謁歸，故失期。還謁，春申君問之狀，對曰：「齊王使使求臣之女弟，與其使者飲，故失期。」春申君曰：「娉入乎？」對曰：「未也。」春申君曰：「可得見乎？」曰：「可。」於是李園乃進其女弟，即幸於春申君。知其有身，李園乃與其女弟謀。園女弟承閒以説春申君曰：「楚王之貴幸君，雖兄弟不如也。今君相楚二十餘年，而王無子，即百歲後將更立兄弟，則楚更立君後，亦各貴其故所親，君又安得長有寵乎？非徒然也，君貴用事久，多失禮於王兄弟，兄弟誠立，禍且及身，何以保相印江東之封乎？今妾自知有身矣，而人莫知。妾幸君未久，誠以君之重而進妾於楚王，王必幸妾，妾賴天有子男，則是君之子爲王也，楚國盡可得，孰與身臨不測之罪乎？」春申君大然之，乃出李園女弟，謹舍，而言之楚王。楚王召入幸之，遂生子男，立爲太子，以李園女弟爲王后。楚王貴李園，園用事。

李園既入其女弟，立爲王后，子爲太子，恐春申君語泄而益驕，陰養死士，欲殺春申君以滅口，而國人頗有知之者。

春申君相二十五年，楚考烈王病。朱英謂春申君曰：「世有毋望之福，〔一〕又有毋望之禍。〔二〕今君處毋望之世，〔三〕事毋望之主，〔四〕安可以無毋望之人乎？」〔五〕春申君曰：

「何謂毋望之福？」曰：「君相楚二十餘年矣，雖名相國，實楚王也。今楚王病，旦暮且卒，而君相少主，因而代立當國，如伊尹、周公，王長而反政，不即遂南面稱孤而有楚國？此所謂毋望之福也。」春申君曰：「何謂毋望之禍？」曰：「李園不治國而君之仇也，【六】不爲兵而養死士之日久矣，楚王卒，李園必先入據權而殺君以滅口。此所謂毋望之禍也。」春申君曰：「何謂毋望之人？」對曰：「君置臣郎中，楚王卒，李園必先入，臣爲君殺李園。此所謂毋望之人也。」春申君曰：「足下置之。李園，弱人也，僕又善之，且又何至此！」朱英【七】知言不用，恐禍及身，乃亡去。

【一】正義無望謂不望而忽至也。

【二】索隱周易有无妄卦，其義殊也。

【三】正義謂生死無常。

【四】正義謂喜怒不節也。

【五】正義謂吉凶忽爲〔一四〕。

【六】索隱言園是春申之仇也。戰國策作「君之舅也」，謂爲王之舅，意異也。

【七】索隱朱亥。即上之朱英也。作「亥」者，史因趙有朱亥誤也。

後十七日，楚考烈王卒，李園果先入，伏死士於棘門之内。【一】春申君入棘門，園死士俠刺春申君，斬其頭，投之棘門外。【二】於是遂使吏盡滅春申君之家。而李園女弟初幸春申君有身而入之王所生子者遂立，是爲楚幽王。【三】

【一】正義 壽州城門。

【二】正義 楚考烈王二十五年，秦始皇九年。

【三】索隱 按：楚捍有母弟猶，猶有庶兄負芻及昌平君，是楚君完非無子，而上文云考烈王無子，誤也。

是歲也，秦始皇帝立九年矣。嫪毐亦爲亂於秦，覺，夷其三族，而呂不韋廢。

太史公曰：吾適楚，觀春申君故城，宮室盛矣哉！初，春申君之説秦昭王，及出身遣楚太子歸，何其智之明也！後制於李園，旄矣。【一】語曰：「當斷不斷，反受其亂。」春申君失朱英之謂邪？

【一】集解 徐廣曰：「旄音耄。」

【索隱述贊】黄歇辯智，權略秦、楚。太子獲歸，身作宰輔。珠炫趙客，邑開吴土。烈王寡胤，李園獻女。無妄成災，朱英徒語。

校勘記

〔一〕不妄　景祐本、紹興本、耿本、黄本、彭本、柯本、凌本、殿本作「不忘」。

〔二〕桃入邢魏　梁玉繩志疑卷三〇：「(桃入)策作『桃人』，是，『入』字誤。『邢』字衍，策無之。」王叔岷斠證以爲「邢」乃「荆」之誤，當屬下讀。

〔三〕極東西　通鑑卷四周紀四赧王四十二年「有其二垂」胡三省注引正義作「極東極西」。

〔四〕楚使召滑相趙　「趙」，疑當作「越」。按：本書卷七一樗里子甘茂列傳云「且王前嘗用召滑於越，而内行章義之難，越國亂」，戰國策楚策一云「且王嘗用滑於越而納句章，昧之難，越亂」。

〔五〕今不知所在　耿本、黄本、彭本、柯本、凌本、殿本索隱作「仁闕」。

〔六〕從絶　原作「絶從」。張文虎札記卷五：「『絶從』疑誤倒。」今據改。

〔七〕兗州博縣　「博縣」，疑當作「博城縣」。按：本書卷六六伍子胥列傳「大敗齊師於艾陵」正義引括地志：「艾山在兗州博城縣南百六十里，本齊博邑。」元和志卷一〇河南道六兗州：「(乾封縣)本齊之博邑，後魏改博縣爲博平，隋開皇十七年改博平爲博城縣。長安元年廢，乃於岱山下改博城縣爲乾封縣。」

〔八〕摺頤　張文虎札記卷五：「御覽三百六十八引此，注云『摺，盧合反』。」

〔九〕重世猶累世也　「累世」，耿本、黄本、彭本、柯本、凌本、殿本作「再世」。

〔一〇〕隨水之右壤蓋在隨之西　「隨之西」，通鑑卷四周紀四赧王四十二年「必攻隨水右壤」胡三省注引索隱作「隨水之西」。

〔一一〕其地多山林者矣　「矣」，通鑑卷四周紀四赧王四十二年「必攻隨水右壤」胡三省注引索隱作「是」。

〔一二〕王施以東山之險　「施」，戰國策秦策四作「襟」。

〔一三〕然四君封邑檢皆不獲　張文虎札記卷五：「警云『然』上當尚有文，今缺。」

〔一四〕吉凶忽爲　張文虎札記卷五：「『爲』疑『焉』字譌。」

史記卷七十九

范雎蔡澤列傳第十九〔一〕

范雎者，魏人也，字叔。游説諸侯，欲事魏王，家貧無以自資，乃先事魏中大夫〔一〕須賈。〔二〕

〔一〕索隱按：漢書百官表中大夫，秦官。此魏有中大夫，蓋古官也。

〔二〕索隱須，姓；賈，名也。須氏蓋密須之後。

須賈爲魏昭王〔一〕使於齊，范雎從。留數月，未得報。齊襄王〔二〕聞雎辯口，乃使人賜雎金十斤及牛酒，雎辭謝不敢受。須賈知之，大怒，以爲雎持魏國陰事告齊，故得此饋，令雎受其牛酒，還其金。既歸，心怒雎，以告魏相。魏相，魏之諸公子，曰魏齊。魏齊大怒，使舍人笞擊雎，折脅摺齒。〔三〕雎詳死，即卷以簀，〔四〕置廁中。賓客飲者醉，更溺雎，〔五〕故僇辱以懲後，令無妄言者。雎從簀中謂守者曰：「公能出我，我必厚謝公。」守者乃請出弃簀中死人。魏齊醉，曰：「可矣。」范雎得出。後魏齊悔，復召求之。魏人鄭安平聞之，乃遂操范雎亡，伏匿，更名姓曰張禄。

【一】索隱 按：系本昭王名遫，襄王之子也。

【二】索隱 名法章。

【三】索隱 摺音力答反。謂打折其脅，而又拉折其齒也。

【四】索隱 簀謂葦荻之薄也，用之以裹屍也。

【五】索隱 更音羹。溺即溲也。溺音年弔反。溲音所留反。正義 溺，古「尿」字。

當此時，秦昭王使謁者王稽於魏。鄭安平詐爲卒，侍王稽。【一】王稽問：「魏有賢人可與俱西游者乎？」鄭安平曰：「臣里中有張禄先生，欲見君，言天下事。其人有仇，不敢晝見。」王稽曰：「夜與俱來。」鄭安平夜與張禄見王稽。語未究，王稽知范雎賢，謂曰：「先生待我於三亭之南。」【二】與私約而去。

【一】正義 卒，祖忽反〔一〕。

【二】索隱 按：三亭，亭名，在魏境之邊，道亭也，今無其處。一云魏之郊境，總有三亭，皆祖餞之處。與期三亭之南，蓋送餞已畢，無人處。正義 括地志云：「三亭岡在汴州尉氏縣西南三十七里。」按：三亭岡在山部中名也，蓋「岡」字誤爲「南」。

王稽辭魏去，過，載范雎入秦。至湖，【一】望見車騎從西來。范雎曰：「彼來者爲誰？」王稽曰：「秦相穰侯東行縣邑。」范雎曰：「吾聞穰侯專秦權，惡内諸侯客，【二】此恐辱我，我寧且匿車中。」有頃，穰侯果至，勞王稽，因立車而語曰：「關東有何變？」曰：「無有。」又謂王稽曰：「謁君得無與諸侯客子俱來乎？無益，徒亂人國耳。」王稽曰：「不敢。」即別去。范雎曰：「吾聞穰侯智士也，其見事遲，鄉者疑車中有人，忘索之。」【三】於是范雎下車走，曰：「此必悔之。」行十餘里，果使騎還索車中，無客，乃已。王稽遂與范雎入咸陽。

【一】索隱按：地理志京兆有湖縣，本名胡，武帝更名湖，即今湖城縣也。正義今虢州湖城縣也。

【二】索隱内音納，亦如字。内者亦猶入也。

【三】索隱索猶搜也。音栅，又先格反。

已報使，因言曰：「魏有張禄先生，天下辯士也。曰『秦王之國危於累卵，【一】得臣則安。然不可以書傳也』。臣故載來。」秦王弗信，使舍食草具。【二】待命歲餘。

【一】正義按：説苑云「晉靈公造九層之臺，費用千金，謂左右曰：『敢有諫者斬。』荀息聞之，上書求見。靈公張弩持矢見之。曰：『臣不敢諫也。臣能累十二博棊，加九雞子其上。』公曰：『子爲寡人作之。』荀息正顔色，定志意，以棊子置下，加九雞子其上。左右懼慴息，靈公氣息不續。公曰：『危哉，危哉！』荀息曰：『此殆不危也，復有危於此者。』公曰：『願見之。』荀息曰：『九層之臺三年不成，男不耕，女不織，國用空虛，鄰國謀議將興，社稷亡滅，君欲何望？』靈公曰：『寡人之過也乃至於此！』即壞九層臺也」。

【三】索隱謂亦舍之，而食以下客之具。然草具謂麁食草萊之饌具。

當是時，昭王已立三十六年。南拔楚之鄢郢，楚懷王幽死於秦。秦東破齊。湣王嘗稱帝，後去之。數困三晉。厭天下辯士，無所信。

穰侯，華陽君，【一】昭王母宣太后之弟也；而涇陽君、高陵君皆昭王同母弟也。穰侯相，三人者更將，有封邑，以太后故，私家富重於王室。及穰侯爲秦將，且欲越韓、魏而伐齊綱、壽，欲以廣其陶封。范睢乃上書曰：

【一】集解徐廣曰：「華，一作『葉』。」索隱穰侯，謂魏冄，宣太后之異父弟。穰，縣，在南陽。華陽君，芈戎，宣太后之同父弟，亦號爲新城君是也。

臣聞明主立政，【一】有功者不得不賞，有能者不得不官，勞大者其祿厚，功多者其爵尊，能治衆者其官大。故無能者不敢當職焉，有能者亦不得蔽隱。使以臣之言爲可，願行而益利其道；以臣之言爲不可，久留臣無爲也。語曰：「庸主賞所愛而罰所惡；明主則不然，賞必加於有功，而刑必斷於有罪。」今臣之胸不足以當椹質，〔二〕而要不足以待斧鉞，豈敢以疑事嘗試於王哉！雖以臣爲賤人而輕辱，獨不重任臣者之無反復於王邪？

〔一〕索隱 按：戰國策「立」作「莅」也。

〔二〕索隱 椹音陟林反。按：椹者，莝椹也。質者，剉刃也。腰斬者當椹質也。

且臣聞周有砥砨，宋有結緑，梁有縣藜，〔一〕楚有和朴，〔二〕此四寶者，土之所生，良工之所失也，而爲天下名器。然則聖王之所弃者，獨不足以厚國家乎？

〔一〕集解 薛綜曰：「縣藜一曰美玉。」

〔二〕正義 縣音玄。劉伯莊云珍玉朴也。

臣聞善厚家者取之於國，善厚國者取之於諸侯。天下有明主則諸侯不得擅厚者，何也？爲其割榮也。〔一〕良醫知病人之死生，而聖主明於成敗之事，利則行之，害則舍之，疑則少嘗之，雖舜禹復生，弗能改已。語之至者，臣不敢載之於書，其淺者又不足聽也。意者臣愚而不概〔二〕於王心邪？〔三〕亡其言〔四〕臣者賤而不可用乎？自非然者，臣願得少賜游觀之閒，望見顔色。一語無效，請伏斧質。

【一】索隱割滎，即上之「擅厚」，謂擅權也。

【二】集解徐廣曰：「一作『溉』，音同。」

【三】索隱按：戰國策「概」作「關」，謂關涉於王心也。徐注「音同」，非也。

【四】索隱亡猶輕蔑也。

於是秦昭王大說，乃謝王稽，使以傳車【一】召范睢。

【一】集解徐廣曰：「一云『使持車』。」索隱「使持車」，戰國策之文也。

於是范睢乃得見於離宮，【一】詳爲不知永巷而入其中。【二】王來而宦者怒，逐之，曰：「王至！」范睢繆爲曰：「秦安得王？秦獨有太后、穰侯耳。」欲以感怒昭王。昭王至，聞其與宦者爭言，遂延迎，謝曰：「寡人宜以身受命久矣，會義渠之事急，寡人旦暮自請太后；今義渠之事已，寡人乃得受命。竊閔然不敏，【三】敬執賓主之禮。」范睢辭讓。是日觀范睢之見者，羣臣莫不洒然【四】變色易容者。

【一】正義長安故城本秦離宮，在雍州長安北十三里也。

【二】正義永巷，宮中獄也。

【三】索隱鄒誕本作「惛然」，音昏。又云一作「閔」，音敏。閔猶昏闇也。

【四】集解徐廣曰：「洒，先典反。」索隱鄭玄曰「灑然，肅敬之貌」也。

秦王屏左右，宫中虚無人。秦王跽【一】而請曰：「先生何以幸教寡人？」范雎曰：「唯唯。」有閒，秦王復跽而請曰：「先生何以幸教寡人？」范雎曰：「唯唯。」若是者三。秦王跽曰：「先生卒不幸教寡人邪？」范雎曰：「非敢然也。臣聞昔者吕尚之遇文王也，身爲漁父而釣於渭濱耳。若是者，交疏也。已説而立爲太師，載與俱歸者，其言深也。故文王遂收功於吕尚而卒王天下。鄉使文王疏吕尚而不與深言，是周無天子之德，而文武無與成其王業也。今臣羈旅之臣也，交疏於王，而所願陳者皆匡君之事，處人骨肉之閒，願效愚忠而未知王之心也。此所以王三問而不敢對者也。臣非有畏而不敢言也。臣知今日言之於前而明日伏誅於後，然臣不敢避也。大王信行臣之言，死不足以爲臣患，亡不足以爲臣憂，漆身爲厲【二】被髮爲狂不足以爲臣恥。且以五帝之聖焉而死，三王之仁焉而死，五伯之賢焉而死，烏獲、任鄙之力焉而死，成荆、【三】孟賁、【四】王慶忌、【五】夏育之勇焉而死。【六】死者，人之所必不免也。處必然之勢，可以少有補於秦，此臣之所大願也，臣又何患哉！伍子胥橐載而出昭關，夜行晝伏，至於陵水，【七】無以餬其口，厀行蒲伏，稽首肉袒，鼓腹吹篪，【八】乞食於吴市，卒興吴國，闔閭爲伯。使臣得盡謀如伍子胥，加之以幽囚，終身不復見，是臣之説行也，臣又何憂？箕子、接輿漆身爲厲，被髮爲狂，無益於主。假使臣得同行於箕子，可以有補於所賢之主，是臣之大榮也，臣有何恥？臣之所恐者，獨恐臣死之後，天下見臣之盡忠而身死，因以是杜口裹足，莫肯鄉秦耳。足下上畏太后之嚴，下惑於姦臣之態，【九】居深宮之中，不離阿保之手，終身迷惑，無與昭姦。【一〇】大者宗廟滅覆，小者身以孤危，此臣之所恐耳。若夫窮辱之事，死亡之患，臣不敢畏也。臣死而秦治，是臣死賢於生。」秦王跽曰：「先生是何言也！夫秦國辟遠，寡人愚不肖，先生乃幸辱至於此，是天以寡人慁先生【一一】而存先王之宗廟也。寡人得受命於先生，是天所以幸先王，而不弃其孤也。先生柰何而言若是！事無小大，上及太后，下至大臣，願先生悉以教寡人，無疑寡人也。」范睢拜，秦王亦拜。

【一】索隱音其紀反。跽者，長跪，兩膝枝地。

【二】索隱音賴，癩病也。言漆塗身，生瘡如病癩。

【三】集解徐廣曰：「一作『羌』。」

【四】集解許慎曰：「成荊，古勇士。孟賁，衞人。」

【五】集解吳越春秋曰：「吳王僚子慶忌。」

【六】集解漢書音義曰：「或云夏育，衞人，力舉千鈞。」

【七】索隱劉氏云：「陵水即栗水也。」按：「陵」「栗」聲相近，故惑也。

【八】集解徐廣曰：「一作『簫』。」

【九】索隱按：態謂姦臣諂詐之志也〔三〕。

【一〇】正義昭，明也。無與明其姦惡。

【一一】集解徐廣曰：「亂先生也。音溷。」索隱慁及注「溷」字並胡困反。慁猶汩亂之意。

范雎曰：「大王之國，四塞以爲固，北有甘泉、谷口，【一二】南帶涇、渭，右隴、蜀，左關、阪，奮擊百萬，戰車千乘，利則出攻，不利則入守，此王者之地也。民怯於私鬬而勇於公戰，此王者之民也。王并此二者而有之。夫以秦卒之勇，車騎之衆，以治諸侯，譬若施韓盧而搏蹇兔也，【一三】霸王之業可致也，而羣臣莫當其位。至今閉關十五年，不敢窺兵於山東者，是穰侯爲秦謀不忠，而大王之計有所失也。」秦王跽曰：「寡人願聞失計。」

【一二】正義括地志云：「甘泉山一名鼓原，俗名磨石嶺，在雍州雲陽縣西北九十里。關中記云『甘泉宮在甘泉山上，年代永久，無復甘泉之名，失其實也。宮北云有連山，土人爲磨石嶺』。郊祀志公孫卿言黃帝得仙寒門。寒門者，谷口也。按：九嵕山西謂之谷口，即古寒門也。在雍州醴泉縣東北四十里。」

【一三】索隱戰國策云：「韓盧者，天下之壯犬也。」是韓呼盧爲犬，謂施韓盧而搏蹇兔，以喻秦彊，言取諸侯之易。

然左右多竊聽者，范雎恐，未敢言內，先言外事，以觀秦王之俯仰。因進曰：「夫穰侯越韓、魏而攻齊綱、壽，非計也。少出師則不足以傷齊，多出師則害於秦。臣意王之計，欲少出師而悉韓、魏之兵也，則不義矣。今見與國之不親也，越人之國而攻，可乎？其於計疏矣。且昔齊湣王南攻楚，破軍殺將，再辟地千里，〔一〕而齊尺寸之地無得焉者，豈不欲得地哉，形勢不能有也。諸侯見齊之罷獘，君臣之不和也，興兵而伐齊，大破之。士辱兵頓，皆咎其王，曰：『誰爲此計者乎？』王曰：『文子爲之。』〔二〕大臣作亂，文子出走。故齊所以大破者，以其伐楚而肥韓、魏也。此所謂借賊兵〔三〕而齎盜糧者也。〔四〕王不如遠交而近攻，得寸則王之寸也，得尺亦王之尺也。今釋此而遠攻，不亦繆乎！且昔者中山之國地方五百里，趙獨吞之，功成名立而利附焉，天下莫之能害也。今夫韓、魏，中國之處而天下之樞也，王其欲霸，必親中國以爲天下樞，以威楚、趙。楚彊則附趙，趙彊則附楚，楚、趙皆附，齊必懼矣。齊懼，必卑辭重幣以事秦。齊附而韓、魏因可虜也。」昭王曰：「吾欲親魏久矣，而魏多變之國也，寡人不能親。請問親魏柰何？」對曰：「王卑詞重幣以事之；不可，則割地而賂之；不可，因舉兵而伐之。」王曰：「寡人敬聞命矣。」乃拜范睢爲客卿，謀兵事。卒聽范睢謀，使五大夫綰伐魏，拔懷。〔五〕後二歲，拔邢丘。

〔一〕正義 辟，尺亦反〔四〕。

〔二〕索隱 謂田文，即孟嘗君也。猶戰國策謂田肦、田嬰爲肦子、嬰子然也。

【三】索隱借音子夜反。一作「籍」，音亦同。

【四】索隱齎音側奚反。言爲盜齎糧也。

【五】集解徐廣曰：「昭王三十九年。」

客卿范雎復說昭王曰：「秦韓之地形，相錯如繡。秦之有韓也，譬如木之有蠹也，【一】人之有心腹之病也。天下無變則已，天下有變，其爲秦患者孰大於韓乎？王不如收韓。」昭王曰：「吾固欲收韓，韓不聽，爲之柰何？」對曰：「韓安得無聽乎？王下兵而攻滎陽，則鞏、成皋之道不通；【二】北斷太行之道，則上黨之師不下。【三】王一興兵而攻滎陽，則其國斷而爲三。【四】夫韓見必亡，安得不聽乎？若韓聽，而霸事因可慮矣。」王曰：「善。」且欲發使於韓。

【一】正義音妬，石柱蠹〔五〕。

【二】正義言宜陽、陝、虢之師不得下相救。

【三】正義言澤、潞之師不得下太行相救。

【四】正義新鄭已南一，宜陽二，澤、潞三。

范雎日益親，復說用數年矣，因請閒說曰：【一】「臣居山東時，聞齊之有田單〔六〕，不聞其有王也；聞秦之有太后、穰侯、華陽、高陵、涇陽，不聞其有王也。夫擅國之謂王，能利害之謂王，制殺生之威之謂王。今太后擅行不顧，穰侯出使不報，華陽、涇陽等擊斷無諱，【二】高陵進退不請。四貴備而國不危者，未之有也。爲此四貴者下，乃所謂無王也。然則權安得不傾，令安得從王出乎？臣聞善治國者，乃內固其威而外重其權。穰侯使者操王之重，決制於諸侯，剖符於天下，政適【三】伐國，莫敢不聽。戰勝攻取則利歸於陶，國獘御於諸侯；【四】戰敗則結怨於百姓，而禍歸於社稷。詩曰『木實繁者披其枝，【五】披其枝者傷其心；大其都者危其國，尊其臣者卑其主』。崔杼、淖齒管齊，【六】射王股，擢王筋，【七】縣之於廟梁，宿昔而死。李兌管趙，囚主父於沙丘，【八】百日而餓死。今臣聞秦太后、穰侯用事，高陵、華陽、涇陽佐之，卒無秦王，此亦淖齒、李兌之類也。且夫三代所以亡國者，君專授政，縱酒馳騁弋獵，不聽政事。其所授者，妒賢嫉能，御下蔽上，以成其私，不爲主計，而主不覺悟，故失其國。今自有秩以上至諸大吏，下及王左右，無非相國之人者。見王獨立於朝，臣竊爲王恐，萬世之後，有秦國者非王子孫也。」昭王聞之大懼，曰：「善。」於是廢太后，逐穰侯、高陵、華陽、涇陽君於關外。秦王乃拜范睢爲相。收穰侯之印，使歸陶，因使縣官給車牛以徙，千乘有餘。到關，關閱其寶器，寶器珍怪多於王室。

【一】正義 閈音閑。

【二】集解 諱，畏也。索隱 無諱猶無畏也。

【三】集解 徐廣曰：「音征敵。」

【四】索隱 按：斃者，斷也。御，制也。言穰侯執權，以制御主斷於諸侯也。

【五】正義 披音片被反。

【六】索隱 淖，姓也，音泥教反，漢有淖姬是也。高誘曰「管，典也」。言二人典齊權而行弒逆也。

正義 淖齒，楚人，齊湣王臣。

【七】索隱 按：言「射王股」，誤也。崔杼射莊公之股，淖齒擢湣王之筋〔七〕，是說二君事也。

【八】正義 沙丘臺在邢州平鄉縣東北三十里〔八〕。

秦封范雎以應，【一】號爲應侯。當是時，秦昭王四十一年也。

【一】索隱 封范雎於應。案：劉氏云「河東臨晉縣有應亭」，則秦地有應也。又案：本紀以應爲太后養地，解者云「在潁川之應鄉」，未知孰是。正義 括地志云：「故應城，古應鄉，在汝州魯山縣東四十里也〔九〕。」

范雎既相秦，秦號曰張祿，而魏不知，以爲范雎已死久矣。魏聞秦且東伐韓、魏，魏使須賈於秦。范雎聞之，爲微行，敝衣閒步之邸，【二】見須賈。須賈見之而驚曰：「范叔固無恙乎！」范睢曰：「然。」須賈笑曰：「范叔有説於秦邪？」曰：「不也。睢前日得過於魏相，故亡逃至此，安敢説乎！」須賈曰：「今叔何事？」范睢曰：「臣爲人庸賃。」須賈意哀之，留與坐飲食，曰：「范叔一寒如此哉！」乃取其一綈袍以賜之。【二】須賈因問曰：「秦相張君，公知之乎？吾聞幸於王，天下之事皆決於相君。今吾事之去留在張君。孺子【三】豈有客習於相君者哉？」范睢曰：「主人翁習知之。唯睢亦得謁，睢請爲見君於張君。」須賈曰：「吾馬病，車軸折，非大車駟馬，吾固不出。」范睢曰：「願爲君借大車駟馬於主人翁。」

【一】正義劉云「諸國客館」。

【二】索隱按：綈，厚繒也，音啼，蓋今之絁也。正義今之麤袍。

【三】索隱劉氏云：「蓋謂睢爲小子也。」

范睢歸取大車駟馬，爲須賈御之，入秦相府。府中望見，有識者皆避匿。須賈怪之。至相舍門，謂須賈曰：「待我，我爲君先入通於相君。」須賈待門下，持車良久，問門下曰：「范叔不出，何也？」門下曰：「無范叔。」須賈曰：「鄉者與我載而入者。」門下曰：「乃吾相張君也。」須賈大驚，自知見賣，乃肉袒厀行，因門下人謝罪。於是范睢盛帷帳，侍者甚衆，見之。須賈頓首言死罪，曰：「賈不意君能自致於青雲之上，賈不敢復讀天下之書，不敢復與天下之事。賈有湯鑊之罪，請自屏於胡貉之地，唯君死生之！」范雎曰：「汝罪有幾？」曰：「擢賈之髮以續賈之罪，尚未足。」范雎曰：「汝罪有三耳。昔者楚昭王時而申包胥爲楚卻吳軍，楚王封之以荆五千户，包胥辭不受，爲丘墓之寄於荆也。今雎之先人丘墓亦在魏，公前以雎爲有外心於齊而惡雎於魏齊，公之罪一也。當魏齊辱我於廁中，公不止，罪二也。更醉而溺我，公其何忍乎？罪三矣。然公之所以得無死者，以綈袍戀戀，有故人之意，故釋公。」乃謝罷。入言之昭王，罷歸須賈。

須賈辭於范雎，范雎大供具，盡請諸侯使，與坐堂上，食飲甚設。而坐須賈於堂下，置莝豆其前，令兩黥徒夾而馬食之。數曰：「爲我告魏王，急持魏齊頭來！不然者，我且屠大梁。」須賈歸，以告魏齊。魏齊恐，亡走趙，匿平原君所。

范雎既相，王稽謂范雎曰：「事有不可知者三，有不可柰何者亦三。宮車一日晏駕，是事之不可知者一也。君卒然捐館舍，是事之不可知者二也。使臣卒然填溝壑，是事之不可知者三也。宮車一日晏駕，君雖恨於臣，無可柰何。君卒然捐館舍，君雖恨於臣，亦無可柰何。使臣卒然填溝壑，君雖恨於臣，亦無可柰何。」范雎不懌，乃入言於王曰：「非王稽之忠，莫能内臣於函谷關；非大王之賢聖，莫能貴臣。今臣官至於相，爵在列侯，王稽之官尚止於謁者，非其内臣之意也。」昭王召王稽，拜爲河東守，三歲不

上計。【二】又任鄭安平，昭王以爲將軍。范雎於是散家財物，盡以報所嘗困戹者。一飯之德必償，睚眦之怨必報。【三】

【一】集解應劭曰：「天子當晨起早作，如方崩殞，故稱晏駕。」韋昭曰：「凡初崩爲『晏駕』者，臣子之心猶謂宮車當駕而晚出。」

【二】集解司馬彪曰：「凡郡掌治民，進賢，勸功，決訟，檢姦。常以春行所至縣〔一〇〕，勸民農桑，振救乏絕；秋冬遣無害吏案訊問諸囚〔一一〕，平其罪法，論課殿最；歲盡遣吏上計。」

【三】索隱睚音崖賣反，眦音士賣反。又音崖債二音。睚眦謂相嗔而怒目切齒。

范雎相秦二年，秦昭王之四十二年，東伐韓少曲、【一】高平，拔之。【二】

【一】集解徐廣曰：「蘇代曰『起少曲，一日而斷大行』。」索隱按：蘇云「起少曲，一日而斷太行」，故劉氏以爲蓋在太行西南。

【二】正義括地志云「南韓王故城在懷州河陽縣西北四十里，俗謂之韓王城」，非也。春秋時周桓王以與鄭。紀年云「鄭侯使辰歸晉陽、向〔一二〕，更名高平〔一三〕，拔之」。則少曲當與高平相近。

秦昭王聞魏齊在平原君所，欲爲范雎必報其仇，乃詳爲好書遺平原君曰：「寡人聞君之高義，願與君爲布衣之友，君幸過寡人，寡人願與君爲十日之飲。」平原君畏秦，且以爲然，而入秦見昭王。昭王與平原君飲數日，昭王謂平原君曰：「昔周文王得呂尚以爲太公，齊桓公得管夷吾以爲仲父，今范君亦寡人之叔父也。范君之仇在君之家，願使人歸取其頭來；不然，吾不出君於關。」平原君曰：「貴而爲交者，爲賤也；富而爲交者，爲貧也。〔一〕夫魏齊者，勝之友也，在，固不出也，今又不在臣所。」昭王乃遺趙王書曰：「王之弟在秦，范君之仇魏齊在平原君之家。王使人疾持其頭來；不然，吾舉兵而伐趙，又不出王之弟於關。」趙孝成王乃發卒圍平原君家，急，魏齊夜亡出，見趙相虞卿。虞卿度趙王終不可說，乃解其相印，與魏齊亡，閒行，念諸侯莫可以急抵者，乃復走大梁，欲因信陵君以走楚。信陵君聞之，畏秦，猶豫未肯見，曰：「虞卿何如人也？」時侯嬴在旁，曰：「人固未易知，知人亦未易也。夫虞卿躡屩檐簦，一見趙王，賜白璧一雙，黄金百鎰；再見，拜爲上卿；三見，卒受相印，封萬户侯。當此之時，天下爭知之。夫魏齊窮困過虞卿，虞卿不敢重爵禄之尊，解相印，捐萬户侯而閒行。急士之窮而歸公子，公子曰『何如人』。人固不易知，知人亦未易也！」信陵君大慙，駕如野迎之。魏齊聞信陵君之初難見之，怒而自剄。趙王聞之，卒取其頭予秦。秦昭王乃出平原君歸趙。

〔一〕索隱上「爲」音如字，下「爲」音于僞反。以言富貴而結交情深者，爲有貧賤之時，不可忘之也。

昭王四十三年，秦攻韓汾陘，【一】拔之，因城河上【二】廣武。

【一】索隱陘音刑。陘蓋在韓之西界，與汾相近也。正義按：陘庭故城在絳州曲沃縣西北二十里汾水之陽。

【二】索隱劉氏云：「此河上蓋近河之地，本屬韓，今秦得而城。」

後五年，昭王用應侯謀，縱反閒賣趙，趙以其故，令馬服子【一】代廉頗【二】將。秦大破趙於長平，遂圍邯鄲。已而與武安君白起有隙，言而殺之。【三】任鄭安平，使擊趙〔一四〕。鄭安平爲趙所圍〔一五〕，急，以兵二萬人降趙。應侯席稾請罪。秦之法，任人而所任不善者，各以其罪罪之。於是應侯罪當收三族。秦昭王恐傷應侯之意，乃下令國中：「有敢言鄭安平事者，以其罪罪之。」而加賜相國應侯食物日益厚，以順適其意。後二歲，王稽爲河東守，與諸侯通，坐法誅。【四】而應侯日益以不懌。

【一】索隱趙括之號也。故〔一六〕虞喜志林云「馬，兵之首也。號曰『馬服』者，言能服馬也」。

【二】索隱鄒氏音匹波反。

【三】集解徐廣曰：「在五十年。」索隱注徐云五十年，據秦本紀及年表而知之也。

【四】集解徐廣曰：「五十二年。」

昭王臨朝歎息，應侯進曰：「臣聞『主憂臣辱，主辱臣死』。今大王中朝而憂，臣敢請其罪。」昭王曰：「吾聞楚之鐵劍利而倡優拙。【一】夫鐵劍利則士勇，倡優拙則思慮遠。夫以遠思慮而御勇士，吾恐楚之圖秦也。夫物不素具，不可以應卒，今武安君既死，而鄭安平等畔，内無良將而外多敵國，吾是以憂。」欲以激勵應侯。【二】應侯懼，不知所出。蔡澤聞之，往入秦也。

【一】正義 論士能善卒不戰。

【二】索隱 激音擊。

蔡澤者，燕人也。游學干諸侯【一】小大甚衆，不遇。而從唐舉相，【二】曰：「吾聞先生相李兑，曰『百日之内持國秉』，有之乎？」【三】曰：「有之。」曰：「若臣者何如？」唐舉孰視而笑曰：「先生曷鼻，巨肩，【四】魋顏，蹙齃，【五】膝攣。【六】吾聞聖人不相，殆先生乎？」蔡澤知唐舉戲之，乃曰：「富貴吾所自有，吾所不知者壽也，願聞之。」唐舉曰：「先生之壽，從今以往者四十三歲。」蔡澤笑謝而去，謂其御者曰：「吾持粱刺齒肥，【七】躍馬疾驅，懷黄金之印，結紫綬於要，揖讓人主之前，食肉富貴，四十三年足矣。」去之趙，見逐。之【八】韓、魏，遇奪釜鬲【九】於塗。聞應侯任鄭安平、王稽皆負重罪於秦，應侯内慙，蔡澤乃西入秦。

【一】正義不待禮曰干。

【二】集解荀卿曰：「梁有唐舉。」索隱荀卿書作「唐莒」。

【三】索隱按：左傳「國子實執齊秉」，服虔曰「秉，權柄也」。

【四】集解徐廣曰：「曷，一作『偈』。偈，一作『仰』。巨，一作『渠』。」索隱曷鼻謂鼻如蝎蟲也；巨肩謂肩巨於項也；蓋項低而肩豎。偈音其例反。

【五】索隱魋音徒回反〔一七〕。魋顏謂顏貌魋回，若魋梧然也。齃音烏曷反。蹙齃謂鼻蹙眉。

【六】集解攣，兩膝曲也。徐廣曰：「一作『率』。」索隱謂兩膝又攣曲也。

【七】集解持粱，作飯也。「刺齒」二字當作「齧」，又作「齕」也。索隱持粱謂作粱米飯而持其器以食也。按：「刺齒」二字字誤，當爲「齧」字也。齧肥謂食肥肉也。

【八】集解之，一作「入」。

【九】集解爾雅曰：「款足者謂之鬲。」郭璞曰：「鼎曲脚。」索隱父歷二音。款者，空也。空足是。曲足云見爾雅，郭氏云「鼎曲脚」也。按：以款訓曲，故云「曲脚」也。

將見昭王，使人宣言以感怒應侯曰：「燕客蔡澤，天下雄俊弘辯智士也。彼一見秦王，秦王必困君而奪君之位。」應侯聞，曰：「五帝三代之事，百家之說，吾既知之，衆口之辯，吾皆摧之，是惡能困我而奪我位乎？」使人召蔡澤。蔡澤入，則揖應侯。應侯固不快，及見之，又倨，應侯因讓之曰：「子嘗宣言欲代我相秦，寧有之乎？」對曰：「然。」應侯曰：「請聞其説。」蔡澤曰：「吁，君何見之晚也！　夫四時之序，成功者去。　夫人生百體堅彊，手足便利，耳目聰明而心聖智，豈非士之願與？」應侯曰：「然。」蔡澤曰：「質仁秉義，行道施德，得志於天下，天下懷樂敬愛而尊慕之，皆願以爲君王，豈不辯智之期與？」應侯曰：「然。」蔡澤復曰：「富貴顯榮，成理萬物，使各得其所；性命壽長，終其天年而不夭傷；天下繼其統，守其業，傳之無窮；名實純粹，澤流千里，〔一〕世世稱之而無絕，與天地終始：豈道德之符而聖人所謂吉祥善事者與〔八〕？」應侯曰：「然。」

〔一〕集解徐廣曰：「一本無此字。」

蔡澤曰：「若夫秦之商君，楚之吳起，越之大夫種，其卒然亦可願與？」應侯知蔡澤之欲困己以説，〔二〕復謬曰：「何爲不可？　夫公孫鞅之事孝公也，極身無貳慮，盡公而不顧私；設刀鋸以禁姦邪，信賞罰以致治；披腹心，示情素，蒙怨咎，欺舊友，奪魏公子卬，安秦社稷，利百姓，卒爲秦禽將破敵，攘地千里。　吳起之事悼王也，使私不得害公，讒不得蔽忠，言不取苟合，行不取苟容，不爲危易行，行義不辟難，〔三〕然爲霸主强國，不辭禍凶。　大夫種之事越王也，主雖困辱，悉忠而不解，主雖絕亡，盡能而弗離，成功而弗矜，貴富而不驕怠。　若此三子者，固義之至也，忠之節也。　是故君子以義死難，視死如歸；生而辱不如死而榮。士固有殺身以成名，唯義之所在，雖死無所恨。何爲不可哉？」

【一】集解式絀反。

【二】集解徐廣曰：「一云『不困毁訾』。」

蔡澤曰：「主聖臣賢，天下之盛福也；君明臣直，國之福也；父慈子孝，夫信妻貞，家之福也。故比干忠而不能存殷，子胥智而不能完吴，申生孝而晉國亂。是皆有忠臣孝子，而國家滅亂者，何也？無明君賢父以聽之，故天下以其君父爲僇辱而憐其臣子。【一】今商君、吴起、大夫種之爲人臣，是也；其君，非也。故世稱三子致功而不見德，豈慕不遇世死乎？夫待死而後可以立忠成名，是微子不足仁，孔子不足聖，管仲不足大也。夫人之立功，豈不期於成全邪？身與名俱全者，上也。名可法而身死者，其次也。名在僇辱而身全者，下也。」於是應侯稱善。

【一】索隱言以比干、子胥、申生皆以至忠孝而見誅放，故天下言爲其君父之所僇而憐其臣子也。

蔡澤少得閒，因曰：「夫商君、吴起、大夫種，其爲人臣盡忠致功則可願矣，閎夭事文王，周公輔成王也，豈不亦忠聖乎？以君臣論之，商君、吴起、大夫種其可願孰與閎夭、周公哉？」應侯曰：「商君、吴起、大夫種弗若也。」蔡澤曰：「然則君之主慈仁任忠，惇厚舊故，其賢智與有道之士爲膠漆，義不倍功臣，孰與秦孝公、楚悼王、越王乎？」應侯曰：「未知何如也。」蔡澤曰：「今主親忠臣，不過秦孝公、楚悼王、越王，君之設智，能爲主安危修政，治亂彊兵，批患折難，〔一〕廣地殖穀，富國足家，彊主，尊社稷，顯宗廟，天下莫敢欺犯其主，主之威蓋震海内，功彰萬里之外，聲名光輝傳於千世，君孰與商君、吴起、大夫種？」應侯曰：「不若。」蔡澤曰：「今主之親忠臣不忘舊故不若孝公、悼王、句踐，而君之功績愛信親幸又不若商君、吴起、大夫種，然而君之禄位貴盛，私家之富過於三子，而身不退者，恐患之甚於三子，竊爲君危之。語曰『日中則移，月滿則虧』。物盛則衰，天地之常數也。進退盈縮，與時變化，聖人之常道也。故『國有道則仕，國無道則隱』。聖人曰『飛龍在天，利見大人』。『不義而富且貴，於我如浮雲』。今君之怨已讎而德已報，意欲至矣，而無變計，竊爲君不取也。且夫翠、鵠、犀、象，其處勢非不遠死也，而所以死者，惑於餌也。蘇秦、智伯之智，非不足以辟辱遠死也，而所以死者，惑於貪利不止也。是以聖人制禮節欲，取於民有度，使之以時，用之有止，故志不溢，行不驕，常與道俱而不失，故天下承而不絶。昔者齊桓公九合諸侯，一匡天下，至於葵丘之會，有驕矜之志，畔者九國。吴王夫差兵無敵於天下，勇彊以輕諸侯，陵齊晉，故遂以殺身亡國。夏育、太史噭〔二〕叱呼〔三〕駭三軍，然而身死於庸夫。〔四〕此皆乘至盛而不返道理，不居卑退處儉約之患也。夫商君爲秦孝公明法令，禁姦本，尊爵必賞，有罪必罰，平權衡，正度量，調輕重，決裂阡陌，以靜生民之業而一其俗，勸民耕農利土，一室無二事，力田稸積，習戰陳之事，是以兵動而地廣，兵休而國富，故秦無敵於天下，立威諸侯，成秦國之業。功已成矣，而遂以車裂。楚地方數千里，持戟百萬，白起率數萬之師以與楚戰，一戰舉鄢郢以燒夷陵，再戰南并蜀漢。又越韓、魏而攻彊趙，北阬馬服，誅屠四十餘萬之衆，盡之于長平之下，流血成川，沸聲若雷，遂入圍邯鄲，使秦有帝業。楚、趙天下之彊國而秦之仇敵也，自是之後，楚、趙皆懾伏不敢攻秦者，白起之勢也。身所服者七十餘城，功已成矣，而遂賜劍死於杜郵。吳起爲楚悼王立法，卑減大臣之威重，罷無能，廢無用，損不急之官，塞私門之請，一楚國之俗，禁游客之民，精耕戰之士，南收楊越，北并陳、蔡，破横散從，使馳說之士無所開其口，禁朋黨以勵百姓，定楚國之政，兵震天下，威服諸侯。功已成矣，而卒枝解。大夫種爲越王深謀遠計，免會稽之危，以亡爲存，因辱爲榮，墾草入邑，【五】辟地殖穀，率四方之士，專上下之力，輔句踐之賢，報夫差之讎，卒擒勁吳，令越成霸。功已彰而信矣，句踐終負而殺之。此四子者，功成不去，禍至於此。此所謂信而不能詘，【六】往而不能返者也。范蠡知之，超然辟世，長爲陶朱公。君獨不觀夫博者乎？或欲大投，或欲分功，【七】此皆君之所明知也。今君相秦，計不下席，謀不出廊廟，坐制諸侯，利施三川，以實宜陽，【八】決羊腸之險，塞太行之道，又斬范、中行之塗，六國不得合從，棧道千里，通於蜀漢，使天下皆畏秦，秦之欲得矣，君之功極矣，此亦秦之分功之時也。如是而不退，則商君、白公、【九】吳起、大夫種是也。吾聞之，『鑒於水者見面之容，鑒於人者知吉與凶』。書曰『成功之下，不可久處』。四子之禍，君何居焉？君何不以此時歸相印，讓賢者而授之，退而巖居川觀，必有伯夷之廉，長爲應侯，世世稱孤，而有許由、延陵季子之讓，喬松之壽，孰與以禍終哉？即君何居焉？忍不能自離，疑不能自決，必有四子之禍矣。易曰『亢龍有悔』，此言上而不能下，信而不能詘，往而不能自返者也。願君孰計之！」應侯曰：「善。吾聞『欲而不知足，失其所以欲；有而不知止，失其所以有〔一九〕』。先生幸教，睢敬受命。」於是乃延入坐，爲上客。

【一】索隱批，白結反，又音豐雞反。批患謂擊而卻之。折音之列反。

【二】索隱二人勇者。夏育，賁育也。噭音皎。

【三】集解徐廣曰：「呼，一作『嘑』。」正義呼，火故反。

【四】索隱按：高誘云「夏育爲田搏所殺」。然太史噭未知爲誰所殺，恐非齊襄王時太史也。

【五】索隱劉氏云：「入猶充也。謂招攜離散，充滿城邑也。」

【六】索隱信音申。詘音屈。謂志已展而不退。

【七】集解班固弈指曰：「博縣於投，不必在行。」駰謂投，投瓊也。索隱言夫博弈，或欲大投其瓊以致勝，或欲分功者，謂觀其勢弱，則投地而分功以遠救也，事具小爾雅也。注「博縣於枰，不必在行」〔二〇〕。按：方言云「所以投博謂之枰」。音平，局也。

【八】正義施猶展也，言伐得三川之地。以實宜陽，言展開三川，實宜陽。

【九】集解徐廣曰：「白起。」

後數日，入朝，言於秦昭王曰：「客新有從山東來者曰蔡澤，其人辯士，明於三王之事，五伯之業，世俗之變，足以寄秦國之政。臣之見人甚衆，莫及，臣不如也。臣敢以聞。」秦昭王召見，與語，大説之，拜爲客卿。應侯因謝病請歸相印。昭王彊起應侯，應侯遂稱病篤。范睢免相，昭王新説蔡澤計畫，遂拜爲秦相，東收周室。

蔡澤相秦數月，人或惡之，懼誅，乃謝病歸相印，號爲綱成君。居秦十餘年，事昭王、孝文王、莊襄王。卒事始皇帝，爲秦使於燕，三年而燕使太子丹入質於秦。

太史公曰：韓子稱「長袖善舞，多錢善賈」，信哉是言也！范睢、蔡澤，世所謂一切辯士，然游説諸侯至白首無所遇者，非計策之拙，所爲説力少也。及二人羈旅入秦，繼踵取卿相，垂功於天下者，固彊弱之勢異也。然士亦有偶合，賢者多如此二子，不得盡意，豈可勝道哉！然二子不困戹，惡能激乎？【一】

【一】索隱 二子，范雎、蔡澤也。雎厄於魏齊，折脅摺齒；澤困於趙，被逐弃鬲是也。惡音烏，激音擊也。

【索隱述贊】應侯始困，託載而西。説行計立，貴平寵稽。倚秦市趙，卒報魏齊。綱成辯智，范雎招攜。勢利傾奪，一言成蹊。

校勘記

〔一〕范雎　原作「范睢」，據景祐本、耿本、彭本、柯本、索隱本、凌本、殿本、會注本改。按：錢大昕武梁石室畫像跋尾云「戰國、秦、漢人多以『且』爲名，讀子余切。如穰且、豫且、夏無且、龍且皆是。『且』旁或加『隹』，如范雎、唐雎，文殊而音不殊也」。他皆仿此改。

〔二〕祖忽反　「忽」，原作「律」，據黄本、柯本、凌本改。

〔三〕諂詐之志　「志」，殿本作「態」。

〔四〕辟尺亦反　「尺」，疑當作「頻」。按：史記正義發字例：「辟，君也，徵也。又頻亦反，罪也，開也。疋亦反，邪也。」

〔五〕石柱蟲　張文虎札記卷五：「『石』，疑當作『蝕』，涉上『妬』字而誤。」按：疑當作「食木蟲」。説文：「蠹，木中蟲。」段玉裁注：「在木中食木者也，今俗謂之蛀。」後漢書卷一〇上皇后紀上：

「故孝章以下，漸用色授，恩隆好合，遂忘淄蠹。」李賢注：「蠹，食木蟲。」

〔六〕田單　原作「田文」，據景祐本改。按：王念孫雜志史記第四：「秦策『田文』作『田單』，鮑彪曰：『史之田文，非也。文去齊至是已十餘年，不得近舍單，遠論文也。』張載注魏都賦引史記正作『田單』。」

〔七〕淖齒擢湣王之筋　「擢」，耿本、黄本、彭本、柯本、凌本、殿本作「縮」。

〔八〕沙丘臺在邢州平鄉縣東北三十里　「三十里」，本書卷三殷本紀「益廣沙丘苑臺」正義引括地志作「二十里」，卷六秦始皇本紀「始皇崩於沙丘平臺」正義引括地志云「沙丘臺在邢州平鄉縣東北二十里」，又云「平鄉縣東北四十里」。

〔九〕魯山縣東四十里　「四十里」，卷五秦本紀「與魏王會應」、卷四四魏世家「與秦會應」正義引括地志作「三十里」。

〔一〇〕常以春行所至縣　「至」，疑當作「主」。按：後漢書志第二十八百官志五作「常以春行所主縣」，後漢書卷三三鄭弘傳「太守第五倫行春」李賢注：「太守常以春行所主縣，勸人農桑，振救乏絶。見續漢志也。」

〔一一〕秋冬遣無害吏案訊問諸囚　後漢書志第二十八百官志五無「問」字。

〔一二〕鄭侯使辰歸晉陽向　「辰」上疑脱「韓」字。按：水經注卷七濟水：「汲郡竹書紀年曰：鄭侯使韓辰歸晉陽及向。」

〔一三〕更名高平　疑文有脱誤。按：水經注卷七濟水：「汲郡竹書紀年曰：鄭侯使韓辰歸晉陽及向。二月，城陽、向，更名陽爲河雍，向爲高平。」本書卷五秦本紀「河雍」集解引徐廣曰：「汲冢紀年云魏哀王二十四年，改宜陽曰河雍，改向曰高平。」卷四三趙世家「反高平、根柔於魏」集解引徐廣曰：「紀年云魏哀王四年改陽曰河雍，向曰高平。」正義：「紀年云魏哀王改向曰高平也。」

〔一四〕使擊趙　「使」下景祐本、紹興本、耿本、黄本、彭本、柯本、凌本、殿本有「將」字。

〔一五〕爲趙所圍　張文虎札記卷五：「（圍）王、柯、凌本作『困』。」按：紹興本、黄本、彭本、柯本、凌本作「困」。

〔一六〕趙括之號也故　耿本、黄本、彭本、柯本、凌本、殿本作「馬服子趙括之號也」。

〔一七〕魋音徒回反　「魋」上原有「上」字，據殿本删。

〔一八〕豈道德之符　戰國策秦策三「豈」下有「非」字。

〔一九〕欲而不知足失其所以欲有而不知止失其所以有　「足」，原作「止」；「止」，原作「足」。王念孫雜志史記第四：「『止』、『足』二字互誤。『足』與『欲』爲韻，『止』與『有』爲韻。」按：重廣會史卷八一引史記與王説合，今據改。

〔二〇〕注博縣於枰不必在行　此九字原無，據索隱本補。

史記卷八十

樂毅列傳第二十

樂毅者，其先祖曰樂羊。樂羊爲魏文侯將，伐取中山，【一】魏文侯封樂羊以靈壽。【二】樂羊死，葬於靈壽，其後子孫因家焉。中山復國，至趙武靈王時復滅中山，【三】而樂氏後有樂毅。

【一】正義今定州。

【二】集解徐廣曰：「屬常山。」索隱地理志常山有靈壽縣，中山桓公所都也。正義今鎮州靈壽。

【三】索隱中山，魏雖滅之，尚不絶祀，故後更復國，至趙武靈王又滅之也。

樂毅賢，好兵，趙人舉之。及武靈王有沙丘之亂，【一】乃去趙適魏。聞燕昭王以子之之亂而齊大敗燕，燕昭王怨齊，未嘗一日而忘報齊也。燕國小，辟遠，力不能制，於是屈身下士，先禮郭隗〔二〕以招賢者。樂毅於是爲魏昭王使於燕，燕王以客禮待之。樂毅辭讓，遂委質爲臣，燕昭王以爲亞卿，久之。

〔一〕集解徐廣曰：「趙有沙丘宮，近鉅鹿。」

〔二〕正義說苑云：「燕昭王問於隗曰：『寡人地狹民寡，齊人取薊八城，匈奴驅馳樓煩之下。以孤之不肖，得承宗廟，恐社稷危，存之有道乎？』隗曰：『帝者之臣，其名臣，其實師；王者之臣，其名臣，其實友；霸者之臣，其名臣，其實僕；危困國之臣，其名臣，其實虜。今王將自東面，目指氣使以求臣，則厮役之才至矣；南面聽朝，不失揖讓之理以求臣〔一〕，則人臣之才至矣；北面等禮，不乘之以勢以求臣，則朋友之才至矣；西面逡巡以求臣，則師傅之才至矣。誠欲與王霸同道，隗請爲天下之士開路。』於是常置隗爲上客。」

當是時，齊湣王彊，南敗楚相唐眛〔一〕於重丘，〔二〕西摧三晉於觀津，〔三〕遂與三晉擊秦，助趙滅中山，破宋，廣地千餘里。與秦昭王爭重爲帝，已而復歸之。諸侯皆欲背秦而服於齊。湣王自矜，百姓弗堪。於是燕昭王問伐齊之事。樂毅對曰：「齊，霸國之餘業也，地大人衆，未易獨攻也。王必欲伐之，莫如與趙及楚、魏。」於是使樂毅約趙惠文王，別使連楚、魏，令趙嚪說秦〔四〕以伐齊之利〔二〕。諸侯害齊湣王之驕暴，皆爭合從與燕伐齊。樂毅還報，燕昭王悉起兵，使樂毅爲上將軍，趙惠文王以相國印授樂毅。樂毅於是并護〔五〕

趙、楚、韓、魏、燕之兵以伐齊，破之濟西。諸侯兵罷歸，而燕軍樂毅獨追，至于臨菑。齊湣王之敗濟西，亡走，保於莒。樂毅獨留徇齊，齊皆城守。樂毅攻入臨菑，盡取齊寶財物祭器輸之燕。燕昭王大說，親至濟上勞軍，行賞饗士，封樂毅於昌國，【六】號爲昌國君。於是燕昭王收齊鹵獲以歸，而使樂毅復以兵平齊城之不下者。

【一】索隱莫葛反。

【二】索隱地理志縣名，屬平原。正義在冀州城武縣界。

【三】索隱地理志觀津，縣名，屬信都，漢初屬清河也。正義在冀州武邑縣東南二十五里。

【四】集解徐廣曰：「嚪，進説之意。」索隱嚪音田濫反，字與「啗」字同也。

【五】索隱護謂總領之也。

【六】集解徐廣曰：「屬齊。」索隱地理志縣名，屬齊郡。正義故昌城在淄州淄川縣東北四十里也。

樂毅留徇齊五歲，下齊七十餘城，皆爲郡縣以屬燕，唯獨莒、即墨未服。【一】會燕昭王死，子立爲燕惠王。惠王自爲太子時嘗不快於樂毅，及即位，齊之田單聞之，乃縱反閒於燕，曰：「齊城不下者兩城耳。然所以不早拔者，聞樂毅與燕新王有隙，欲連兵且留齊，南面而王齊。齊之所患，唯恐他將之來。」於是燕惠王固已疑樂毅，得齊反閒，乃使騎劫【二】

代將，而召樂毅。樂毅知燕惠王之不善代之，畏誅，遂西降趙。趙封樂毅於觀津，號曰望諸君。【三】尊寵樂毅以警動於燕、齊。

【一】正義即墨，今萊州。

【二】索隱燕將姓名也。

【三】索隱望諸，澤名，在齊。蓋趙有之，故號焉。戰國策「望」作「藍」也。

齊田單後與騎劫戰，果設詐誑燕軍，遂破騎劫於即墨下，而轉戰逐燕，北至河上，【一】盡復得齊城，而迎襄王於莒，入于臨菑。

【一】正義滄德二州之北河。

燕惠王後悔使騎劫代樂毅，以故破軍亡將失齊；又怨樂毅之降趙，恐趙用樂毅而乘燕之獘以伐燕。燕惠王乃使人讓樂毅，且謝之曰：「先王舉國而委將軍，將軍爲燕破齊，報先王之讎，天下莫不震動，寡人豈敢一日而忘將軍之功哉！會先王弃羣臣，寡人新即位，左右誤寡人。寡人之使騎劫代將軍，爲將軍久暴露於外，故召將軍且休，計事。將軍過聽，以與寡人有隙，遂捐燕歸趙。將軍自爲計則可矣，而亦何以報先王之所以遇將軍之意乎？」樂毅報遺燕惠王書曰：

臣不佞，不能奉承王命，以順左右之心，恐傷先王之明，有害足下之義，故遁逃走趙。今足下使人數之以罪，臣恐侍御者不察先王之所以畜幸臣之理，又不白臣之所以事先王之心，故敢以書對。

臣聞賢聖之君不以禄私親，其功多者賞之，其能當者處之。故察能而授官者，成功之君也；論行而結交者，立名之士也。臣竊觀先王之舉也，見有高世主之心，〔一〕故假節於魏，以身得察於燕。先王過舉，廁之賓客之中，立之羣臣之上，不謀父兄，〔二〕以爲亞卿。臣竊不自知，自以爲奉令承教，可幸無罪，故受令而不辭。

〔一〕正義樂毅見燕昭王有自高尊世上人主之心，故假魏節使燕。

〔二〕正義杜預云：「父兄，同姓羣臣也。」

先王命之曰：「我有積怨深怒於齊，不量輕弱，而欲以齊爲事。」臣曰：「夫齊，霸國之餘業而最勝之遺事也。練於兵甲，習於戰攻。王若欲伐之，必與天下圖之。與天下圖之，莫若結於趙。且又淮北、宋地，楚魏之所欲也，趙若許而約，四國攻之，齊可大破也。」先王以爲然，具符節南使臣於趙。顧反，命起兵擊齊。以天之道，先王之靈，河北之地隨先王而舉之濟上。〔一〕濟上之軍受命擊齊，大敗齊人。輕卒鋭兵，長驅至國。齊王遁而走莒，僅以身免；珠玉財寶車甲珍器盡收入于燕。齊器設於寧臺，【一】大呂陳於元英，【二】故鼎反乎磿室，【三】薊丘之植植於汶篁，【四】自五伯已來，功未有及先王者也。先王以爲慊於志，【五】故裂地而封之，使得比小國諸侯。臣竊不自知，自以爲奉命承教，可幸無罪，是以受命不辭。

【一】正義濟上，在濟水之上。

【二】索隱燕臺也。正義括地志云：「燕元英、磿室二宮，皆燕宮，在幽州薊縣西四里寧臺之下。」

【三】索隱大呂，齊鍾名。元英，燕宮殿名也。

【四】集解徐廣曰：「磿，歷也。」索隱燕鼎前輸於齊，今反入於磿室。磿室亦宮名，戰國策作「歷室」也。正義括地志云：「歷室，燕宮名也。」高誘云：「燕噲亂，齊伐燕，殺噲，得鼎，今反歸燕故鼎。」

【五】集解徐廣曰：「竹田曰篁。謂燕之疆界移於齊之汶水。」索隱薊丘，燕所都之地也。言燕之薊丘所植，皆植齊王汶上之竹也。徐注非也。正義幽州薊地西北隅有薊丘。又汶水源出兖州博城縣東北原山，西南入泲。

【六】索隱按：慊音苦簟反。作「嗛」，嗛者，常慊然而不愜其志也。

臣聞賢聖之君，功立而不廢，故著於春秋；蚤知之士，名成而不毁，故稱於後世。

若先王之報怨雪恥，夷萬乘之彊國，收八百歲之蓄積，及至弃羣臣之日，餘教未衰，執政任事之臣，脩法令，慎庶孽，施及乎萌隸，皆可以教後世。

臣聞之，善作者不必善成，善始者不必善終。昔伍子胥説聽於闔閭，而吴王遠迹至郢；夫差弗是也，賜之鴟夷而浮之江。吴王不寤先論之可以立功，故沈子胥而不悔；子胥不蚤見主之不同量，是以至於入江而不化。【一】

【一】索隱 言子胥懷恨【三】，故雖投江而神不化，猶爲波濤之神也。

夫免身立功，以明先王之迹，臣之上計也。離毁辱之誹謗，【一】墮先王之名，【二】臣之所大恐也。臨不測之罪，以幸爲利，義之所不敢出也。【三】

【一】索隱 誹音方味反。

【二】索隱 墮音許規反。

【三】索隱 謂既臨不測之罪，以幸免爲利，今我仍義先王之恩，雖身託外國，而心亦不敢出也。

臣聞古之君子，交絶不出惡聲；【一】忠臣去國，不絜其名。【二】臣雖不佞，【三】數奉教於君子矣。【四】恐侍御者之親左右之説，不察疏遠之行，故敢獻書以聞，唯君王之留意焉。【五】

【一】正義言君子之人，交絶不説己長而談彼短。

【二】索隱言忠臣去離本國，不自絜其名，云己無罪，故禮曰「大夫去其國，不説人以無罪」是也。正義言不絜己名行而咎於君，若箕子不忍言殷惡是也。

【三】索隱不佞猶不才也。

【四】索隱上「數」音朔。言我已數經奉教令於君子。君子即識禮之人。謂己在外，猶云己罪，不説王之有非，故下云「不察疏遠之行」，斯亦忠臣之節也。

【五】集解夏侯玄曰：「觀樂生遺燕惠王書，其殆庶乎知機合道，以禮始終者與！又其喻昭王曰：『伊尹放太甲而不疑，太甲受放而不怨，是存大業於至公而以天下爲心者也。』夫欲極道德之量，務以天下爲心者，必致其主於盛隆，合其趣於先王，苟君臣同符，則大業定矣。于斯時也，樂生之志，千載一遇。夫千載一遇之世，亦將行千載一隆之道，豈其局迹當時，止於兼并而已哉！夫兼并者，非樂生之所屑；彊燕而廢道，又非樂生之所求。不屑苟利，心無近事，不求小成，斯意兼天下者也。則舉齊之事，所以運其機而動四海也。夫討齊以明燕王之義，此兵不興於爲利矣；圍城而害不加於百姓，此仁心著於遐邇矣；舉國不謀其功，除暴不以威力，此至德全於天下矣；邁全德以率列國，則幾於湯武之事矣。樂生方恢大綱以縱二城，收民明信以待其獘，將使即墨、莒人顧仇其上，願釋干戈，賴我猶親，善守之智，無所施之。然則求仁得仁，即墨大夫之義；仕窮則徙，微子適周之道。開彌廣之路，以待田單之徒；長容善之風，以申齊士之志。使夫忠者遂節，勇者義著，昭之東海，屬之華裔，我澤如春，民應如草，道光宇宙，賢智託心，鄰國傾慕，四海延頸，思戴燕主，仰望風聲，二城必從，則王業隆矣。雖淹留於兩邑，乃致速於天下也。不幸之變，世所不圖，敗於垂成，時運固然。若乃逼之以威，劫之以兵，攻取之事，求欲速之功，使燕齊之士流血於二城之下，奓殺傷之殘以示四海之人，是縱暴易亂以成其私，鄰國望之，其猶豺虎。既大墮稱兵之義，而喪濟溺之仁，且虧齊士之節，廢廉善之風，掩宏通之度，弃王德之隆，雖二城幾於可拔，霸王之事逝其遠矣。然則燕雖兼齊，其與世主何以殊哉？其與鄰國何以相傾？樂生豈不知拔二城之速了哉，顧城拔而業乖也。豈不慮不速之致變哉，顧業乖與變同。繇是觀之，樂生之不屠二城，未可量也。」

於是燕王復以樂毅子樂閒【一】爲昌國君；而樂毅往來復通燕，燕、趙以爲客卿。樂毅卒於趙。【二】

【一】索隱 音紀閑反。樂毅之子也。

【二】集解 張華曰：「望諸君冢在邯鄲西數里。」

樂閒居燕三十餘年，燕王喜用其相栗腹之計，【一】欲攻趙，而問昌國君樂閒。樂閒曰：「趙，四戰之國也，【二】其民習兵，伐之不可。」燕王不聽，遂伐趙。趙使廉頗擊之，大破栗腹之軍於鄗，禽栗腹、樂乘。樂乘者，樂閒之宗也。於是樂閒奔趙，趙遂圍燕。燕重割地以與趙和，趙乃解而去。

【一】索隱栗，姓；腹，名也。漢有栗姬。

【二】索隱言趙數距四方之敵，故云「四戰之國」。正義東鄰燕、齊，西邊秦、樓煩，南界韓、魏，北迫匈奴。

燕王恨不用樂閒，樂閒既在趙，乃遺樂閒書曰：「紂之時，箕子不用，犯諫不怠，以冀其聽；商容不達，身祇辱焉，以冀其變。及民志不入，獄囚自出，【一】然後二子退隱。故紂負桀暴之累，二子不失忠聖之名。何者？其憂患之盡矣。今寡人雖愚，不若紂之暴也；燕民雖亂，不若殷民之甚也。室有語，不相盡，以告鄰里。【二】二者，寡人不爲君取也。」【三】

【一】索隱民志不入謂國亂而人離心向外，故云「不入」。又獄囚自出，是政亂而士師不爲守法也。

【二】正義言家室有忿爭不決，必告鄰里，今故以書相告也。

【三】正義二者，謂燕君未如紂，燕民未如殷民。復相告子反燕以疑君民之惡，是寡人不爲君取之。

樂閒、樂乘怨燕不聽其計，二人卒留趙。趙封樂乘爲武襄君。【一】

【一】索隱樂乘，樂毅之宗人也。

其明年，樂乘、廉頗爲趙圍燕，燕重禮以和，乃解。後五歲，趙孝成王卒。襄王使樂乘代廉頗。廉頗攻樂乘，樂乘走，廉頗亡入魏。其後十六年而秦滅趙。

其後二十餘年，高帝過趙，問：「樂毅有後世乎？」對曰：「有樂叔。」高帝封之樂鄉〔四〕，【一】號曰華成君。華成君，樂毅之孫也。而樂氏之族有樂瑕公、樂臣公，【二】趙且爲秦所滅，亡之齊高密。樂臣公善修黄帝、老子之言，顯聞於齊，稱賢師。

【一】集解徐廣曰：「在北新城。」正義地理志云信都有樂鄉縣〔五〕。

【二】集解一作「巨公」。

太史公曰：始齊之蒯通及主父偃讀樂毅之報燕王書，未嘗不廢書而泣也。樂臣公學黄帝、老子，其本師號曰河上丈人，不知其所出。河上丈人教安期生，安期生教毛翕公，毛翕公教樂瑕公，樂瑕公教樂臣公，【一】樂臣公教蓋公。【二】蓋公教於齊高密、膠西，爲曹相國師。

【一】索隱本亦作「巨公」也。

【二】索隱蓋音古闔反。蓋公，史不記名。

【索隱述贊】昌國忠讜，人臣所無。連兵五國，濟西爲墟。燕王受閒，空聞報書。義士慷慨，明君軾閭。閒、乘繼將，芳規不渝。

校勘記

〔一〕揖讓之理　「理」，說苑君道作「禮」，疑是。

〔二〕嚼說　景祐本、紹興本、耿本、黄本、彭本、柯本、凌本、殿本無「説」字，疑此衍。

〔三〕言子胥懷恨　「懷恨」，耿本、黄本、彭本、柯本、凌本、殿本作「怨恨」。

〔四〕高帝封之樂鄉　「樂鄉」，原作「樂卿」，據景祐本、紹興本、耿本、黄本、彭本、柯本、殿本改。按：漢書卷一下高帝紀下漢高祖求樂毅之後，封之樂鄉，卷二八下地理志下信都國有樂鄉。

〔五〕信都有樂鄉縣　「樂鄉」，原作「樂卿」，據黄本、彭本、柯本、殿本改。參見上條。